泡影集

新见唐代道士碑志疑义举例

白照杰 —— 著

上海社会科学院出版社

本书为上海市社科规划青年课题"道教从中古到近世的形态变迁研究"(2017EIX005)阶段性成果

本书获上海社会科学院哲学研究所资助出版

友 情 提 示

各位尊敬的读者朋友,您好!

为获得更好地阅读体验并避免不必要的误会,请尽量遵循本书的"正确"阅读顺序,即:

序—后记—引子—第一章绪论—第二至第六章(次序随意,可根据需要选读)—第七章结论—附录(可根据需要不读)。

期待您的批评指导!

后学白照杰拜上

序

  这篇序到底请人写,还是自己操刀,我踟蹰了好几天。最终决定,既然这本小书可能会引起争议、开罪于人,那么还是不要硬拉太多老师和朋友下水为好。愤然留给后记,背景放在绪论,这里介绍下这部书的缘起和写作过程。实在抱歉的是,缘起也没办法完全避免拉朋友下水。

  故事发生在新型冠状病毒肺炎疫情暴发前的那个时代……

  2019年夏天的上海,温度和湿度都还能让人接受。许蔚和我迎接远道而来的陶金,在上海社会科学院顺昌路分部附近的小饭馆里吃了顿简陋寒酸、相当符合鄙人风格的工作餐,伴随着吸溜吸溜、充满生活气息的吃面声,撰写这本书的想法得到确定,《泡影集》的名字也第一次浮现世间。席间,三人聊起一年前我临时起意做的一项辨伪研究。于是,时间又要往回倒推至2018年夏秋相交的日子里,那是个既忙碌,又碌碌无为的季节,就像现在一样。

  2018年年初,有关唐代高道田偫墓志及相关信息被学术刊物刊布出来,文章一出我就马上拜读,只觉得震惊赞叹,于是立即将田偫收入当时我还担任执行主编的《历代高道传》篇目中。数月之后,当我再次拿起相关文章试图整理"田偫传"时,审读细度的改变使一些问题浮现出来。或许是由于我本人在碑铭志文方面的见识异常浅薄、少见多怪,但不论如何,结果都是越看越觉得这方墓志的语言、记述、体例别扭,最终判定这方墓志有可能出于今人伪造,伪造流程中还可能参考了当下的某些研究成果,于是撰写和发表了相关论文。由于在此之前没有专门干过辨伪的工作,因此在这篇论文撰写和发表的过程中时常与几位老师交流想法,其中便包括许蔚、刘林魁以及不愿透露姓名的几位文史专家。最终这篇论文得以在双盲外审的情况下于《古典文献研究》上刊载。整个过程的所见所闻,令我感到这个判断或许还有一定道理,有类似想法的人不止我一个,只是我的闭口禅功夫修得最差而已。

时间线再拉回到 2019 年夏天的那个小饭局上。席间几人聊到《田償墓志》的问题,我说,那次辨伪之后我又复核了几个新见唐代道教碑志,发现或许还有一些新材料也存在疑点,并为我们圈子里对材料辨析的忽视态度感到遗憾。许蔚当即表示,应该赶紧拎出几个疑伪道教碑志做辨伪举例,字不用多,十万即可,足够敲响警钟就行,名字就叫《泡影集》。陶金其人跟我一样,热情诙谐,自然乐见其成。更为巧合的是,就在一年前的那个夏天,我和陶金一同参加上海的一个道教学研讨会,两人挨着坐,彼此慕名,但在现实世界中却是头回接触。彼时我正借会议间隙,在稿纸上罗列《田償墓志》的疑问,陶金算是第一个见过"手稿"的朋友。在许蔚的支持和陶金的鼓动下,我决定抽点闲散工夫来完成这部著作。于是开始慢慢读一些金石学、辨伪研究的论著,但那时距离正式落笔写书还有很长一段距离。按照原定计划,这本书或许应该在五年或更久以后才会面世。但两个突发事件改变了我的写作节奏。

第一个事件,是吉备真备书丹的《李训墓志》在 2019 年年底的出世。这方墓志影响重大，但以辛德勇教授为代表的不少学者指出其可能出于赝造，辨伪依据看上去颇有道理。但另一方学者却依旧极度支持这方墓志的真实性，并以之为中心做出各种"文章"（大略情况，见本书《引子》）。对伪造碑志不断增长的厌恶和对辛德勇教授越来越高的景仰，促使我决定更快地参与到新出道教碑铭的辨析工作中。第二个事件，人所共知，就是新型冠状病毒肺炎疫情的暴发。2020年1月底开始的几个月中，相信不少朋友跟我一样被恐慌、焦虑、无措的情绪包裹，虽然不用"复工"，但一点没有闲散的感觉。楼上邻居制造出的噪声，大大加重了我的抑郁感和紧迫感，迫使我决定尽快将一些大概成型的观点付诸纸面。于是，从1月到7月，展开了一段较以往更加焦急阅读、奋笔疾书的生活。期间上课、讲座、校书、撰写其他论文、安排几本书籍的出版等学术事务，一样没有落下。为保障本书撰写工作能顺利进行，我辞去了浦东当代道教文化研究所副所长、《历代高道传》执行主编等职务；同时，完全放弃申请任何项目来支持这项研究的愿望——毕竟申报项目需要时机，即使中标也将大大拖后本书的出版进度。

在书稿撰写过程中，我在Zoom和腾讯会议上举办了几次内部讲座，逐一分析本书中提到的各个道教碑志所存在的疑问，张书彬、管俊伟等贤兄参与讲座，给予支持和更深的探讨。在中古道教金石方面比我精深百倍的孙齐兄，不仅长期关注这部小书的撰写情况，还直接为我提供了两方疑伪道士墓志，对这两方墓志的分析成为本书的重要组成部分。王家葵教授阅读了书中有关《陶弘景墓志》的文章，提出一些指导意见，使我颇为受益。与此同时，在集中写作的这几个月里，我也获悉了一些反对意见，只是或许我"恶汉"的形象已深入人心，大家不便直言相告。在间接地获得质疑后，我又连同几位同领域教授重新参合考量这些新见材料，发现还是无法完全抹去心中的疑虑，因此只得继续推进书稿的撰写计划。知错能改是学者必需的素养，但这一次的坚持或许不应完全归咎于我的固执己见、怙恶不悛。书稿中的部分篇章在本书出版前已单独发表，发表论文自然会接触各位主编，而这些主编不少就是唐史和道教研究的专家，他们对稿件的接受和对文章价值的肯定一定程度上缓解了我的紧张与无助。这些刊物包括《古典文献研究》《宝鸡文理学院学报（社会科学版）》《中外论坛》《正一道教研究》等，在此表示感谢。

在本书写作过程中，还有很多人从其他方面提供了帮助。如方松华所长慨然允诺所里资助本书出版。四川大学褚国锋博士多次帮我检索资料库，下载所需材料。云南大学徐克博士通读了全书，指出不少错别字，还发现本书几处引文页码上的错误。浦东道教协会书法家张春鸿老师帮忙识别一些碑铭文字。九江学院庐山研究中心滑红彬、栖贤寺祥浩法师，邀请本人赴庐山栖贤寺小住，使笔者得以在安静悠然的环境中最终完成书稿的整体修订。我们中国哲学研究室的张志宏研究员、鲍文欣博士，时常听我就书中内容和业界情况大发牢骚。妻子徐盈盈被迫听我讲解她完全不了解也完全不感兴趣的话题，并被要求从中找出我论证上的牵强附会。哞哞（猫）、脉脉（狗）、小蓝（鸟）的陪伴，为那段受疫情煎熬的灰色日子涂抹上一缕灵动的色彩，治愈效果极佳。在此，由衷感谢！

2020 年 7 月 29 日

因龙井中修订

目　录

引　子——已经发生和正在发生的几桩老新闻 …………… 1

第一章　绪论——繁荣中的焦虑 …………………………… 14

第二章　纸上文章与碑石刻铭
　　　　——"陶弘景墓志"的发生学 ………………………… 26

第三章　伪刻的启示
　　　　——《兰陵萧炼师墓方石文》的创作与制作 ……… 60

第四章　《东明观郭玄远墓志》探疑
　　　　——兼论《东明观郭超俗墓志》真伪 ……………… 91

第五章　新见《咸宜观李洞真墓志》及《三洞观冯太虚墓志》再审
　　　　……………………………………………………… 119

第六章　贵妃之师《田僓墓志》献疑 ……………………… 153

第七章　结论：梦幻泡影
　　　　——兼议对待新见道教史料之学术伦理 ………… 174

附录　华阳有道，勒铭丰碑：《王洪范碑》与茅山道士王轨详考
　　　　……………………………………………………… 190

参考文献 …………………………………………………… 212

后记 ………………………………………………………… 243

引　子
——已经发生和正在发生的几桩老新闻

1971年,故宫"无产阶级文化大革命期间出土文物展"展出两件据传1959年出土于新疆若羌县米兰古城的手抄汉字文书。抄本内容为白居易的《卖炭翁》和另外带有鲜明"阶级情怀"和"民族情谊"的三首短诗,抄手署名回纥"坎曼尔"。次年,郭沫若撰写的论文《〈坎曼尔诗笺〉试探》发表在权威刊物《文物》上,①尽管张政烺一早就怀疑此文书端非真品,但郭沫若的推波助澜和出土如此"革命"的古文书的特殊时代背景,足以使这两件存在疑问的诗笺不受遏制地得到全民追捧。于是,所谓《坎曼尔诗笺》开始入选多种唐诗选集和唐诗补编,并为中小学课本所接纳,甚至一度成为高考题目。② 随着"文化大革命"结束,张政烺当年的质疑重新得到学界重视。于是,萧之兴、杨镰等人再次展开文本审查工作,其中杨镰在严肃考辨的基础上,甚至找到《坎曼尔诗笺》的伪造人之一,

---

① 郭沫若:《〈坎曼尔诗笺〉试探》,原刊《文物》1972年第2期;又收其《出土文物二三事》,北京:人民出版社,1972年,第8—16页。
② 张军:《王肃作伪和郭沫若受骗背后的现实逻辑》,《法人文化》2014年第4期,第92—94页。

获得其签署的口供材料。令人震惊的是,伪造者并非以营利为目的民间文物商人和制赝行家,而是正经八百的官方人士——新疆维吾尔族自治区博物馆中的 L 先生和 S 先生。① 在 1980 年萧之兴正式开启辨伪工作后,依旧有钱伯泉等学者撰文讨论这一材料的历史价值,并以之为据解释西北史地问题。③ 而尽管杨镰 1991 年的辨伪工作已臻极致,但对这两件抄本的讨论却仍未盖棺定论。同年,新疆当地学者高嵩和郭平梁分别发表论文,反驳杨镰观点。④ 杨镰被迫回应,于 1994 年又发长文予以驳斥。⑤ 前有张政烺、萧之兴,后有杨镰的详细辩证,《坎曼尔诗笺》系当代伪品似已铁证如山,至此相关讨论当可

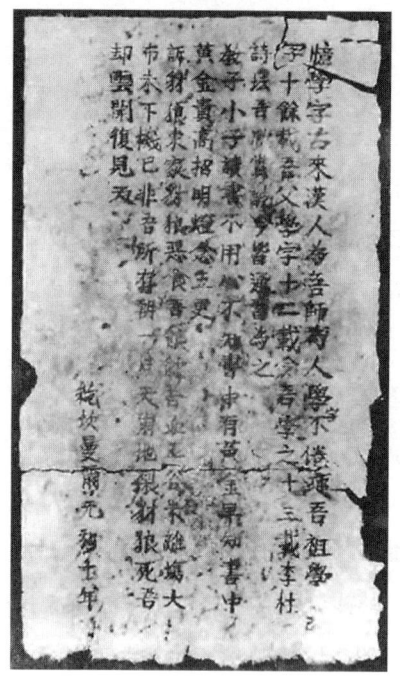

图 1　坎曼尔诗笺之一②

① 杨镰:《〈坎曼尔诗笺〉辨伪》,《文学评论》1991 年第 3 期,第 4—16 页。
② 图片引自钱冠宇:《杨镰:新疆探路人》,《澎湃新闻》2016 年 8 月 8 日,https://www.thepaper.cn/newsDetail_forward_1510451。
③ 有关这一问题的爬梳,见杨斌:《"坎曼尔诗签"之争述评——兼论知识分子的精神品格》,《濮阳职业技术学院学报》2014 年第 4 期,第 71—73 页。
④ 高嵩:《对〈"坎曼尔诗签"辨伪〉的疑问》,《塞上文坛》1991 年第 4 期;郭平梁:《有关〈坎曼尔诗签〉的若干史事》,先后在《西域研究》1992 年第 2 期和《新疆日报》1992 年 8 月 10 日发表。
⑤ 杨镰:《西域史地研究与〈坎曼尔诗笺〉的真伪》,《中国边疆史地研究》1994 年第 2 期,第 20—29 页。

尘埃落定。但世事变换,人间之事往往既不遵常理,又不讲道理。2000年,新疆某报社学者竟又撰文反驳杨镰观点,呼吁采用高科技手段重证《坎曼尔诗笺》真伪。① 然此时学界已有公论,高科技重验的呼声虽高,但石沉大海无人理会的结果却也分外尴尬,②《坎曼尔诗笺》系出伪造一案终究没有翻身。

2008年6月4日注定是个不平凡的日子,清华大学的一场宴会也注定要成为载入史册的饭局。据日后回忆称,当日,清华大学校党委书记陈希等校领导,宴请新引进资深学者傅璇琮夫妇,由杨振宁夫妇、李学勤夫妇等著名学者作陪。席间李学勤提及2006年开始便有香港人在出售一批来历不明的竹简,疑为新近盗墓所获之物,"如果是真的,那就是司马迁也没有看过的典籍"。紧接着,在校领导的支持下,李学勤与李均明亲自赴港,与香港当地学者一同确定这批竹简的真伪及价值。接着,在清华大学校友赵伟慷慨出资的帮助下,清华大学最终获得这批竹简。③ 同年7月15日,这批总计2 388枚的战国简运至清华大学。8月,清华大学通过决定,成立"清华大学出土文献研究与保护中心",李学勤教授担任中心主任。经过一番准备,10月14日,清华大学召开"清华大学所藏竹简鉴定会",邀请来自北京大学、复旦大学、吉林大学、武汉大学、中山大学、香港中文大学、国家文物局、中国文化遗产研究院、上海博物馆、荆州博物馆的11位学者对这些竹简的真伪进行鉴

---

① 孤岛、梁越:《"坎曼尔诗笺"真乎,伪乎?》,《丝绸之路》2000年S1期,第41—45页。

② 至少到本文撰写时(2020年7月),不见后文。

③ 有关这些情况,见江胜信:《惊世"清华简"》,《文汇报》2016年10月9日。

定,最终得出持肯定态度的《鉴定意见》。当年12月,清华大学又委托北京大学加速器质谱实验室、第四纪年代测定实验室对无字残简做碳14鉴定,经树轮校正测定这批竹简的时代当在公元前305±30年。① 清华大学对这批竹简可靠性的考察不可谓不细致用心,随着清华简可靠性的确定,相关研究成果于2009年4月13日、20日、27日在《光明日报·国学版》逐渐刊布,然而随即便迎来一轮质疑风潮。2009年5月5日,《光明日报》刊发姜广辉文章,文中对新刊布的清华简《保训》提出质疑,指出10条可疑之处,怀疑清华简是高手所造之赝品。② 王连龙等人很快又在《光明日报》发表论文,回应姜广辉的质疑。③ 针对王连龙等人的回应,姜广辉继续撰文,更清楚地表达了自己的意见,除却继续坚持《保训》带有疑点外,还进一步指出《古文尚书》的造伪早已是当今学界人所共知之事,但此伪书竟然能影响千年未被识破,直至阎若璩(1636—1704年)考辨方才定案。今日造伪技术早已十分高超,高科技、高投入、高水平"人才"入伙造伪团队制作高端赝品亦不无可能,因此不论如何都需要对清华简持审慎态度,对之进行反复鉴定,以免重蹈《伪古文尚书》的覆辙。④ 客观地说,各持真伪之说的双方,所发表的意见都有一定道理,尤其姜广辉第二次发声时表达的意见更

---

① 刘国忠:《走近清华简》,北京:高等教育出版社,2011年,第47—48、52—53页。
② 姜广辉:《〈保训〉十疑》,《光明日报》2009年5月4日。
③ 王连龙:《对〈保训〉"十疑"一文的几点释疑》,《光明日报》2009年5月25日。
④ 姜广辉:《"清华简"的鉴定可能要经历一个长期过程——再谈对〈保训〉篇的疑问》,《光明日报》2009年6月8日。

值得学界普遍关注，因此对清华简真伪的严肃而激烈的讨论有理由再持续一段时间。然而，有关清华简的鉴定问题在此之后很快就在公开层面消失，一些零散出现、不绝如缕的质疑声音也逐渐被当作耳旁风。姜广辉、杜勇、房德邻等人的质疑声音，①在公开刊布的清华简"历史"中几乎被彻底抹去。2018 年 11 月，《文汇报》报道的清华大学"纪念清华简入藏暨中心成立十周年纪念活动"，对清华简出世以来 10 年间的主要历程给以回顾，其中完全不见任何有关这场引起海内外学界广泛关注的争论信息。② 此后留下的或许只有"清华简安大简绝非伪简"这样的结论性意见。③ 清华简的真伪并不是这里所需评判的问题，笔者所关注的更在于确定其真伪的整个过程。以围绕清华简的这场争论为例便可发现，非考古所出、来历不明的材料必须要接受反复的质疑和检讨，才可能成为史料而被付诸使用。充满热情、好大喜功的失智行为很可能落

---

① 这些质疑声音包括姜广辉：《〈保训〉疑伪新证五则》，《中国哲学史》2010 年第 3 期，第 30—34 页；杜勇：《清华简〈尹诰〉与晚书〈咸有一德〉辨伪》，《天津师范大学学报（社会科学版）》2012 年第 3 期，第 20—28 页；等等，此不枚举。王连龙对姜广辉新指出的五则《保训》疑点一一做以批评，见其《清华简〈保训〉篇真伪讨论中的文献辨伪方法论问题——以姜广辉先生〈保训〉疑伪新证五则》为例》，《古代文明》2011 年第 2 期，第 56—61 页。房德邻 2014 年发表的文章，主要质疑清华简《耆夜》中的各种不合理现象，其文章题目便令人感到震惊，见其《决不能把伪简当做"中华文明的根脉"》，《湖南大学学报（社会科学版）》2014 年第 3 期，第 104—108 页。

② "近年出土材料中，清华简最重要"》，《文汇报》2018 年 11 月 23 日。此外，在最权威的清华简历史梳理著作给出的"清华简工作大事记"里，也丝毫不见此次论辩的任何线索，2009 年 5 月只有领导来访，不见其他信息。见刘国忠：《走近清华简》，北京：高等教育出版社，2011 年，第 233—236 页。有关清华简的基本情况和主要研究历程，这部著作给出的信息非常详细，值得参考。

③ "安大简"指安徽大学收藏之战国竹简，这批竹简来历也成问题，真伪同样引起讨论。引文截取麦笛文章标题，见其《为什么说清华简安大简绝非伪简——浅谈简牍的辨伪》，《中华读书报》2019 年 12 月 4 日。

入有心人精心布置的陷阱。从这个角度而言,姜广辉等学者的质疑是清华简"成立"必不可少的一个环节,不论他们提出的疑点是否都确凿无疑,但其严肃的学术态度和敢为人先的精神都值得敬佩。即使最终所有人都接受清华简确属真品无疑,曾经的质疑意见从另外方向所作出的贡献也不容随意抹杀与遗忘。

与清华简从最开始的一片高歌,到受到质疑,再到反复论证,最终获得国内学界及官方普遍认可相比,①浙大简的情况便没有那么幸运了。紧接着清华简的购入,2009 年浙江大学也从境外购买了一批总计 124 枚(拼合后数字)的楚简,但这批以《左传》为主的楚简却引起不少质疑声音。2012 年 4 月 24 日,浙江大学文化遗产研究院曹锦炎先生推出大作《浙江大学藏战国楚简》,举办首发仪式,②刊布图版及整理成果,书中指出这批竹简已经历专家鉴定和碳 14 检测,时代当在公元前 340 年左右。③然而,邢文接踵而至的质疑立即就将浙大简推上舆论的风口浪尖。《光明日报》在 5 月 28 日和 6 月 4 日,连续刊发邢文《浙大藏简辨伪》上、下两篇文章,文章分别从形制、内容、书法等多个方面质疑浙大简为今人制造的赝品,同时指出浙大简的碳 14 检测存在未公布树轮校正等问题。④ 随

---

① 整体来看,由于清华简先天存在来路不明、考古学信息不确定等问题,海外部分学者仍未敢广泛使用,接受度依旧远低于国内。
② 首发式情况见浙江大学官网,http://www.news.zju.edu.cn/2012/0425/c755a61858/page.htm。
③ 曹锦炎:《浙江大学藏战国楚简》,杭州:浙江大学出版社,2012 年。
④ 邢文:《浙大藏简辨伪(上)——楚简〈左传〉》,《光明日报》2012 年 5 月 28 日;《浙大藏简辨伪(下)——战国书法》,《光明日报》2012 年 6 月 4 日。

后曹锦炎发表论文予以回击,号称"浙大楚简,毋庸置疑"!① 仅就文章来看,曹锦炎的言论似乎未能抚平邢文论文掀起的波澜,而邢文随之而来的又一番质疑使浙大简陷入更加不利的境地,②以至曹锦炎和刘绍刚等人只得再次撰文,强硬宣称浙大简真实可靠。③自此之后,有关浙大简真伪的风波逐渐平息,但这并不代表浙大简已被接受为真品。2014 年,西南大学张显成指导的陈燕硕士论

图 2 《走近清华简》书影　　图 3 《浙江大学藏战国楚简》书影

---

① 曹锦炎:《浙大楚简,毋庸置疑——从文本角度论浙大楚简的真实性》,《光明日报》2012 年 6 月 18 日。
② 邢文:《浙大藏简再辨伪——文本复原的关联性与浙大伪简再批判》,《光明日报》2012 年 6 月 25 日。
③ 刘绍刚:《从文字形体和书法看"浙大简"》,《光明日报》2012 年 7 月 2 日;曹锦炎:《再论浙大简的真伪——答邢文先生》,《南方周末》2012 年 7 月 19 日。

文,便详细指出浙大楚简文字字形与既有楚简不符的问题,①于是天平再次向伪造一端倾侧。查"知网"等学术引擎可知,时至今日依旧罕闻有学者使用浙大简来论述先秦文化和古典传统。因此,尽管浙大简到底是真是假仍没有一个官方的定论,但在文史圈子里似乎也已经不再是扑朔迷离的问题了。②

时间跳跃到眼前,2019年12月25日,文物出版社与深圳望野博物馆举办新书发布会,刊布出一方引发学界热议的唐代墓志,即"朝臣备"(日本遣唐使吉备真备)书丹《李训墓志》。(图4)据澎湃新闻报道,此方墓志原流散于古董市场,后为某"书法爱好者"私人收藏,2013年由望野博物馆征集入藏。该博物馆馆长阎焱耗时数年对此墓志进行考索,完成《日本国朝臣备书丹褚思光撰鸿胪寺承李训墓志考》一书。(图5)③此方墓志一经刊布,便引起国内学界震动,对日本方面也产生一些影响,据传荣新江、气贺泽保规、拜根兴等著名唐史专家对这一发现及研究成果表示肯定。④ 然而,

---

① 陈燕:《浙大简与其他楚简字形对照专题研究》,西南大学,硕士论文,2014年。
② 据《日本中国学会报》第70集推出的《学界展望》记述,日本方面大西克也主张浙大简系伪造,2017年小泽贤二曾发表论文反对大西克也观点,认为浙大简是真简。但大西克也随即又撰文反驳。见三浦秀一、佐藤信弥、斋藤智宽、南部英彦、高野淳一、尾崎顺一郎撰,龚颖译:《学界展望(哲学)》,《古代文学前沿与评论》2020年总第4辑,第3—19页。
③ 阎焰:《日本国朝臣备书丹褚思光撰文鸿胪寺承李训墓志考》,北京:文物出版社,2019年。
④ 王小燕:《中日关系史添新史料:遣唐使吉备真备真迹及其研究成果公布》,《澎湃新闻》2019年12月29日,https://baijiahao.baidu.com/s?id=16542150672553309562&wfr=spider&for=pc。

图 4　朝臣备书《李训墓志》①

随着这方墓志及相关信息为人所知,一些其他意见也迅速在各类平台上出现。这些意见最早开始围绕"朝臣备"是不是"吉备真备"的问题进行讨论,而后立即便过渡到这方墓志是真是赝这一根本问题的辨析。《李训墓志》真伪之争的出现有其必然性,在"一带一路"

---

① 图片引自石晓辉:《也说〈李训墓志〉中的朝臣》,《澎湃新闻》2020 年 1 月 8 日, https://www.thepaper.cn/newsDetail_forward_5448442。

图 5　阎焱著作书影

倡议之下,对海上丝绸之路、中外交流的学术研究突然间迎来一个高潮,而在高潮中恰巧出现这么"应景"的文物既令人感动、震惊,又不免令人怀疑其中是否有什么猫儿腻——尤其是考虑到《李训墓志》来源不详,而中州一带制造唐代墓志早已是非常成熟的产业。在这次还未画上句号的讨论中,望野博物馆方面自然坚定宣称、反复维护《李训墓志》的真实性,而其他不少学者则表达了相反的意见,其中辛德勇教授的直言不讳引起了较大的轰动效应。自 2019 年 12 月底至 2020 年 1 月,辛德勇本人除在其个人微信公众号"辛德勇自述"中多次表达意见,更是于 2020 年 1 月 11 日在三联韬奋书店举办专题讲座《由"打虎武松"看"日本国朝臣备"的真假》。[①] 辛德勇在讲座中非常全面地对《李训墓志》的各种疑点和由此可能引发的问题做出讨论,详细介绍其坚持《李训墓志》端为赝品的依据。讲座之后,辛德勇在公众号"辛德勇自述"又发表了几次意见,延续嬉笑怒骂皆成文章的风

---

① 辛德勇讲稿链接：https://www.sohu.com/a/366644413_807827。

格,前前后后提出多条辨伪线索,颇能引人深思。辛德勇的一系列辨伪工作之所以能引起轰动效应,在于其本人是极其著名的版本学、古文献学、历史学专家,此前也做过不少文献辨伪工作,具有很高的权威性。而其文章和讲座,又以理服人,条理清晰,并不自恃权威身份而呼喝左右。在辛德勇发表意见前后,其他一些学者也在各种平台表达观点,其中既有支持辛德勇的文章,又有逐条反驳辛德勇辨伪论据的新论。太史政(胡耀飞)在2020年1月24日整理出的《己亥腊月〈李训墓志〉讨论汇编》集中汇总了这些材料,并按照时间顺序编排,欲知详情,可着重参考。① 或许是危及全球的新型冠状病毒肺炎疫情夺走了太多的关注——毕竟生死之外都是小事,自2020年1月底开始,有关《李训墓志》的争论较此前平静了不少。然而,讨论声音的逐渐平息,不代表有关这方具备极高历史价值、符合当代需要的墓志的真假问题,已经得出具备公信度的定论。然而,就在国内疫情防治情况刚刚稳定的6月中旬,深圳望野博物馆与松山湖望野博物馆以《李训墓志》为中心,联合西北大学博物馆、陕西华夏古代艺术博物馆、洛阳华夏文房文化博物馆等,推出特展"踏波东来——遣唐使的回忆,朝臣备的大唐世界"(图6)。但在《李训墓志》本身真假都还有疑问的情况下,举办这样的展览恐怕多少有点操之过急。倘若《李训墓志》确属真品倒还无妨,若将来某一天有确凿证据显示此墓志着实存在问题,这影响恐怕就真不好说了……

---

① 太史政(胡耀飞):《己亥腊月〈李训墓志〉讨论汇编》,未刊稿。感谢胡耀飞赐稿,并授予使用权。

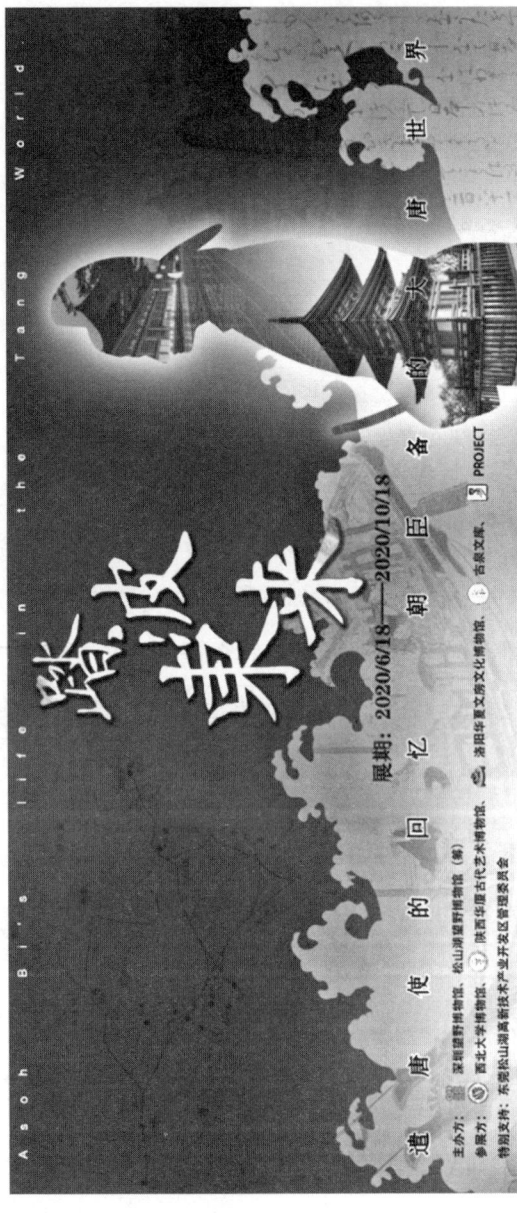

图 6 望野博物馆展览 "踏波东来" 官方海报[1]

[1] 宣传海报引自望野博物馆官网,https://www.wangyemuseum.com/newsinfo/53867l.html。

类似的事件,在近几十年间时常出现。根据简帛、碑刻、书籍、卷子等各个专业领域的情况来看,新见材料中混有赝品的情况实在不算罕见,对新见材料表示质疑应是文献和历史研究的起手步骤和题中之义。以上几个远远近近的"新闻",均涉及新见材料的辨伪和证真工作。从这些例子中不难发现,对待非考古发现、传承不明、来历不详的材料理所当然地要经历一番质疑。在逐步验证和解答质疑的过程中,一些新见材料的可靠性得到确认,其学术价值、细节意义由此得以凸显,而另一些材料的伪造特征却变得越来越明显,继而为学术研究所排斥。因此,质疑和验证本来应该作为新见材料成立的必要环节,这一点已在很多领域中达成共识,但在另外一些与历史、文献多少还有点隔阂的交叉领域里却仍未形成自觉,比如有待进一步充实的道教学领域。①

---

① 道教研究领域中对新见材料的质疑并非绝无仅有,如王家葵就曾对新出"肥致碑"产生过质疑,撰写辨伪文章。但或许是因为此碑确实出于"考古发掘",因此此次辨伪的影响很快即被抹除。与越来越多的新见道教材料出世相比,这样的质疑声音非常必要,但迄今为止依旧极端罕见。王家葵的这篇辨伪文章,见其《汉肥致碑考疑》,《宗教学研究》2001年第2期,第47—51页。以笔者拙识,此文观点仍有继续讨论的必要。将伪造赝品埋入墓中,当着"买主"面挖出以骗取利益,是古董行当制假、售假的常见手段。因此,必须要考虑旧时埋藏伪碑,接着因各种原因制造者没有成功做局出售,后来又被今天的考古工作者挖出的可能性。因此,不能仅仅因为是"考古发现"就接受器物均属真品,而需要我们综合地考虑—应考古信息(如遗址有无盗扰痕迹等)和器物本身(是否合理),才能做出最终决断。

第一章 绪 论
——繁荣中的焦虑

20世纪初以来,在外来刺激和内部反思下,我国学术迎来转折,走上一条新的发展脉络。① 在这场学术变迁运动中,敦煌卷子、殷墟甲骨、秦汉简牍、内阁大库书籍档案、古代各民族遗文等新材料的发现,为学术思路和研究范式的变革提供了重要资粮。以传统材料与新材料互证是非的处理方法,直接推动了中国学术的大爆发。1925年,王国维在清华大学的一场讲座中,对这一现实表达了热切的期盼,称:"古来新学问起,大都由于新发现……然此等发现物,合世界学者之全力研究之,其所阐发尚未及半,况后此之发见,亦正自无穷。此不能不有待少年之努力也。"②时至今日,"地不爱宝",或通过考古发掘、或通过盗墓窃取,各类埋藏地下千百年的文献不断出世,继续刺激着学者的神经,推动着学术研究的

---

① 有关这场著名的学术变迁运动及背后的政治、文化等原因,对今人而言早已不再陌生,关于"经—史"消长、"新文化运动"等更是累积了大量讨论。近来刘巍从人物角度又对这场转变做了相对集中的探讨,可资参考。见刘巍:《中国学术之近代命运》,北京:北京师范大学出版社,2013年。

② 王国维:《静庵文集续编》,第65、69页,《王国维遗书》,上海:上海古籍出版社,1983年,册5(依据商务印书馆1940年版影印)。

热潮。或许是因为出土时的集中程度不如简牍、卷子等材料,①近百年来出土的中古墓志看上去并没有获得与前者同样高的学术热度,然而这些石刻材料的总量和学术价值与前者相比却毫不逊色,重要价值正逐渐获得时人关注。近二三十年来,中土墓志碑铭以极其罕见的速度大量出现,国内和日本学者对这些石刻材料的整理和讨论渐渐走上体系化道路。索蓉蓉和仇鹿鸣分别撰文,对 20 世纪 90 年代以后尤其 21 世纪初十多年来的中古墓志出土和整理情况做以综述,从二人介绍中可以发现这一学术领域的系统化程度逐步提高的具体过程。②仅就唐代墓志的情况来看,仇鹿鸣指出,截至 1996 年,《唐代墓志汇编》及《唐代墓志汇编续集》所收材料共计 5 164 方,气贺泽保规《新编唐代墓志所在总合目录》第四版所收材料截至 2015 年,共收 12 043 方。由此得出结论,认为 1996—2015 年新出唐墓志竟然达到近 7 000 方的总量,超过此前 1 000 年积累总和。③

这样巨大和集中的文献拓展,对今人研究无疑会起到巨大的促进作用。对于唐代道教研究来说,近年不断发现的道教碑铭和道士墓志材料,帮助无比巨大。道教研究在文献方面存在的先天

---

① 当然,还有一个比较可能的原因,是碑石之学是传统学术的组成部分,与其他出土材料相比并不"新"。对于学术资料,"喜新厌旧"并不正确,但却是现实中的常见现象。
② 索蓉蓉:《20 世纪 90 年代以来整理出版唐代石刻文献综述》,《丝绸之路》2016 年第 8 期,第 5—10 页;仇鹿鸣:《十余年来中古墓志整理与刊布情况述评》,《唐宋历史评论》2018 年总第 4 辑,第 3—25 页。
③ 仇鹿鸣:《十余年来中古墓志整理与刊布情况述评》,《唐宋历史评论》2018 年总第 4 辑,第 4—5 页。又见仇鹿鸣:《中古石刻研究如何超越传统金石学》,《澎湃新闻》2015 年 4 月 17 日。

仇鹿鸣对新出唐墓志的统计①

依　　据	所收材料 截至时间(年)	数量(方)
周绍良等编《唐代墓志汇编》《唐代墓志汇编续集》	1996	5 164
气贺泽保规编《新编唐代墓志所在总合目录》第四版	2015	12 043
差　　额	19	6 888

局限,是百年来最令此领域学者头疼的根本问题之一。对于现代学者而言,尽管我们拥有《正统道藏》《万历续道藏》《藏外道书》《敦煌道藏》等大批道教文献材料,但道教史研究在材料上始终存在严重缺陷,这些缺陷基本可以总结为"史料"总量稀缺、内容不确定性强两个方面。具体来说,正史文献因立场和史料选择等原因,对道教情况的记述总量既少,又常常不太准确。道教内部对于自身历史的记录,也并不如佛教那样有持续性的自觉。与此同时,不论道教对自身历史的记述,还是佛教等其他材料中出现的涉道事件描写,均很难直接作为可靠材料使用。前者如《墉城集仙录》《王氏神仙传》《历世真仙体道通鉴》等多沦为阐教之词,充满虚构的情节与夸张的想象,后者如《弘明集》《广弘明集》《集古今佛道论衡》等则常常是戴着有色眼镜对事情原委进行颇有偏见的改写。面对这一

---

① 《唐代墓志汇编》及《唐代墓志汇编续集》中存在个别重收现象。气贺泽保规所编目录存在一些遗漏现象。因此这里的数字肯定不完全准确,但基本足以反映整体趋势。有关于此,仇鹿鸣已在其文章注释中点明。关于气贺泽保规目录的价值和缺陷,可参见仇鹿鸣:《气贺泽保规编〈新版唐代墓志所在综合目录(增订版)〉》,《唐研究》2011年总第17卷,第599—603页。

情况,道教碑志材料的新发现,无疑可以为规整传统记述提供莫大帮助。这当然不是说这些碑志所述全然符合事实,而是说这批材料既能进一步充实道教文献的总量,更能与现有材料和观点互相参照,彼此印证,由此提供观察道教史的新视角。

正是由于石刻史料之于道教研究有莫大意义,不少学者主动在这一领域辛勤耕耘、付出心血,消耗大量精力收集和整理道教碑志材料。其中最著名的自然是陈垣编、陈智超等人整理的《道家金石略》。① 然此书为1988年出版,不可能收入近几十年新发现的道教碑志。近年来,一些专家学者接续了陈垣等老一辈学者的工作,集中编纂道教石刻集。较著名者如黎志添、李静编《广州府道教庙宇碑刻集释》,②龙显昭、黄海德编《巴蜀道教碑文集成》,③萧霁虹编《云南道教碑刻》,④王宗昱编《金元全真教石刻新编》,⑤赵卫东等人编《山东道教碑刻集》,⑥吴亚魁编《江南道教碑记资料集》,⑦张泽珣《北魏关中道教造像记研究——附造像碑文录》,⑧潘明权、柴志光编《上海道教碑刻资料集》,⑨以及茅山、王屋山等道教名山

---

① 陈垣编纂,陈智超、曾庆瑛校补:《道家金石略》,北京:文物出版社,1988年。
② 黎志添、李静编:《广州府道教庙宇碑刻集释》,北京:中华书局,2013年。
③ 龙显昭、黄海德编:《巴蜀道教碑文集成》,成都:四川大学出版社,1997年。
④ 萧霁虹编:《云南道教碑刻》,北京:中国社会科学出版社,2013年。
⑤ 王宗昱编:《金元全真教石刻新编》,北京:北京大学出版社,2005年。
⑥ 赵卫东主编的《山东道教碑刻集》,按小地域成册,相关成果正在逐渐推出。目前已出版者包括:赵卫东、庄明君:《山东道教碑刻集·青州、常乐卷》,济南:齐鲁书社,2010年;赵卫东、宫德杰主编:《山东道教碑刻集·临朐卷》,济南:齐鲁书社,2011年;赵卫东、王予幻、秦国帅编:《山东道教碑刻集·博山卷》,济南:齐鲁书社,2013年。
⑦ 吴亚魁编:《江南道教碑记资料集》,上海:上海辞书出版社,2008年。
⑧ 张泽珣:《北魏关中道教造像记研究:附造像碑文录》,澳门:澳门大学,2009年。
⑨ 潘明权、柴志光编:《上海道教碑刻资料集》,上海:复旦大学出版社,2014年。

宫观自己编纂的《本山碑铭集》等。单就唐代道教碑志的研究而言，神塚淑子和雷闻曾分别撰写文章，神塚淑子的文章为项目报告书，具有一定概括性。① 雷闻的论文则以自己多年的唐代道教碑石收集和研究工作为基础，对新出碑志在唐代道教史研究中的史料价值进行精要讨论，具有较高的参考价值和指导意义。②

在相关学者的努力搜集和一再提倡下，③主动使用石刻文献来进行道教史研究已经成为本学科的自觉和共识。然而，就在表面形式一片大好的情况下，笔者却感受到深深的焦虑。回到仇鹿鸣的那篇文章，作者在文中指出："近年来新出墓志数目巨大，而且随着唐代墓志价值日高，贾人射利，鱼目混珠，伪造之风亦蔓延至此，新出各种墓志图录中也掺入了个别伪品。"④根据笔者的进一步了解，伪造中古墓志碑石的行当由来已久，早已成为技艺娴熟、组织细密的地下产业。王连龙亦直言"伪造之例既清，辨伪之法亦明，貌似石刻辨伪之事已明了，实则不然。石刻伪造古已有之，其法日繁，不易掌握。加之，新技术、新手段的使用，辨伪之事愈进愈

---

① 神塚淑子：《唐代道教関係石刻史料の研究》，平成15年度—平成17年度科学研究费补助金研究成果报告书。
② 雷闻：《石刻史料与唐代道教史研究漫谈》，《隋唐辽宋金元史论丛》2017年第1期，第22—28页。据闻雷闻正在编写唐代道教碑石集，总量很大，新发现很多，具有极高价值。期待早日出版，惠及学林。
③ 提倡使用碑铭文献（包括新发现及《道藏》等材料中的传世碑铭）的文章不算罕见，比较集中的论述可见黄海德：《道教碑文之史料价值初探——以明〈道藏〉为例》，《西华师范大学学报（哲学社会科学版）》2016年第2期，第89—97页。此外，刘屹十多年前的一篇论文，也呼吁接下来应当从石刻史料角度进一步拓宽中古道教研究的局面。见刘屹：《近年来道教研究对中古史研究的贡献》，《中国史研究动态》2004年第8期，第20页。
④ 仇鹿鸣：《十余年来中古墓志整理与刊布情况述评》，《唐宋历史评论》2018年总第4辑，第20—21页。

阻,永无止息"。① 造伪者技艺高超,往往能够欺骗学者的眼睛。陈爽曾指出,《元伯阳墓志》《给事君夫人韩氏墓志》等赝造石刻,"曾长期占据在权威著录著述中,一直到近年才得到纠正"。② 类似现象,并不罕见。回到道教学领域,近年来本领域学者对道教碑石墓志的集体关注,无形中使道教石刻的"市场价值"得到提升。非常巧合的是,与道教石刻价值的不断提升相伴随,这些年来非考古出土、来路成疑、不见原石只见拓片的唐代道士墓志的出现速率,似乎也有所增快。在这个制造赝伪墓志再起高潮的时代里,新见道教石刻是否真的都那么确凿无疑呢?2015年7月10日《文汇报》上发表的一篇报道,增加了笔者的焦虑,这篇报道即单颖文的《新出墓志知多少》。文中作者访问某民间墓志收藏家,其人指出"其实你看到的很多墓志,可能都是假的","无论是私人藏品,还是民营机构所藏,甚至包括高校博物馆在内的公立博物馆馆藏,都可能有赝品"。文中对墓志造赝技术和市场逻辑问题的报道,更令人感到震惊。这里不妨引述一段原话:

> 近年来,洛阳地区墓志制作水平愈来愈高,许多翻刻墓志都是用真志拓片摹刻,手工制作,人工做旧,有些翻刻品甚至使用过去的石头,辨识越来越困难。"现在的一些假志已经达到90%以上的高仿程度了。"一名文物商人告诉记者,在河南,偃

---

① 王连龙:《石刻辨伪通例》,《书法研究》2016年第3期,第152页。
② 陈爽:《中古墓志三题》,《隋唐辽宋金元史论丛》2017年总第7辑,第20页。

师、孟津、伊川是三大墓志造假"重镇"。据说三地造假商井水不犯河水,分工明确。"像我们这种墓志看得多的人,都能一眼看出是哪个地方造的假了。""有市场,就有造假。"齐渊说,现在已经到了墓志"新发现"的第二阶段,也就是"没得挖了就得靠造假"。上世纪80年代河南、陕西还有宝藏,那时的造假成本远高于"动几下洛阳铲",现在已不可同日而语。如今一块墓志的造假成本在万元左右,到了市场上就是几十上百万地卖。"把假货当真货卖,才能在价格上让别人相信这是真的。"一名文物商人认为,"一样是出了大价钱,这年头没人想故意买假货的"。①

以上有些可怕的语言,对目前的道教学领域具有一定的警示意义。既然墓志造赝是随着利益和市场而动,那么近年我们对道教石刻的重视,是否有可能使造伪者嗅到了新的商机?墓志造伪行业既然已经非常成熟,获利极高,那么是否会有"高人"涉足伪造唐代道士墓志,进而制造出如前述《元伯阳墓志》等足以鱼目混珠的产品呢?这样的怀疑有其道理,不可视而不见。

历史学和文献学领域拥有长期接触流散碑志的经验,对待来路不明的新见材料向来比较谨慎,一般都会有一个鉴定、批判和讨论的过程。与这两个领域相比,当代道教学领域对待新材料的方式总体显得有些稚嫩,常常缺少对新见材料的鉴定辨析环节,往往

---

① 单颖文:《新出墓志知多少》,《文汇报·文汇学人》2015年7月10日。

是"一见倾心",立即就将网络店铺等各种渠道流传的拓片作为史料运用到研究当中。而部分以"道士墓志考证"为题的论文,也先入为主地接受墓志为真品的意见,继而使考证成为赋予新见墓志正确性和合理性的一番解说。这样对待来历不详的新见材料的方式方法,缺少"质疑"态度,恐怕会留下严重的后患。梁启超曾在讲演中表示:

> 书籍有假,各国所同,不止中国为然。文化发达愈久,好古的心事愈强。代远年湮,自然有许多后人伪造古书以应当时的需要。……因为有许多伪书,足令从事研究的人,扰乱迷惑。许多好古深思之士,往往为伪书所误。研究的基础,先不稳固,往后的推论结论,更不用说了。即如研究历史,当然凭借事实,考求它的原因结果。假如根本没有这回事,考求的工夫,岂非枉用?或者事实是有的,而真相则不然,考求的工夫,亦属枉用。几千年来,许多学问,都在模糊影响之中,不能得忠实的科学根据。固然旁的另有关系,而为伪书所误,实为最大原因。①

任公所述实为肺腑之言。在"坎曼尔诗笺"事件中折戟的郭沫若,亦曾就材料使用问题说过一段非常平实但又非常中肯的话,其称:"无论作任何研究,材料的鉴别是最必要的基础阶段。材料不够固

---

① 梁启超讲演,吴其昌、周传儒、姚名达笔录:《古书真伪及其年代》,上海:中华书局,民国二十五年(1936年),第1—2页。原文有句读,但标点为笔者所加。

然大成问题,而材料的真伪或时代性如未规定清楚,那比缺乏材料还要更加危险。因为材料缺乏,顶多得不出结论而已,而材料不正确便会得出错误结论。这样的结论比没有更要有害。"[1]缺少谨慎的怀疑和鉴定环节,必然导致误用赝伪材料的可能性大大提高。而如果真有一批赝伪材料蒙混过关,并被拿来修订既有的道教史框架,便有可能引发灾难性的后果。

  道教学领域普遍缺少对新见材料持怀疑态度的问题,实际根源于对兄弟学科方法借鉴的不完整。对石刻等材料学术价值重要性的认识,自然是最容易获得的"态度"。但历史学、文献学、金石学等处理石刻史料问题的具体方法,却并没有随着"态度"一起进入道教学领域。"态度"的获取只需思维转变,瞬息即可,但完整的材料处理方法涉及整个学科复杂的背景和体系,非一定时间学习而不可得。为有效辨析包括道士墓志在内的新见材料,形成对新见材料的敏感性,便必须借鉴文献尤其碑石辨伪学的一些技术。既有造伪之事,便有辨伪之学。有关中国古代辨伪学及其方法的梳理,眼下也已有不少总结可以参考,如孙钦善的《古代辨伪学概述》、[2]江岚的硕士论文《历代碑刻辨伪研究综述》、[3]王连龙的《石刻辨伪通例》等,[4]都是非常好的材料,顺藤摸瓜,不难入手。就本书所关心的新见唐代道士墓志问题而言,后两篇文章尤其值得反

---

[1] 郭沫若:《十批判书》,北京:东方出版社,1996年,第2页。
[2] 孙钦善:《古代辨伪学概述》(上)、(中)、(下),《文献》1982年第4期,第212—228页;1983年第1期,第246—256页;1983年第2期,第235—250页。
[3] 江岚:《历代碑刻辨伪研究综述》,西南大学,硕士论文,2007年。
[4] 王连龙:《石刻辨伪通例》,《书法研究》2016年第3期,第143—153页。

复学习。江岚的文章,是非常罕见的以"伪刻"为题的学位论文,值得关注。其文系统梳理宋代以来金石名家的辨伪方法,对梁启超、胡应麟等人的辨伪理论详细介绍,并结合一些成功辨伪案例检讨辨伪方法的实践模式。王连龙的文章首先指出石刻造伪有"臆造""改造""翻造"等几种常见类型,接着在吸收胡应麟"辨伪八法"、梁启超"辨伪十二公例"、陆增祥《金石祛伪》观点的基础上,提出其"辨伪五法"及三个注意事项,具有很高的实用价值。其文提要中罗列这些条目及要点,字字珠玑,值得引介:

> 辨伪之法有五:核之目录,以观其绪;核之故学,以观其述;核之形制,以观其称;核之文字,以观其用;核之事实,以观其时。五法之用,注意事项凡三:一、孤证不立,重博据。二、独立思考,不盲从。三、勤于实践,忌空谈。石刻辨伪者,务必求真,不可参杂以其他目的,不能卫道而囿于师说,亦不能服务于造伪者,以营私利,且需正确对待伪刻,以助益于辨伪研究。①

有关这些条目和要点的详细解释,还请读者参考王连龙论文原文。此外,上文提及胡应麟的"辨伪八法",其中"覆之传者已观其人"一则,②今日看来亦当作为辨析新见材料的重要原则。正如接下来我们将要看到的那样,来路不明的"新见唐代道士墓志"多通过坊间店铺传播出售,而这些店铺所在区域常常就是造伪最盛之地,店

---

① 王连龙:《石刻辨伪通例》,《书法研究》2016年第3期,第143页。
② 胡应麟著,顾颉刚校点:《四部正讹》,北京:朴社,1929年,第8页。

中其他产品必出伪造亦不罕见。因此，在今日鉴定道士墓志的工作中，对于新材料"传播者"和流传过程的考察，尽管非常困难，但依旧值得留心。

鉴于以上情况，笔者呼吁道教学领域对坊间流传的"新见"或"新出"材料采取极端谨慎的态度，尽可能地使用上述辨伪方法重新检验近年出现的重要唐代道士墓志。本书着重选取若干较为著名但来路成疑的新见道士墓志做以个案分析，试图指出这些墓志至少存在疑伪的可能，并尝试梳理道教伪刻的制造逻辑和基本路数。本书除序和后记外，主要由九个篇章构成。《引子》概要介绍几起著名的文献真伪争论事件，为引入本书的核心讨论做铺垫。第一章绪论提领全书。第二章比较特别，试图呈现伪刻碑志可能对后世产生深远而复杂的影响。此章从民国时期伪造的"陶弘景墓志"谈起，继而指出唐代可能就确曾发生过陶弘景墓碑和墓志的重刻/伪造事件，事件来龙去脉异常复杂，对后世典籍所录相关碑文的文字或内容组成产生影响。文章最后，笔者试图指出 20 世纪后半叶在茅山重新发现之陶弘景墓砖并非后人伪造，确属真品。第三章至第六章，分别对最近几年坊间出现的来路不明的几方唐代道士墓志提出疑问，怀疑其为今人赝造之物。具体而言，第三章辨析 2014 年前后出现的《兰陵萧炼师墓方石文》，除点明此墓志确出伪造外，复又详细梳理伪志志文的创作依据和制作思路，由此揭示今人伪造唐代道士墓志的大略路数。既"知其所以然"，或可避免未来继续上当受骗。第四章对近年出现并已为学界关注和使用的唐代东明观《郭玄远墓志》和《郭超俗墓志》的真实性提出疑问，怀疑二者有可能是同一团体集中制作的两方赝品。第五章对《咸宜观李洞真墓志》《三洞观冯太虚墓志》进行讨论，这两方墓志的志主均为坤道，然因墓志出身不明，志文也很暧昧，因此很难说一定就是真品。第六章对这两年影响最大的新见唐代道士墓志《田偼墓志》进行辨析。文中指出，尽管《田偼墓志》内容极其重要，书法极端优美，并已获得中外学界的广泛关注，但此墓志同样来历不明，且志文方面疑点颇多，目前似乎仍不宜贸然当作构建唐代道教史的材料使用。第七章结论，对全书主题进行总结，并分享有关如何看待和使用"新见"道教材料的学术伦理及技术方法的个人想法。与正文不同，附录《华阳有道，勒铭丰碑》的研究对象是真品《王洪范碑》。这篇附录希望指出，传世的、被确定为真品的唐代道教碑志也有不少，有关这些材料实际依旧缺少充分的讨论。对待史料，不当"厚新薄旧"。新材料固然重要，但往往可遇不可求，现实中的分配也很不平衡。如能立足当下学术观念和研究高度，反过头来对这些老材料进行更深入的探讨，相信也能获得不少新的启发。

第二章　纸上文章与碑石刻铭
——"陶弘景墓志"的发生学

被誉为"山中宰相"①的南朝道士陶弘景（456—536年）是家喻户晓的历史人物，其不仅是一代上清道大宗师，更是在本草、书法、天文、诸子等多个领域都有极高建树的绝世通才。一千多年来围绕此人展开的讨论和学术研究已非常丰富。② 陶弘景与萧梁朝廷和士人关系极其密切，死后得享哀荣，既有时封邵陵王的萧纶（约507—551年）为之撰写《梁解真中散大夫贞白先生陶隐居碑铭》（简称《解真碑》，后文详论），又有另一位萧梁皇室为之撰写墓志铭。其中萧纶所撰《解真碑》详细记述陶弘景事迹，成为后世梳理陶弘景生平的重要材料，屡获使用，为学界所熟悉。而另一篇《陶弘景墓志》则因传世版文辞缺少叙事性内容而很少受到关注，迄今为止似未见以之为专题的讨论。然而，围绕"陶弘景墓志"③展开

---

① "山中宰相"一语，见李延寿：《南史》卷76，北京：中华书局，1975年，第1899页。
② 有关陶弘景生平情况的讨论已有不少，但目前仍以《陶弘景丛考》最具参考价值。参王家葵：《陶弘景丛考》，济南：齐鲁书社，2003年。
③ 文中提及陶弘景墓志时，加书名号者专指"志文"。无特殊符号及加引号者通指志石和刻文。

的一系列历史变迁实际非常复杂而有趣,对之进行深入讨论既能增进有关道教碑石辨伪的认识,又可从中透析文章与刻石之间纠缠难解的互动关系。这一切,都要从民国时期出现的一方伪刻讲起。

一、从民国拓片《陶弘景墓志》辨伪工作中生出的思考

《汉魏南北朝墓志汇编》所附伪志目录给出一无系年之《陶隐居墓志》,[①]赵超指出此墓志属于"后人纯粹的伪造"。[②]"中国金石总录数据库"中收此墓志拓片(图7)、录文和保存信息。[③] 此伪拓题为《梁故华阳陶先生墓志铭》,拓纸高101厘米,宽46厘米,共12行,行28字,总300字,目前至少被保存在扬州市图书馆和北京大学图书馆两个单位。扬州市图书馆未对拓片真伪和时代做出判断,但北京大学图书馆方面则指出所收藏者为"民国拓"。据《北京大学图书馆藏历代墓志拓片目录》所述,[④]此《陶弘景墓志》确为"伪刻。刻于木板上"。[⑤] 笔者目前并未见到伪刻所使用的木板,但这方拓片在行家眼中确实属于"一眼假"之拙劣造伪。或许正是由于

[①] 赵超:《汉魏南北朝墓志汇编》,天津:天津古籍出版社,1992年,第57页。
[②] 赵超:《中国古代石刻概论(增订本)》,北京:中华书局,2019年,第722页。
[③] 有关此伪刻《陶弘景墓志》拓片(照片)和信息,得褚国锋、王家葵、孙齐兄帮忙寻找,在此表示感谢! 此外,本文曾获王家葵教授批评指正,由衷感谢!
[④] 此亦得褚国锋兄提醒,再次感谢!
[⑤] 北京大学图书馆金石组、胡海帆、汤燕、陶诚编:《北京大学图书馆藏历代墓志拓片目录》,上海:上海古籍出版社,2013年,第1134页。

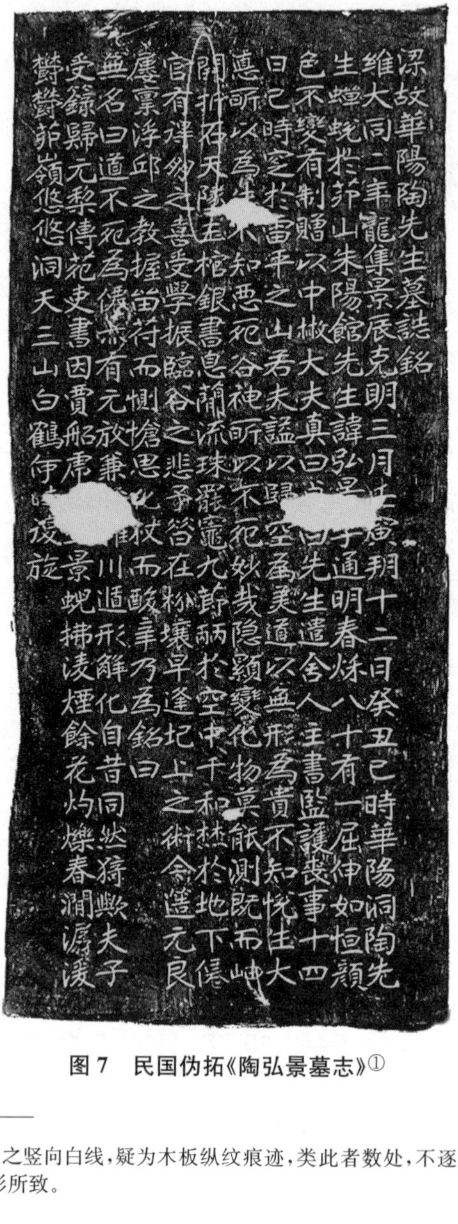

图 7　民国伪拓《陶弘景墓志》①

---

① 注：圈出之竖向白线，疑为木板纵纹痕迹，类此者数处，不逐一指出。另左下部曲折似木版变形所致。

拓片假的出奇，并无辨识必要，故目前也未见专门的辨伪文章。笔者并非碑石拓本鉴别领域专家，一眼之下难以断言，仍需耗费笔墨指斥其伪。

首先来看这幅拓片在"物质层面"存在的造伪现象。第一，此陶弘景墓志伪拓（后简称"伪陶拓"），体量较为奇特。北京大学图书馆收藏有几幅正经的南朝拓片，体量如下：南朝宋《张惠妻李氏墓记》拓片27.5厘米×13.8厘米，《刘怀民墓志》拓片48厘米×51厘米；南朝齐《吕超墓志》拓片37厘米×49厘米；南朝梁《程虔墓志》拓片56.2厘米×30.5厘米；南朝陈《卫和墓志》拓片35厘米×33厘米。① 两相对比便可发现，尽管这些真墓志中确有几方同样成长方形，但幅面却都比伪陶拓的101厘米×46厘米小得多。第二，根据图7可见，肉眼可见伪陶拓上存在一些明显的竖向白线，不似年代久远的石纹，而更像是木头的竖纹。北京大学图书馆称此伪志刻在木板之上，若非见过原版，或即依各种细节推出结论。此外，拓片上的三处"石花"也显得不太自然。第三，笔迹而论，伪陶拓有刻意模仿"南朝书迹代表"《瘗鹤铭》的嫌疑。这一点对比二者共有的几个字即可知晓（图8）。《瘗鹤铭》传世拓片很多，但多因石刻本身问题导致拓本字迹不清。除善本拓片外，又有后世摹本、翻刻，这里以壮观亭别本（传宋刻）和"水前本"中的几个字与伪陶拓进行对比。② 通过比对，可以直观地看到二者之间存在一定相

---

① 见北京大学图书馆金石组，胡海帆、汤燕、陶诚编：《北京大学图书馆藏历代墓志拓片目录》，上海：上海古籍出版社，2013年，第9页。

② 有关《瘗鹤铭》主要传世善本和翻刻本的概要信息，见仲威：《中国碑拓鉴别图典》，北京：文物出版社，2010年，第220—224页。

图8 《瘗鹤铭》与伪《陶弘景墓志》笔迹对比①

似度,但伪陶拓显然要"扁胖"很多。以木板翻刻碑铭方便传拓的现象很早就有。此类现象并非总是有意造伪,其中亦有方便文本、书迹流传和保护原碑等方面的考虑。木板刻字易因干湿度和捶拓次数太多而变形,造成字体扭曲、笔画渐肥。如秦始皇(前247—前210年在位)峄山碑毁于火灾,至唐时有人以枣木翻刻但文字扭曲,以至杜甫(712—770年)在《李潮八分小篆歌》中指出:"峄山之碑野火焚,枣木传刻肥失真。"②然而,伪陶拓的文字较《瘗鹤铭》而扁胖(不是笔画变肥),看上去主要是造伪者书法功底和书法习惯导致的结果,与其是否使用木板造伪关系不大。此外,字迹与《瘗鹤铭》相似,本身也存在问题。《瘗鹤铭》自宋代以来就被作为南朝书法的代表,③

---

① "鹤""铭"二字取自壮观亭别本,见仲威:《中国碑拓鉴别图典》,北京:文物出版社,2010年,第224页;"华""真"二字取自水前本,见上海图书馆编:《水前本瘗鹤铭》,上海:上海科学技术文献出版社,2015年,第25、27页。

② 杜甫:《李潮八分小篆歌》,见中华书局编辑部点校:《全唐诗》(增订本),卷222,北京:中华书局,1999年,第2365页。徐铉(916—991年)曾摹写《秦峄山碑》,宋纯化四年(993年)依其摹本翻刻碑石,保存于西安碑林博物馆。翻刻拓片及其他《秦峄山碑》翻刻本信息,见赵超:《中国古代石刻概论》,北京:中华书局,2019年,第334—339页。

③ 目前不少人持此观点,如杨飞主编《中国书法全集》(北京:中国华侨出版社,2016年)称《瘗鹤铭》"体现六朝气息",并给出宋拓图片及古人点评(第76—77页)。前揭仲威之书,也将之视作六朝碑刻。类此者颇为常见,此不枚举。

不少人相信此摩崖为王羲之(约321—约379年)①或陶弘景等著名人物亲笔撰书。然而,尽管《瘗鹤铭》体现南朝字体的说法有其道理,但有关此碑作者及时代归属的问题仍是聚讼纷纭。近年王家葵提出观点,认为《瘗鹤铭》是唐代皮日休(约838—约883年)等人的葬鹤游戏,皮日休等人故意模仿六朝笔迹,且在题名中使用临时所起带有道教色彩之假名,由此引发千年谜团。②如果王家葵的观点正确,那么伪陶拓模仿唐人"仿六朝笔迹"而创作的《瘗鹤铭》,恐怕也会成为漏洞之一。

接着来看伪陶拓内容方面的造伪特征。这里暂且放过可以归为"碑别字"的一些问题,着重指出两种比较明显的造假失误。第一,是避讳字问题。伪陶拓第二行"景辰"一词,当是避"丙"之讳而用"景"。唐高祖李渊(618—629年在位)父亲名李昞,故唐避"丙"为"景",此事早因陈垣之作而为今人常识。③若此《陶弘景墓志》为南朝石刻,则无论如何不该避唐讳。以此而论,伪陶拓所依据之"底本"当有唐人修订的痕迹。然而,拓片倒数第二行"归元"二字又显示出更晚时代的修订迹象。查目前可见最早收录《陶弘景墓志》者为初唐欧阳询(557—641年)所编《艺文类聚》,宋本《艺文类聚》中二字作"归玄"。④故伪陶拓中的"元"字似乎有些复杂身世。

---

① 有关王羲之生卒年有多种说法,见潘祖炎:《王羲之生卒年辩证》,《绍兴师专学报(社会科学版)》1989年第4期,第43—46页;李文初:《王羲之生卒年诸说考评》,《暨南学报(社会科学版)》1992年第3期,第120—125、143页;等等。
② 见王家葵:《陶弘景丛考》,济南:齐鲁书社,2003年,第276—312页;《〈瘗鹤铭〉三题》,收其《一卷田歌是道书》,杭州:浙江人民美术出版社,2019年,第15页。
③ 陈垣:《史讳举例》,北京:中华书局,2016年,第204页。
④ 欧阳询:《宋本艺文类聚》卷37,上海:上海古籍出版社,2013年,第1020页。

古籍避"玄"为"元",除清康熙玄烨(1661—1722年在位)外,主要是宋代避"赵玄朗"讳的结果。① 虽然宋本《艺文类聚》依旧使用"归玄"二字,但宋代贾嵩《华阳陶隐居内传》(后简称《内传》)所收《陶弘景墓志》确已改"玄"为"元",同时使用"景辰"一语。② 通过全文比对,笔者疑伪陶拓所使用的"底本"就是《内传》所收《陶弘景墓志》;③而贾嵩所收之陶隐居墓志既继承了唐人的修订,又据宋代的避讳改"玄"为"元"。第二,如果不是造伪者所依据的《内传》并非"善本",那么就是书者自己的失误,导致伪陶拓中出现一个非常极端的错别字。拓片第四行"真曰贞白先生"不通。查《艺文类聚》和《内传》本陶弘景墓志可知,其文当为"谥曰贞白先生"。《陶弘景墓志》的撰者为萧梁皇室(详见下文),而有皇室参与撰写的墓志会出现如此重大谬误,实在骇人听闻!

以上论述足以坐实伪陶拓之"伪"。据王家葵所述,古人造伪为免伤阴骘会故意留下"暗门活口"。④ 但伪陶拓的暗门活口未免太多,因此还是应当将辨伪工作的一帆风顺归因于造伪者水平低劣,而非其慈悲心肠。今日的碑铭造伪者已较前辈高明百倍,致使辨伪工作常常陷入僵局——每例辨伪都仿佛是学者与伪造者进行

---

① 陈垣:《史讳举例》,北京:中华书局,2016年,第211页。
② 贾嵩:《华阳陶隐居内传》卷3,见《道藏》,北京、上海、天津:文物出版社、上海书店、天津古籍出版社,1988年,册5,第512b—c页。本章所用《内传》出自明版道藏,因此这里避"玄"应当不是避玄烨讳。全书所用《道藏》均为此本"三家本",此后不再给出出版信息。
③ 《茅山志》所收《陶弘景墓志》与伪陶拓文字有一定出入,当非其所据底本。见刘大彬撰,江永年增补,王岗点校:《茅山志》卷12,上海:上海古籍出版社,2018年,第305页。
④ 王家葵:《陈巨来的"玄龙门阵"》,见其《一卷田歌是道书》,杭州:浙江人民美术出版社,2019年,第125页。

的一场精神战役,造伪者永远是主动的一方。面对一方"新出土材料",弃之未免可惜,坚决拒绝来路不明者(尤其所谓民间出土),恐怕才是目前最稳妥、最符合学术伦理的办法。

辨伪工作告一段落,并不意味着对陶弘景墓志的追问已经结束,从伪拓上延伸的思考逐渐浮现脑海:木板伪陶拓,是不是第一件伪造的陶弘景墓志呢？贾嵩《内传》所收《陶弘景墓志》为何会出现唐代避讳字？陶弘景墓志的志石应该埋在地下,除避讳改字的因素外,作为纸上文章传世的《陶弘景墓志》与志石上的铭刻是否完全一致呢？带着这些问题,笔者又进行了一番考索,发现有关陶弘景墓志的"伪刻"问题要比想象中更为有趣。

二、唐宋时期"陶弘景墓志"变迁史研究

根据笔者考察,前文所述的民国伪拓并不是最早伪刻陶弘景墓志的现象,尽管更早的"伪刻"本身不是为了"骗财盈利",而更可能是茅山道士自发的纪念活动。更为有趣的是,除伪陶拓所依据的萧梁皇室为陶弘景所撰墓志外,宋代开始又出现所谓的陶弘景"自撰"墓志,但此"自撰墓志"实际并非真正的"墓志",而是传说从陶弘景墓中挖出的刻铭墓砖。对这些墓砖情况的考察,甚至直接影响着当下的文物鉴别工作。有关这些问题,首先要从作为"文章"传世的《陶弘景墓志》的文字中寻找蛛丝马迹。

1. "全""节"本《陶弘景墓志》对比及唐刻《解真碑》的启示

传世《陶弘景墓志》分为所谓的"节""全"两种本子,前者以《艺文类聚》本为代表,后者则以贾嵩《华阳陶隐居内传》本为代表。二者之间不仅文字方面有出入,作者归属也不同。好在墓志文字不长,为论述方便,以下全文对勘:

	《艺文类聚》本	《华阳陶隐居内传》本
作者	梁简文帝	梁昭明太子
A段		维大同二年龙集景辰克明三月壬寅朔十二日癸丑巳时,华阳洞隐居先生蝉蜕于茅山朱阳馆。先生讳弘景,字通明,春秋八十有一。屈伸如恒,颜色不变。有制赠以中散大夫,谥曰"贞白先生"。遣舍人主书监护丧事。十四日巳时,窆于雷平之山
B段	若夫真以归空为美,送以无形为贵。不知悦生,大德所以为生;不知恶死,谷神所以不死。妙矣哉!隐显变化,则物莫之测。既而岫开折石,天坠玉棺。银书息简,流珠罢灶。九节丽于空中,千和焚于地下。仙官有得朋之喜,受学震临谷之悲。余昔在粉壤,早逢汜上之术。今箓元良,屡禀浮丘之教。握留符而恻怆,思化杖而酸情	若夫真以归空为美,道以无涯为真。不知悦生,大德所以为生;不知恶死,谷神所以不死。妙矣哉!隐显变化,物莫能测。既而岫开析石,天坠玉棺。银书息简,流珠罢灶。九节丽于天中,千和焚于地下。仙官有得朋之喜,受学振临谷之悲。余昔在粉壤,早逢圯上之术。今箓元良,屡禀浮丘之教。握留符而恻怆,思化杖而酸辛

续 表

	《艺文类聚》本	《华阳陶隐居内传》本
C段	乃为铭曰： 无名曰道，不死为仙。以有元则，兼称稚川。猗欤夫子，受录归玄。梨传宛吏，书因贾舡。郁郁方崖，悠悠洞天。三山白鹤，何时复旋？①	乃为铭曰： 无名之道，不死为仙。亦有元放，②兼称稚川。逃形解化，自昔周然。猗欤夫子，受录归元。梨传宛吏，书因贾船。虎车照景，蜺拂凌烟。余花灼烁，春涧潺溪。郁郁茅岭，③悠悠洞天。三仙白鹤，何时复旋？④

查爱如生基本古籍、四库、《道藏》、CBETA 等数据库可知，目前所见材料中，最早收录节本《陶弘景墓志》者就是初唐欧阳询的《艺文类聚》，而最早收录"全本"者则是宋代贾嵩的《内传》。通过对比，可发现二者在 B 段文字上的差异并不大，可能是因传抄或所依版本不同而出现个别字词差异。C 段中，除个别文字差异外，全本多出两段话。这两段内容的"道教感"较之其他文句要明显更强一些。A 段的差异最为明显，节本完全"略去"这段内容。王家葵认为《艺文类聚》所载《华阳陶先生墓志》颇有删节，不及《内传》完整"。⑤ 然而，二者的异同真的只是"全本—节本"的关系吗？有关

---

① 欧阳询：《宋本艺文类聚》卷 37，上海：上海古籍出版社，2013 年，第 1019—1020 页。
② 元则，指介象，字元则；元放，指左慈，字元放。两人皆为东吴方士，据信成仙。故两个本子在此处，很难讲谁更正确。
③ 方崖，一作茅岭，明代梅鼎祚（1549—1615 年）即已关注此差异，见其《梁文纪》卷 3，见《景印文渊阁四库全书》册 1399，台北：台湾商务印书馆，1988 年，第 302a 页。
④ 贾嵩：《华阳陶隐居内传》，见《道藏》册 5，第 512b—c 页。
⑤ 王家葵：《陶弘景丛考》，济南：齐鲁书社，2003 年，第 417 页。

于此,笔者持不同意见。

《艺文类聚》是一部强调文学性的著作,往往仅录入文章中最"文学化"的语句,节录现象非常正常。然而仅就 C 段(铭文)而言,《艺文类聚》"舍去"的几句在文学性上丝毫不比其他文句差,欧阳询舍此取彼的理由是什么呢?由于"写本时代无定本",故欧阳询所依据的《陶弘景墓志》版本或许存在文句缺略的问题,但另一个可能也不容忽视,即初唐时期流传的、符合"原始形态"的《陶弘景墓志》中确实就没有这几句话。在缺少严谨的文本线索前做出这一判断显然有些大胆,但这一看法也有一些旁证辅佐。贾嵩"全本"的源头并非可靠的文本,这一点从对《陶弘景墓志》作者的归属上就看得很明白。《艺文类聚》给出的作者是梁简文帝萧纲(549—551 年在位),其在 531—549 年任太子。而《内传》则将作者写为昭明太子萧统(501—531 年)。有关《陶弘景墓志》作者归属问题,王京州已做过考证,指出昭明太子先陶弘景逝世,无论如何不可能为后者撰写墓志。① 陶弘景墓志的真正撰写者只能是在 536 年(陶弘景卒年)担任太子的萧纲。很难想象贾嵩本人会在《陶弘景墓志》作者归属问题上动手脚——这既无必要,也很愚蠢,出现这一错误的原因只能是贾嵩依据的版本确实写明作者是"昭明太子"。那么,贾嵩所依据的版本到底从何而来呢?对于这一问题,或许要到 A 段之中寻找答案。"全本"墓志的 A 段出现"景辰"一词,正如前文所述,改"丙"为"景"是唐代的特有避讳。依此而论,怀疑贾嵩

---

① 陶弘景著,王京州校注:《陶弘景集校注》,上海:上海古籍出版社,2009 年,第 302—303 页。

所依据者为唐代的某个本子应该是合理的推测;换言之,比初唐《艺文类聚》本既多出 A 段,又多出 C 段中几句话的版本,实际是某个"唐代本"。那么,这个"唐代本"多出的内容又来自哪里呢?一种很自然的解释是"唐代本"转抄了更早且完整的版本,但同样可能的是,这个"唐代本"超出《艺文类聚》本的地方是唐人自行增补的内容。得出这一推测的依据至少有三个。其一,"全本"A 段文字平白直述,尽管骈散结合的文学形式合情合理,但与 B、C 的华丽辞藻相比,A 段看上去过于生硬乏味,与后两段似出二人之手。其二,"全本"A 段中出现的"舍人主书"护丧情况,似乎也多少有点疑问。记述整体更细致的萧纶《解真碑》在记载陶弘景丧事时,仅称:"天子嗟惜,褚皇轸悼,有诏称誉,追赠中散大夫,谥曰贞白先生。"①没有提及舍人主书护丧这样的特殊礼遇。而提及陶弘景拥有"舍人"护丧待遇的材料,则有姚思廉(557—637 年)《梁书》、李渤(772—831 年)《真系》等。② 然而,舍人一般指中书舍人,与"舍人主书"并不相同。《通典·职官》称:"梁陈时,凡国之政事,并由中书省。省有中书舍人五人,领主书十人,书吏二百人。"③根据目前的研究来看,南北朝至唐代,朝廷最常派遣鸿胪寺官员为亡故的官僚护丧,王翠统计南朝出现大鸿胪护丧四次、北朝出现十七次;此外南朝官派护丧官员中确实有使用中书舍人的情况(两次,

---

① 萧纶:《隐居贞白先生陶君碑》,见李昉等编:《文苑英华》卷 873,北京:中华书局,1966 年,第 4605b 页。
② 姚思廉:《梁书》卷 51,北京:中华书局,1973 年,第 743 页;李渤:《真系》,见张君房编,李永晟点校《云笈七签》卷 5,北京:中华书局,2003 年,第 78 页;等等。
③ 杜佑撰,王文锦等点校:《通典》卷 21,北京:中华书局,2016 年,第 559 页。《通典》给出晋至唐主书一职变迁,见第 567 页。

均为梁代）,①但查《南史》《梁书》等均不见舍人主书受命护丧的案例,而只能见到其宣召送敕的记载。事实上,除"全本"《陶弘景墓志》外,唯一提及梁代舍人主书为人护丧的记载,出现在唐代道宣(596—667年)的《续高僧传》中。有趣的是,"被护丧"的传主恰恰也是与梁武帝(502—549年在位)关系相当密切的宗教领袖。《续高僧传·释法宠》记载,法宠曾有奇遇,受梁武帝崇信,"上每义集,以礼致之,略其年腊,敕常居坐首,不呼其名,号为'上座法师'"。普通五年(524年),法宠去世,"敕葬定林寺墓,一切凶事,以天府供给,舍人主书,监视讫事"。② 道宣有关舍人主书为法宠护丧的记载来源不详,正常僧人死后不当有官员护丧,但此类"僧侣葬仪世俗化"在中古时期确实有很多实例。③ 然而,鉴于道宣在所撰僧传中常常出现编造史实誉美传主的现象,故这则记载真实与否依旧不易确定。与"唐代本"《陶弘景墓志》对比可以发现,法宠与陶弘景均与梁武帝关系密切,二人葬地都在金陵,丧葬事宜均受朝廷恩典,护丧者又都是有些特别的"舍人主书"。这样的巧合,不能不令人怀疑"唐代本"陶志有可能是参考法宠"故事"来书写 A 段的丧葬礼遇。其三,A 段文字中"屈伸如恒,颜色不变"的语言,与《梁书》的"颜色不变,屈申如恒"、《南史》"颜色不变,屈伸如常"、《真系》"颜色不变,屈伸如常"太过相似,但两个短句顺序不同。若唐

---

① 王翠:《南北朝丧葬礼典考》,浙江大学,硕士论文,2009 年,第 6 页。
② 道宣撰,郭绍林点校:《续高僧传》卷 5,北京:中华书局,2014 年,第 152 页。
③ 冉万里:《佛教僧侣葬仪的世俗化问题略论——以唐代僧人葬仪世俗化的若干因素为中心》,《西部考古》2011 年总第 5 辑,第 310—327 页。

代本《陶弘景墓志》在先，则至少初唐的《梁书》《南史》在写陶弘景传时当可参考全文，进而按照正常顺序写书。与其他材料所录文章相比，唐代本陶志中两个短句顺序相反，恐是其本后出，未免抄袭明显，故在抄录相关语言时，刻意调转顺序的结果。

如果以上说法有可能成立，那么接下来需要思考的是，唐人为何要将《陶弘景墓志》"补充完整"呢？增补这篇墓志文的历史场景到底是怎样的呢？一般文人在整理、编辑《陶弘景墓志》时，没有理由增衍 A 段，也没有理由扩充 C 段。事实上，只有意图将这篇节略的文章"恢复"为"墓志"形态、宣之于众时，才有增补和重整此篇墓志的需要。唐代来说，最可能措手此事者无外乎茅山当地尤其是自诩为陶弘景后嗣弟子的"上清派"道士。事实上，我们确实可以发现盛唐时期茅山上发生过一次为纪念陶弘景立碑的事件。尽管此次所立碑刻并非《陶弘景墓志》，但立碑时对碑文本身做出较大"修订"的情况也确实发生了，这可为我们提供一些启发。这方经删定而重新树立的陶弘景碑，就是《解真碑》。与《文苑英华》所收《解真碑》相比，《茅山志》所录者明显缺少一段有关陶弘景奉佛的内容，如下：

> 大造佛像，爰及写经、起塔、招僧，备诸供养。自誓道场，受菩萨法，梦登七地，又得嘉名，具以启闻，蒙敕许可。葛玄之梦见开士，朱鸾之远望尊仪，何以拟兹通感，匹此征应。①

---

① 李昉等编：《文苑英华》卷 873，北京：中华书局，1966 年，第 4065b 页。

有关陶弘景自誓阿育王塔、号胜力菩萨等奉佛活动早已引起各界人士关注,不少学者认为陶弘景奉佛并非出自真心,而是迫于梁武帝压力下的无奈之举。然而,这段历史在佛道争论的背景下,无疑会成为道教方面的一个"污点"。王家葵等学者认为《内传》《茅山志》所收《解真碑》中缺少这一段内容,可能是两书作者"为尊者讳"的举措。① 然而,这一观点或许还可商榷。事实上,《茅山志》中陶弘景传记里,明确提及陶弘景奉佛之事,称:"梦佛嗳记,名'胜力菩萨'……因诣鄮县,礼阿育王塔,自誓,受五大摄戒。"② 倒是《内传》之中,确实完全隐去陶弘景奉佛一事。那么,《茅山志》中缺少奉佛部分的《解真碑》是否有可能就是抄自贾嵩《内传》呢?此论恐怕也不易成立。事实上,元时《解真碑》尚存茅山著名的玉晨观,有心编纂完善山志的刘大彬为何要舍真碑而抄录文?况且,刘大彬倘若确实承袭《内传》,那么录文与碑刻不符的事情稍作核实便可被(刘大彬本人及阅读此书的当地文人)发现。而以《茅山志》中并不避讳陶弘景奉佛的情况而论,发现问题后的刘大彬自然会依据碑石修订录文。因此,更有道理的解释是刘大彬等茅山道士真可能是据实抄录当时还树立在茅山上的那方《解真碑》,而删掉奉佛内容者则是"重立"此碑的那个人。有关立碑人的身份并不难找,答案就在《解真碑》的碑阴。众所周知,《解真碑》的背后有一段司马承祯(639—735年)撰书的文字。以往金石著录中,常常将《解真碑》

---

① 王家葵:《自疑前世陶贞白》,《书法》2019年第2期,第130页。
② 刘大彬编,江永年增补,王岗点校:《茅山志》卷7,上海:上海古籍出版社,2018年,第199页。

的碑阴和碑阳分别著录,指出碑阳为萧纶所撰,碑阴为司马承祯所撰并书。但事实上,碑阴自是司马承祯手笔,而碑阳的文字虽原系萧纶创作,但茅山这方《解真碑》实际应该也是司马承祯亲笔所书。

2004年,句容市博物馆整理馆藏碑刻时,发现《解真碑》残石,王家葵依石刻文字书法判定此碑为唐人笔迹,而非梁代遗物(图9),并怀疑碑文出自书法与道法一样高妙的司马承祯之手。① 事实上,宋代陈思就明确著录称《梁贞白先生陶隐居碑》是"唐立"。② 结合司马承祯所撰《碑阴记》,陈思和王家葵这一观点当可坐实。司马承祯首先在《碑阴记》中盛赞陶弘景道高德邈,但所使用语言几乎没有涉及具体事件,继而感叹:

> 然隐几云化,虚室仍存;代剑未飞,阴丘尚闭。道尊德贵,终古不渝,披文相质,乃今无睹。朝代累革,年世转睽,永怀仙烈,久增诚慨。子微将归衡岳,暂憩茅山,与诸法义聚某刻石。邵陵撰制,美具当年,今以书勒,言全往行。因运拙笔,聊述真猷,纪于碑阴,式昭年世。③

这段文字表示,陶弘景道德高深,但因屡次改朝换代导致当时茅山上已找不到他的纪念丰碑。于是,司马承祯本人途径茅山时,与当

---

① 王家葵:《自疑前世陶贞白》,《书法》2019年第2期,第130页。
② 陈思:《宝刻丛编》卷15,见《石刻史料新编》第1辑,台北:新文丰出版社,1982年,册24,第18328a页。
③ 刘大彬编,江永年增补,王岗点校:《茅山志》卷12,上海:上海古籍出版社,2018年,第320页。

图 9　句容市博物馆藏《解真碑》残石①

地信士商量,重新刊刻邵陵王萧纶所撰《解真碑》,以"言全往行"。最后,司马承祯自称,碑阴文字即此碑刊刻因缘。根据《碑阴记》接下来的纪年可知,司马承祯的文章书于开元十二年(724 年),但此碑实际直到开元乙亥(二十三年,735 年)方才真正刻立。② 显然,

---

① 引自王家葵《自疑前世陶贞白》,第 131 页。
② "言全往行"等语言,表明司马承祯等人所刊刻的不可能只是《碑阴记》,因为碑阴文字中并没有给出陶弘景的具体言行经历。另外,《碑阴记》真正刊刻时间距离司马承祯书文十载之久,若仅是在既有碑石上刊刻《碑阴记》断不至拖延如此。

唐代茅山再次出现的《解真碑》确实是经司马承祯重新书写刻立之物。而在盛唐佛道依旧互相攻讦的背景下，站在道教立场上的司马承祯隐去陶弘景奉佛的记载，既合乎道理，又毫无技术难度。①

了解这一情况后，我们再返回头看《陶弘景墓志》。司马承祯在撰写《碑阴记》时未提及茅山当地有《陶弘景墓志》刻石。正常来讲，墓志当然应该埋在墓中，地上树立的纪念石刻则以墓碑为主，例如司马承祯能够亲见的茅山《王远知碑》《王轨碑》等。② 因此，当时的茅山上没有树立《陶弘景墓志》实属正常现象。司马承祯对此当然有所了解，故其想要重刻的纪念文字只有《解真碑》，而不会是墓志铭。然而，唐中后期确实出现将高道墓志铭刻立地上以为纪念的现象。这一点可以麻姑山邓氏祖孙二人为例。邓紫阳卒于开元二十七年（739年），其人受唐玄宗（712—756年在位）尊崇，死后由李邕为之撰写墓志。③ 雷闻对麻姑邓氏的研究指出，立于麻姑山上的《邓天师碣》是经邓紫阳从孙邓延康之手重新刻立的。④

---

① 《文苑英华》所收《解真碑》中保存陶弘景奉佛内容，文中出现"景辰"一词（避"丙"讳）。王家葵倾向认为《文苑英华》本《解真碑》是抄录司马承祯重书的唐代《解真碑》而来。倘此说成立，则唐立《解真碑》亦当含有陶弘景奉佛部分，换言之，司马承祯并没有删节碑文。然此论存在漏洞，唐代纸本流传的《解真碑》也很可能避"丙"讳，故《文苑英华》所依据者未必是位于茅山的唐代立碑（或其拓片）。故笔者依旧认为致力于搜集陶弘景材料的贾嵩和长期居住在茅山的刘大彬更可能直接抄录石刻《解真碑》——已为司马承祯删节过的版本。

② 江旻：《升真先生王法主真人立观碑》，收陈垣编，陈智超、曾庆瑛校补：《道家金石略》，北京：文物出版社，1988年，第51—54页；于敬之：《桐柏真人茅山华阳观王先生碑文并序》，见《道家金石略》，第58—60页。

③ 李邕：《唐东京福唐观邓天师碣》，见董诰等编：《全唐文》卷265，北京：中华书局，1983年，第2694页。

④ 雷闻：《碑志所见的麻姑山邓氏——一个唐代道教世家的初步考察》，《唐研究》2011年总第17卷，第54页。

而根据王象之《舆地碑记目·建昌军碑记》的记载,由郑畋所撰的《邓延康墓志》后来也被竖立在麻姑山上,①当是邓家后人或门徒所为。以此类推,茅山方面在司马承祯之后的某个时间也可能会将《陶弘景墓志》刻石。而当要刻立《陶弘景墓志》时,保存在《艺文类聚》中的节本便无法满足需要——其缺少墓志开头对于传主的生平介绍。因此负责立碑的茅山道众,只能自行增补一应内容,但语言的干涩和信息的不完备使文章显现出不协调。由于《内传》和《茅山志》中的《陶弘景墓志》可能都来自这一"唐刻",故作者误署昭明太子的问题也当归咎于这块唐刻《陶弘景墓志》。前揭王京州考证怀疑《陶弘景墓志》最初署名只有"太子",故使后人误以为是"昭明太子",以至产生误署。然而只写"太子"而不书姓名看上去不是一个正常现象,署名至少要写成"太子统/纲"才像样。因此,尽管不能随意排除唐代茅山之人"误纲为统"的可能,但笔者更倾向于认为这一错误是刻立墓志之人故意所为,以借重昭明太子对文人的吸引力。有关这一点,宋代出现的有关茅山《陶弘景墓志》撰、书者的碑石著录,将会提供一些旁证(见下文)。此外,如果将唐代增补《陶弘景墓志》者判定为某个茅山道士,那么C段多出的几句非常道教化的语言也就解释得通了——这些语言对于"上清道"之人来说,实在是最熟悉不过的用语。最后,到目前为止我们只能确定《陶弘景墓志》刻立于唐刻《解真碑》之后,其具体刻立时间和背景依旧难以敲定。但对茅山陶弘景崇拜而言,非常重要的一

---

① 王象之:《舆地碑记目》卷2,《石刻史料新编》第1辑,台北:新文丰出版社,1977年,册24,第18540b页。

个事件发生在天宝七载(748年)。是年,玄宗下《册尊号赦》,赞美"梁中散大夫贞白陶先生,高尚尘表,博达玄微,综缉真经,传俾后学。并令有司,审定子孙,将有封植,①以嗣真也……贞白册赠太保"。② 茅山建立《陶弘景墓志》是否有可能是发生在这一背景下呢?

2. 宋代"陶弘景墓志"刻石的新变化

如果说唐代茅山曾刻立"萧纲/萧统"所撰《陶弘景墓志》的说法缺少直接证据,那么宋代开始相关记载便不绝如缕。此外,宋时还曾发生陶弘景墓被盗事件,从中又引出一方陶弘景"自撰"墓志。

宋代以降茅山《陶弘景墓志》刻石的记载有些混乱,首先需要梳理相关的金石文献,从中寻找线索。以下给出几个较典型的陶弘景墓志著录:

陶弘景墓志著录

出　　处	著　录　情　况
(宋)陈思《宝刻丛编》	《梁陶隐居墓志》,萧统撰,萧纲书。无立石年月。《复斋碑录》③

---

① "封植"一词有修缮墓葬、栽种植物的意思,若如此或可辅证陶弘景墓志树立于天宝七载之后的推测。然而,由于这里上下两句均言寻找陶弘景子孙来继承先嗣,故此"封植"只能理解为一般的"栽培",而与修缮陶墓无关。

② 《天宝七载册尊号赦》,见宋敏求编:《唐大诏令集》卷9,北京:中华书局,2008年,第52—53页。玄宗此赦在敦煌文书中亦存有残篇(S.0446),王继如结合《全唐文》本对之进行校读,见其《敦煌遗书斯0446唐玄宗〈加应道尊号大赦文〉校读记》,《文教资料》1997年第1期,第111—115页。

③ 陈思:《宝刻丛编》卷15,《石刻史料新编》第1辑,台北:新文丰出版社,1977年,册24,第18326b页。

续 表

出　　处	著　录　情　况
（宋）《宝刻类编》	《陶隐居墓志》，昭明太子萧统撰。昇①
（元）王象之《舆地碑记目》	《陶隐居墓铭》，自撰。 《陶隐居墓志》，昭明太子撰②
（元）张铉（至大）《金陵新志》	《陶隐居墓志》，一自撰；一昭明太子文。③ 《荆公书陶隐居墓志》④
（清）倪涛《六艺之一录》	《梁陶隐居墓志》。昭明太子萧统撰，萧纲书，无立石年月。《复斋碑录》。⑤ 《陶隐居墓铭》，自撰。 《陶隐居墓志》，梁昭明太子撰⑥
（清）严观《江宁金石记》待访卷目一	《陶隐居墓志》，陆倕撰。目见无名氏《宝刻类编》⑦

从以上著录中可以发现三种不同的《陶弘景墓志》。首先来排除一种著录错误。严观的《江宁金石记》提到陆倕（470—526 年）撰《陶

---

① 《宝刻类编》卷 1，《石刻史料新编》第 1 辑，台北：新文丰出版社，1977 年，册 24，第 18409a 页。

② 王象之：《舆地碑记目》卷 1，《石刻史料新编》第 1 辑，台北：新文丰出版社，1977 年，册 24，第 18533a 页。

③ 张铉：（至大）《金陵新志》卷 12 下，《景印文渊阁四库全书》，台北：台湾商务印书馆，1988 年，册 492，第 482a 页。

④ 张铉：（至大）《金陵新志》卷 12 下，《景印文渊阁四库全书》，台北：台湾商务印书馆，1988 年，册 492，第 490b 页。

⑤ 倪涛：《六艺之一录》卷 58，《景印文渊阁四库全书》，台北：台湾商务印书馆，1988 年，册 831，第 407b 页。

⑥ 倪涛：《六艺之一录》卷 102，《景印文渊阁四库全书》，台北：台湾商务印书馆，1988 年，册 832，第 151b 页。引录《舆地碑目记》。

⑦ 严观：《江宁金石记》，《石刻史料新编》第 1 辑，台北：新文丰出版社，1977 年，册 13，第 10133b 页。

隐居墓志》,此说法不见于任何更早材料,其本身也并不正确。首先,陆倕较陶弘景早死十年,绝无可能为陶弘景撰写墓志。其次,严观将之放在"待访"中,自己本身没见过实物,自称信息来自《宝刻类编》。然而,从上表中即可发现,本文所依据之《宝刻类编》并无对应内容,若非严观所据版本特殊,便可能是错抄了撰人。陆倕是梁武帝时期著名文学家,曾为另一位重要宗教人物宝志(418—514年)撰《志法师墓志铭》。[①] 严观写书时是不是串抄了此方墓志的著录呢?无论造成这一错误著录的原因是什么,陆倕都不可能是某种《陶弘景墓志》的撰者,也无证据表明曾有人伪托陆倕之名伪造过这样一方墓志。接着来看所谓昭明太子萧统所撰的《陶弘景墓志》。唐宋鼎革,虽战乱纷扰,但茅山碑石破坏似不算严重,据记载前述唐刻《解真碑》至宋元时期依旧完好即为例证。笔者推测,《复斋碑录》《宝刻丛编》等著录的萧统撰、萧纲书的那方《陶弘景墓志》,大概就是唐代刻立在茅山上的那一方石刻。从《宝刻丛编》对此唐刻《陶弘景墓志》著录信息中可以发现,其不单伪托昭明太子为撰者,甚至将真正的撰者萧纲改为了书手。正如前文所述,如此现象,显然不能以"误纲为统"来作解释,而只能归因于刻立此碑之人的有意伪托,以张声势。与前两种陶志相比,陶弘景"自撰"墓志的出现最为奇特。传世梁朝文章中,不见陶弘景自撰墓志。《南史》《梁书》《内传》等有关陶弘景死前情况的记载,仅提及他曾

---

① 陆倕:《志法师墓志铭》,见欧阳询:《宋本艺文类聚》卷77,上海:上海古籍出版社,2013年,第1982—1983页。

嘱托丧葬要求,①并作《告逝诗》,②而不见所谓自撰墓志的举动。那么宋元时期出现的茅山陶弘景自撰墓志,到底是指什么呢? 笔者认为,这里的陶弘景自撰墓志,实际就是著名的陶弘景墓砖铭(图10)。③ 事实上,元代张铉所编(至大)《金陵新志》即援引更早的《庆元金陵志》将此方碑刻称为"荆公书陶隐居墓志"。而根据下文所述,王安石所书写的其实就是这些墓砖铭。有关陶弘景墓砖铭的发现,古籍中本有记载。1986 年,陈世华在茅山朱阳馆遗址以西一里多的一户农家再次发现这些墓砖(图10)。④ 通过将墓砖铭文与《茅山志》中的记载相对比,陈世华、麦谷邦夫等人认为这些重新发现的砖石就是宋代发现的那些与陶弘景有关的墓砖。⑤ 这些墓砖在宋代树立于茅山的历史,要从一起墓葬盗掘事件讲起。

---

① 《南史》:"无疾,自知应逝,逆剋亡日,仍为《告逝诗》。大同二年卒,时年八十一。颜色不变,屈申如常,香气累日,氛氲满山。遗令:'既没不须沐浴,不须施床,止两重席于地,因所著旧衣,上加生祴裙及臂衣靺冠巾法服。左肘录铃,右肘药铃,佩符络左腋下。绕腰穿环结于前,钗符于髻上。通以大袈裟覆衾蒙首足。名器有车马。道人道士并在门中,道人左,道士右。百日内夜常然灯,旦常香火。'弟子遵而行之。"见李延寿:《南史》卷 76,北京:中华书局,1975 年,第 1899—1900 页

② 《茅山志·金薤篇》收录陶弘景《告逝诗》:"性灵昔既肇,缘业久相因。即化非冥灭,在理澹悲欣。冠剑空衣影,镳辔迺仙身。去此昭轩侣,徂彼瀛台宾。倘能蹱留辙,为子道玄津。"(卷 14,第 421 页)那么有没有可能茅山方面将此诗刻石,从而又误以为是"墓志铭"呢? 从《茅山志》将《告逝诗》归入《金薤编》而非《录金石》的情况来看,可知茅山方面明白这篇诗歌的性质并不属于"金石",因此也绝对不会将之误解为陶弘景"自撰墓志铭"。

③ 尽管有个别材料同时著录陶弘景自撰墓志和陶弘景墓砖,但从其行文可知作者应当没有见过实物,而只是根据更早记载——罗列,如前注已指出的《六艺之一录》。

④ 陈世华:《陶弘景书墓砖铭文发现及考证》,《东南文化》1987 年第 3 期,第 54—59 页。

⑤ 在陶弘景常年活动的茅山一代,据信发现多处与陶弘景有关的遗迹和文字。见罗宗真:《道教学者陶弘景有关遗物、遗迹的考证》,《东南文化》1998 年增刊 2,第 82—85 页;陈世华:《瘗鹤铭、天监井栏与陶弘景书法》,《书法研究》1985 年第 4 期,第 24—30 页;等等。

第二章 纸上文章与碑石刻铭

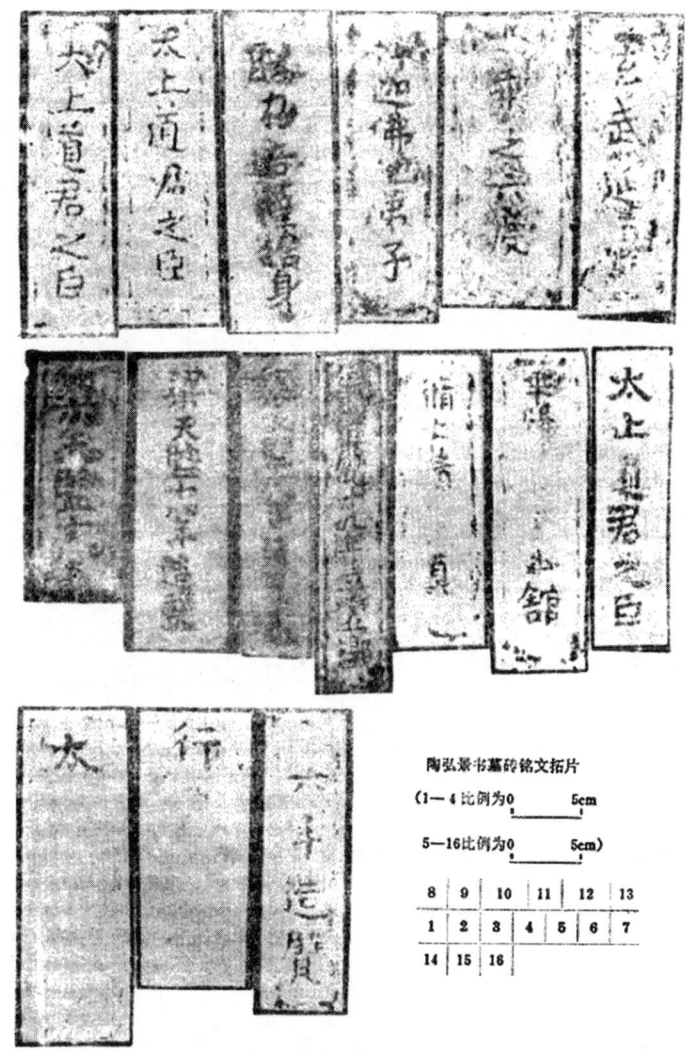

图 10 陶弘景墓砖拓片①

---

① 引自陈世华:《陶弘景书墓砖铭文发现及考证》,《东南文化》1987 年第 3 期,第 56 页。

据资料记载,陶弘景死后葬在朱阳馆东南不远处的雷平山(图11)。司马承祯撰写《解真碑碑阴记》时,曾称"代剑未飞,阴丘尚闭",可知彼时陶弘景墓封闭完好。然据信北宋时期陶弘景墓曾经被盗,墓砖铭现世。有关陶弘景墓被盗经过,有两则不同记载,麦谷邦夫认为当分别为两个事件,①但这一观点有可能是受到材料误导。最早述及陶弘景墓被盗并发现铭文的材料,是黄庭坚的《跋

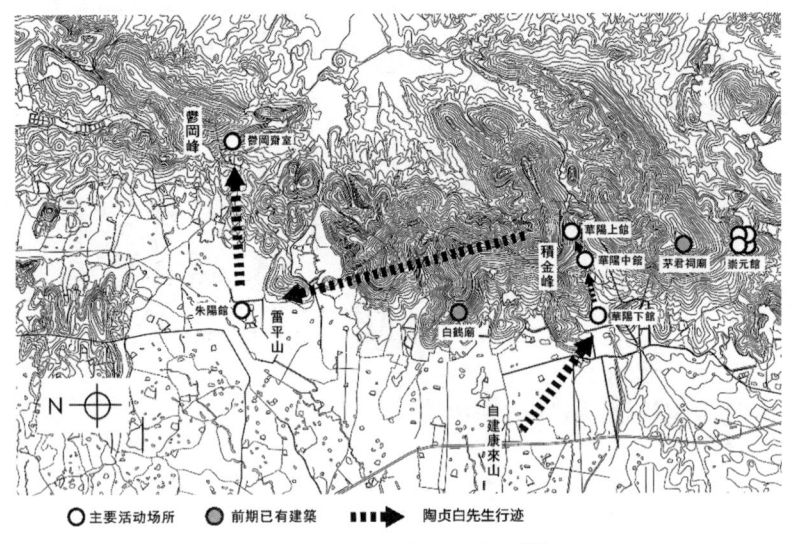

图11　陶弘景茅山行迹图②③

---

① 麦谷邦夫:《梁天监十八年纪年有铭墓砖和天监年间的陶弘景》,收日本京都大学人文科学研究所主编:《日本东方学》第1辑,北京:中华书局,2007年,第94页,注3。
② 引自陶金:《茅山神圣空间历史发展脉络的初步探索》,《世界宗教文化》2015年第3期,第143页。雷平山即史料记载的陶弘景墓所在。
③ 所附图为原图,感谢陶金惠赠予!有关陶弘景墓在雷平山具体哪个位置,因陶墓久已不见,故不易确定。麦谷邦夫对此有详细考察,见《梁天监十八年纪年有铭墓砖和天监年间的陶弘景》,收日本京都大学人文科学研究所主编:《日本东方学》第1辑,北京:中华书局,2007年,第83—84页。

王荆公书陶隐居墓中文》(后简称《跋文》)。这篇《跋文》不长,但信息量很大,至今似仍无学者对之进行详细解读,文字如下:

> 熙宁中,金陵、丹阳之间有盗发冢,得隐起砖于冢中,识者买得之。读其书,盖山中宰相陶隐居墓也。其文尤高妙,王荆公常诵之,因书于金陵天庆观斋房壁间,黄冠遂以入石。予常欲摹刻于梗道。有李祥者闻之,欣然砻石来请。斯文既高妙,而王荆公书法奇古,似晋宋间人笔墨,此故多闻广见者之所欲得也。……①

这里省略《跋文》后半介绍李祥的文字。根据黄庭坚所述可知,陶弘景墓砖的发现是熙宁年间(1068—1077年)一起发生在金陵、丹阳地区的盗墓事件的结果。据说刻铭砖石遭到买卖,为某人所得。王荆公对此砖铭文极为欣赏,于是摹写于金陵天庆观斋房墙壁上。王荆公即王安石(1021—1086年),据宋代詹大和(1093—1140年)为之所作年谱可知,王安石在熙宁七年(1074年),"以观文殿大学士知江宁府",八年"自金陵复拜平章事、昭文馆大学士",九年"以使相再镇金陵"。②故王安石得观墓砖铭并摹写于壁,当在熙宁七年之后不久的某个时间。天庆观即今南京朝天宫之前身,所谓"黄冠遂以入石",当指道士将王安石手书铭文刻石于天庆观之中。土

---

① 黄庭坚:《黄庭坚全集》正集卷25,成都:四川大学出版社,2001年,第647—648页。

② 詹大和:《王荆公年谱》,见裴汝诚点校:《王安石年谱三种》,北京:中华书局,1994年,第7—8页。

安石摹写本陶弘景墓砖铭之所以被道士刻石,主要是因当时王安石书法已渐受社会追捧。米芾(1051—1107 年)在《书史》中记载称:"王文公安石作相,士俗亦皆学其体。"①黄庭坚早就得知王安石摹写本刻石一事,既欣赏墓砖文辞,又崇拜王安石书风"奇古"(图12),故希望摹刻天庆观陶弘景墓砖"碑"于僰道。僰道即宋代戎州(今四川宜宾),黄庭坚于元符元年(1098 年)左迁戎州,在此居官数年。根据上下文不难推测,黄庭坚原本应当拥有王安石摹写砖铭的"天庆观拓本",故在谪居戎州时才可能有刻石当地的条件。此时,当地著名文化人李祥捐石助成此事。从《跋文》来看,黄庭坚本人没接触过陶弘景墓砖而仅见过王安石摹本,但亦接受墓砖的"真实性"。作为宋代最著名书法家之一的黄庭坚本身具有非常高的书画鉴定能力,②因此对他的这一判断目前暂可接受。综上所论,通过黄庭坚跋文,我们可以发现三个"石刻形态"的陶弘景墓砖,如下:

(1) 盗发之原本砖石,在某宋代"收藏家"手中。

(2) 王安石摹本刻石,立于天庆观。

(3) 黄庭坚翻刻,立于戎州。

除此之外,成书于景定二年(1261 年)的周应合(1213—1280 年)《景定建康志》中记载称黄庭坚跋文所述的王安石摹本"今刻石江东漕廨"。③ 张铉(至大)《金陵新志》中给出同样的记载,并且称

---

① 米芾:《书史》,台北:世界书局,1962 年,第 57 页。
② 黄庭坚本人甚至对传为陶弘景所书的《瘗鹤铭》也有研究,称"大字无过瘗鹤铭",见其《以右军书数种赠邱十四》,任渊等注,刘尚荣点校:《黄庭坚诗集注》,北京:中华书局,2003 年,第 1604 页。
③ 周应合:《景定建康志》卷 50,《景印文渊阁四库全书》册 489,第 695a—b 页。

此说法来自更早的《庆元志》,即《景定建康志》也曾参考的庆元(1170—1198年)年间所修《建康志》。此方位于江东漕廨的刻石与约百年前天庆观的那一方刻石是不是一块,抑或是后来有人出于某种原因又在江东漕廨翻刻一方,目前难以确定。但不论如何,这里所发现的四方刻石都不在雷平山或茅山,且除(1)之外均为摹刻、翻刻,而非真迹。

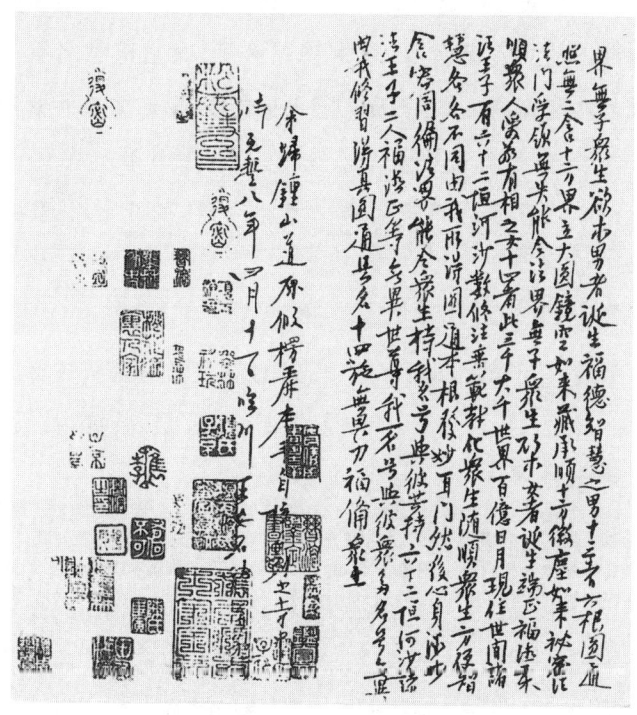

图12 摘自《宋王安石书楞伽经墨迹》①

---

① 《宋王安石书楞伽经墨迹》,上海:上海社会科学院出版社,2014年,第6—7页。王安石书迹,确有"奇古"的意思。

有关陶弘景墓被盗发现刻铭墓砖的事件,《茅山志》也给出一则记载,这则记载中甚至详细录出墓砖铭文。《茅山志》记载称,陶弘景幽馆在雷平山西南,宋元祐(1086—1094年)初中贵人罗淳一修道茅山,觊觎陶弘景墓中或有宝物存在:

一日穴墓,往观焉,唯铁绳县一空棺,内有一剑并盂、镜各一而已。其圹甃甓环绕,相次成文,隐起甓上。其文曰:"**华阳隐居幽馆**,①**胜力菩萨舍身,释迦佛陀弟子,太上道君之臣。修上乘之六度**,阙文三字②**之三真。憩灵岳之委迹,游太空而栖神**。"书迹神妙,当是隐居手书。墓既开,道士辈遂摹此符文以示世人。淳一后亦得尸解之道。元祐六年,长乐林希子中所传如此。③

从引文最后一句来看,编纂《茅山志》的刘大彬只是从林希那里得知消息。林希(1035—1101年)是南宋著名官员,曾撰《林氏野史》

---

① 有关"幽馆"二字的理解,影响对此墓砖是否出自陶弘景墓的判断。陈世华将"幽馆"解释为陶弘景的道观之一,进而结合新发现墓砖纪年距离陶弘景去世时间太远,而将这些墓砖判定为出自陶弘景弟子墓葬。这一看法显然很成问题,麦谷邦夫已对之提出批评。幽馆其实就是指代坟墓的专门用词。有关讨论,见陈世华:《陶弘景书墓砖铭文发现及考证》,《东南文化》1987年第3期,第58页;麦谷邦夫:《梁天监十八年纪年有铭墓砖和天监年间的陶弘景》,收日本京都大学人文科学研究所主编:《日本东方学》第1辑,北京:中华书局,2007年,第81—82、94页。

② 陈世华根据其发现的墓砖,补出所缺三字为"修上清"。根据前文给出的拓片来看,此三字确是"脩上清",但此与上句开头同样使用"修"字,于语言习惯上显得有些拙劣。然拓片中"修上乘之六度"里的"修上乘"三字模糊不清,不知是否确如《茅山志》所录。

③ 刘大彬编,江永年增补,王岗点校:《茅山志》卷5,上海:上海古籍出版社,2018年,第168页。标点有修订。

八卷，记录坊间传闻，①此书目前已佚。《茅山志》上述内容，或即从《林氏野史》中抄出。然而，《茅山志》中这则来自林希的故事，似乎不尽合理。发墓的罗淳一不见其他记载，但此人不论身份如何，在犹有崇道之风的宋代茅山大肆盗挖祖师坟墓（尤其考虑到陶弘景死后还被册封官职），看上去都不太可能。但林希与王安石、黄庭坚为同时代人，其所述与黄庭坚跋文明显不同，故疑当时坊间或已有两种不同说法同时流传，其中黄庭坚所述或许更接近事实。②由于墓铭经王安石摹写、刻石而名声大噪，故尽管林希所记事件始末未必可信，但录文当由来有自。引文中有一点非常值得注意，即时人认为墓砖铭文是"隐居手书"，这一判断或许正是陶弘景"自撰"墓铭的渊源。

然而，至此又出现一个问题。从上述陶弘景"自撰墓志"的情况来看，此方铭文的几种刻石均不位于茅山，但20世纪80年代在茅山农户中发现的"陶弘景墓砖"与《茅山志》给出的录文几乎完全相符，这又如何解释呢？新发现的墓砖，是不是后世尤其当代人伪造的呢？尽管事有蹊跷，但笔者目前并不认为这些墓砖是后人的造伪。首先，这些墓砖是不是宋元以降茅山道士翻刻，继而遗留至今的呢？笔者认为并非如此。宋代影响最广的陶弘景墓砖应该是

---

① 《直斋书录解题》称，此书作于元祐之前，至绍兴中（1131—1162年）方由林希之孙刊行。见陈振孙：《直斋书录解题》卷5，上海：上海古籍出版社，1987年，第151页。
② 陶弘景墓在宋代被盗可能确有其事。据《茅山志》记载，李景合游雷平山得古剑，献给师傅元观先生蒋景彻。后者称此剑为"陶公墓中物"，当归还原墓。蒋景彻卒于绍兴十六年（1146年），若此事属实，当发生于1146年之前。彼时距黄庭坚和林希记载的陶弘景墓被盗事件均不算遥远。李景合得剑事，见刘大彬编，江永年增补，王岗点校：《茅山志》卷7，上海：上海古籍出版社，2018年，第213页。

"王安石摹本刻石"。但既为王安石摹本,则不当再维持"砖"的形式,而应当转刻在一方碑石上。故宋元茅山之人若翻刻此本,亦无必要追求复原墓砖形式。其次,古人既不可能翻刻,推之为今人造伪也很难说得通。第一,就陈世华给出的墓砖发现和入藏经过来看,这些砖石在此之前并没有受到任何人的重视,长期被嵌入墙壁充当一般砖头。今人伪造文物的目的在于"赚钱",但此次墓砖发现和征集几乎没有涉及重大经济利益,不太符合伪造文物的逻辑。第二,其中发现刻有铭文"梁天监十八年造甓十九""八年造甓十九年立虚堋"的墓砖。① 天监并无十九年,且距陶弘景卒年(536年)太远,看似有些蹊跷,但并不能被视为"造伪者"的无知。事实上,这一现象恰恰证明墓砖烧制于天监十八年(519年),烧制时并不清楚来年会改元。而为何陶弘景在天监十八年即开始自造坟墓,麦谷邦夫已做出说明。其指出,依据陶弘景编纂的《周氏冥通记》记载,天监十四年(515年)时真人降诰称陶弘景"或五年十年"后将会升仙,而五年之后恰是天监"十九年",故陶弘景才会选择稍早修墓。② 因此,刻有天监十八、十九年的墓砖的出现,不仅不能说明墓砖系伪造,反而可以成为证明墓砖确为南朝遗物的证据。③

---

① 录文参考麦谷邦夫:《梁天监十八年纪年有铭墓砖和天监年间的陶弘景》,收日本京都大学人文科学研究所主编:《日本东方学》第1辑,北京:中华书局,2007年,第81页。

② 麦谷邦夫:《梁天监十八年纪年有铭墓砖和天监年间的陶弘景》,收日本京都大学人文科学研究所主编:《日本东方学》第1辑,北京:中华书局,2007年,第87—93页。

③ 如果陶弘景确实相信周子良转述的仙人降诰,那么此时造墓当无疑义。但王家葵认为《周氏冥通》完全是陶弘景以周子良为原型虚构的读物,预期读者是梁武帝一人。果如是,则陶弘景对此书中的神仙降诰当不会采信。然而,即便如此,为了在梁武帝等人面前把戏份做足,陶弘景同样应当遵循仙真预言提前准备后事。有关王家葵的观点,见其《〈周氏冥通记〉析疑》,《文史》2019年第1辑,第61—78页。

第三，从前文给出的墓砖拓片可以发现，写有"太上道君之臣"的墓砖有三块。① 如果只是依据《茅山志》所给录文造伪，则无论如何不需造出三块同样的墓砖。考虑到《南史》等材料称陶弘景门下既有僧人，也有道士，故这里推测几块"太上道君之臣"有可能是陶弘景弟子的题名砖，他们的名字有可能刻在已经散失的其他砖石上。

既然新发现的陶弘景墓砖并非伪造，那么如何解释它们在茅山的重新现世呢？由于目前缺少相关记载，想要给出确凿答案几乎不太可能。但这里或许可以提供一个合理的推测，即：这些墓砖自宋代发现后，一直保存在茅山。前文黄庭坚所述墓砖流传过程中提到有人从盗墓者手里购买并识别出这些墓砖的意义。然而，黄庭坚并没有给出这位收藏家的名字，也未提及王安石本人是否见过原石。事实上，盗墓贼出售墓砖一事看上去于情理不合。在"匿名收藏家"认出墓砖铭文与陶弘景有关之前，这些砖石只是普通的旧砖，恐怕很难吸引盗墓贼专门将之费力盗走，无惧被告官的危险倒卖出售，获取微薄利益。因此，笔者怀疑，陶弘景墓被盗后，这些"没用的"墓砖更可能散落当地。当茅山道众发现祖师墓葬被盗后，重整墓葬时关注到这些铭文，于是制作拓片广为宣传（这一点与《茅山志》的记载相符）。以至拓片传入正在金陵任职的王安石之手，继而又借荆公书法为时人所重。然而，或许是由于王安石名望太重，以至其摹刻新碑的地位很快就超出原本墓砖，故有

---

① 事实上，文字相同的多方墓砖的发现，提醒我们，《茅山志》给出的录文只是宋元之人对墓砖合理化后的排列组合。为使录文看上去更为流畅，"不合理"的重出者，遭到直接忽视。然而这样的组合，是否完全符合原本的形式，也有论证的必要。

黄庭坚携荆公拓本刻石戎州之举。至此,有关陶弘景"自撰"墓志的讨论,终于也可以告一段落。

三、小　　结
——"陶弘景墓志"的发生学

本章的写作目的并不完全在于辨别民国伪陶拓以及重经发现的墓砖的真伪——尽管确实起到这样的效果,而是希望探知到底是怎样的"合力"造就了陶弘景墓志的发生学或变迁史,并从中思考对待史料的方式方法。

带着这样的意图,本章首先对民国伪拓陶弘景墓志进行简单的辨伪工作,指出这幅拓片典型的造伪特征。而后从这方伪拓延伸出一些问题,追溯陶弘景墓志的发生学脉络。从文中的讨论可知,不论是萧纲所撰《陶弘景墓志》,还是所谓陶弘景"自撰"墓志,甚至是《解真碑》,均曾以"纸上文章"和"碑石刻铭"两种物质形态存在过。比较特殊的是,在陶弘景墓志的案例中,这两种形态的存在脉络并非互不干涉的两条平行线,而是常常纠缠交杂的两条绳索。尤其在两种形态发生交叉转化时,碑文本身可能出现一些变化,对这一现象的关注深刻地影响着当下如何看待和使用碑石和录文材料的问题。以萧纲《陶弘景墓志》为例,其原本或许在唐代就已流传不广。当须为纪念活动而恢复这篇墓志的石刻形态时,被迫填补必要信息的举措实际改变了文章的内容,甚至刻意改换了作者。但随着新刻陶志的流传,被唐人改写的陶志反而成为"全本"墓志,获得更广泛的重视。宋代开始出现的陶弘景"自撰"墓志的经历也非常特殊,其因盗墓而重见天日,很快便以砖石、拓本、摹本、摹刻本、摹拓翻刻本等多种形式存在。但王安石的摹本一时声威无两,几乎完全掩盖原石和原拓的风光,后者直到20世纪80年代才因陈世华之力重新回到大众的视野之中。与此同时,王安石摹本的刻石,改变了这些铭文原本的墓砖形态,使之成为一方真正的"石碑"。又由于时人怀疑这些高妙文字出自陶隐居之手,导致隐居墓砖最终成为陶弘景"自撰墓志"。

从对陶弘景伪志、墓志(真)、"自撰墓志"的讨论中,可以看到"纸上文章"与作为"碑石刻铭"的原刻、重刻、摹刻、翻刻、伪刻之间存在着各种互动关系。有趣的是,在这些互动背后还能发现各色人等的行为和心态,从而展现一番别有意趣的历史画卷。在这幅复杂的发生学画卷上可以看到,即使是看似平凡的陶弘景墓志,其发生和演变的复杂程度也远超想象。要想真正理解和正确使用这些材料,使其最大程度地发挥史料价值,或许就必须跟材料背后的"人"产生对话,而不能止步于解读作为当下"定本"的材料本身。

第三章 伪刻的启示
——《兰陵萧炼师墓方石文》的创作与制作

古人重刻碑志,时有删改原文之举,道教方面而言,前章对"陶弘景墓志"之研究便可为一例。此种行为已不免有意"造伪"的嫌疑,更何况专意造假以求牟利之石刻,倘被目为正经,不免贻害千载。此类事例在历史上并非绝无仅有,如经陈志远、李勤合等人研究指出,所谓谢灵运(385—433年)撰《庐山法师碑》,实际为拼合多篇文章而成,其碑概为宋代僧人造立于匡庐,碑文此后不断传播,又为《佛祖统纪》等"史书"收录,影响延续至今。① 以古人"造伪"继而产生若干意外影响为主题进行研究,以造碑事件和文本改写为窗口观察古代世界、揣测古人心思,确为一条有益的学术思路,亦可不时收获新见。然今日碑石造伪,几乎都是恶贾营求非利之举,既违反法律,又混淆学界,虽"盗亦有道"、伪造手法"蔚为壮观",但终究失去古时伪刻和重刻的多种情境,研究价值大打折扣。

---

① 李勤合:《谢灵运撰〈庐山法师碑〉献疑》,《图书馆杂志》2011年第6期,第85—88页;陈志远:《地方史志与净土教——谢灵运〈庐山法师碑〉的杜撰与浮现》,《魏晋南北朝隋唐史资料》2016年总第34辑,第63—75页;又收其《六朝佛教史研究论集》,新北市:博扬文化事业有限公司,2020年,第245—264页。

故对今人伪造碑石一事,必当严肃抵制、强力打击。

近来,得山东大学孙齐、复旦大学许蔚提醒,得知一所谓新见唐代"萧炼师墓志"流行于世/市,但此材料实为向壁虚构之伪志无疑。这方"萧炼师墓志"造伪技术拙劣,错漏百出,辨伪难度不大。但此志在近年新见唐代道士墓志中出现时间相对较早,志文撰写套路也较为清晰。对这方伪造墓志稍加解剖,或可一探当代人伪造唐代道士墓志的大体思路,继而可将"造伪思路"反向用之转为"辨伪思路",[1]以此为辨析和使用新见材料的讨论贡献绵薄之力。

一、"萧炼师墓方石文"辨伪

这篇墓志全称《大唐正一盟威二十四阶兰陵萧炼师墓方石文》(后文简称《萧炼师墓方石文》或萧炼师墓志)。经 2020 年 6 月初查"孔夫子旧书网",可知目前有三家店铺正在出售此墓志拓片,其中两家位于河南省洛阳市,另一家则在江苏省苏州市。三家店铺出售的《萧炼师墓方石文》拓片分两种形式,一者墨拓,仅拓出碑石正面,方形,边长 50 厘米左右(图 13);一者朱拓,多拓出侧面纹饰,方形,边长 63 厘米(图 14)。墨拓价格在 100 元上下,朱拓价格则为 268 元。或许是因为这方墓志实在太过"奇特",故目前为止笔者既未见其被收入任何新出石刻集,亦不见任何学者在论著中提到相关情况。又查各种网络材料,皆未发现《萧炼师墓方石文》

---

[1] 当然,造伪者常常也会反向使用"辨伪方法",针对较为普及的辨别方式,创作符合"规矩"的作品。有关于此,不可不慎。

可能的出土时间、地点等信息，因此这方墓志毫无疑问来路不明，"天生"可疑。由前揭"孔夫子旧书网"所见相关店铺城市分布情况，结合墓志自称权葬于河南洛阳，推测此墓志"造就"于今洛阳或附近地区，当可依从。

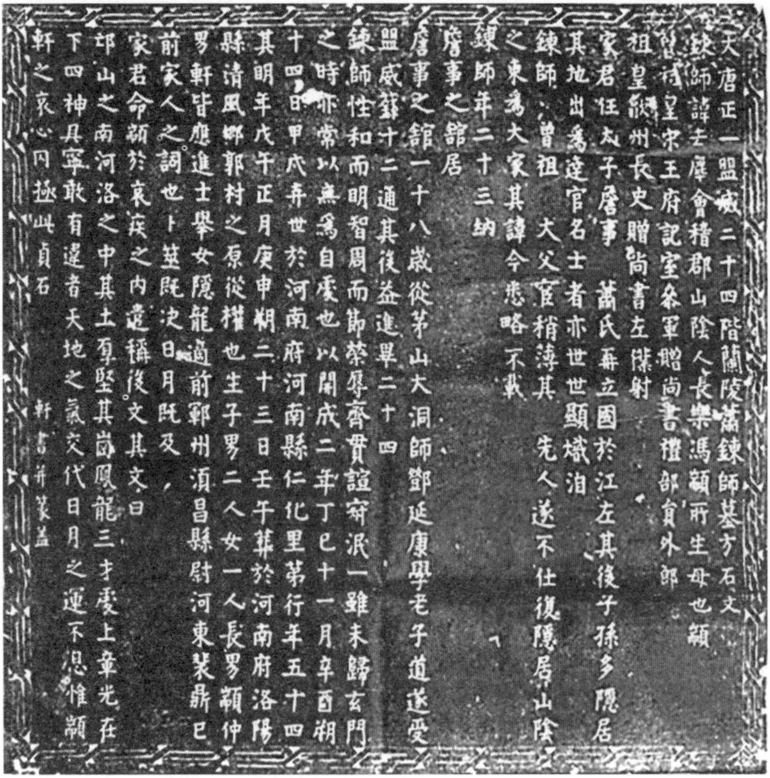

图 13　墨拓萧炼师墓志①

---

① 引自"孔夫子旧书网"，店铺名"再次微笑的店铺"，http：//book.kongfz.com/78936/223355179/。

第三章　伪刻的启示　63

图14　朱拓萧炼师墓志[1]

有关这方墓志的辨伪工作，实际并不困难。且不论墓志字体特殊（有点类似仿宋体）、[2]纹饰图样古怪生硬（尤其墓志正面环绕志文的图案）、拓片字口过新等，仅就志文本身，亦颇为不伦。为便

---

[1]　引自"孔夫子旧书网"，店铺"博雅儿的书摊"，http://book.kongfz.com/330136/1563257628/。

[2]　今日所谓"仿宋体"，实际是民国初丁善之和丁辅之协同刻工参考宋体书文字设计出的字体，以便刻书之需。

论述,以下首先给出《萧炼师墓方石文》的录文。录文中"/"表示转行;碑石上空格等不表现,可参考所附墓志图片;录文使用繁体字,标点为笔者所加。①

大唐正一盟威二十四階蘭陵蕭鍊師墓方石文
鍊師諱去塵,會稽郡山陰人,長樂馮顒所生母也。顒/曾祖皇宋王府記室參軍贈尚書禮部員外郎。/祖皇歙州長史贈尚書左僕射。/家君任太子詹事。蕭氏再立國於江左,其後子孫多隱居/其地,出爲達官名士者,亦世世顯熾。洎/鍊師曾祖、大夫宦稍薄,其先人遂不仕,復隱居山陰/之東,爲大家,其諱今悉略不載。/鍊師年二十三,納詹事之館。居/詹事之館一十八歲,從茅山大洞師鄧延康學老子道,遂受盟威籙十二通,其後益進畢二十四。/鍊師性和而明,智周而節,榮辱齊貫,誼寂泯一,雖未歸玄門/之時,亦常以無爲自處也。以開成二年丁巳十一月辛酉朔/十四日甲戌弃世於河南府河南縣仁化里第,行年五十四。/其明年戊午正月庚申朔二十三日壬午葬於河南府洛陽/縣清風鄉郭村之原,從權也。生子男二人女一人,長男顒,仲/男軒,皆應進士舉;女隱龍,適前鄆州須昌縣尉河東裴鼎,已/前家人之詞也。卜菆既決,日月既及,/家君命顒於哀疾之內遣稱後文,其文曰:/
邙山之南,河洛之中。其土厚堅,其崗鳳龍。三才處上,章光

---

① 本书对"新见"道士碑志的录文,皆遵循这一体例,后不赘。

在/下。四神具寧,敢有違者?天地之氣交代,日月之運不息。惟顒/軒之哀心,罔極此貞石。軒書并篆蓋

《萧炼师墓方石文》称志主名萧去尘,会稽山阴人,是长乐冯颙的母亲。接着,墓志给出冯颙曾祖、祖父、父亲的官职介绍,称父亲任官太子詹事。而后,文章回归对萧炼师的介绍,称萧氏两度立国江左,但萧炼师的曾祖、大父官职较低,先人复又隐居山阴,这些人的名字则"今悉略不载"。萧去尘二十三岁嫁入冯家,在冯家十八年后,跟从"茅山大洞师邓延康"学"老子道",先受盟威箓十二通,接着进一步获得完整的二十四箓。接下来是几句缺少实质内容的誉美之言。文章继而称萧去尘于开成二年(837年)十一月十四卒,享年五十四岁。由此可推萧去尘约生于兴元元年(784年),嫁入冯氏则在元和元年(806年),正式跟从邓延康学道在长庆四年(824年)。开成三年(838年)正月二十三日,萧炼师葬于河南洛阳,"从权也"。萧炼师有二子一女,长男冯颙,次男冯轩,皆进士及第;女名隐龙,嫁给河东裴鼎。冯颙受"家君"(萧炼师的丈夫,冯颙的父亲)之令为母撰写墓志。墓志最后交代了书者,即所谓"(冯)轩书并篆盖"。一般来说,"墓方石文"常不如"墓志"那么正式,有时仅是作为对埋葬地的临时标记。因其时已有未来迁葬的打算,故撰写和制作上均会稍显随意。然通读录文,可发现整篇文章的问题绝非"随意"二字可以解释。此举两类人事,即可确证其伪。

《萧炼师墓方石文》第一类"不正确",出在所涉及的道教知识方面。具体来谈主要有两个,分别是邓延康和正一盟威二十四箓。

先来看"茅山大洞邓延康"。有关邓延康(774—859年)的情况,因有郑畋(825—887年)为之撰写的《唐故上都龙兴观三洞经箓赐紫法师邓先生墓志铭》(后简称《邓延康墓志》)传世,① 近来又有雷闻对麻姑邓氏之集中讨论,② 故较为清楚。此人在唐代道教史上拥有重要地位,这里不妨多费些笔墨。根据《邓延康墓志》等材料记载,邓延康出身麻姑邓氏,而邓氏自开元年间邓思瓘(号紫阳,703—739年)时开始发迹。根据李邕(678—747年)为之撰写的《唐东京福唐观邓天师碣》可知,邓思瓘年寿不长,但深受玄宗赏识。邓思瓘死后,玄宗为之完成振兴麻姑山道教的遗愿,度邓思瓘弟弟邓思明为麻姑庙道士。③ 此后邓氏一族便在麻姑山不断发展,隔代之后,至邓延康时达到高潮。邓延康本人是唐中后期最著名道士之一,墓志记载其年少时便卓尔不凡,贞元(785—805年)初,随师在会稽受三洞毕箓,之后复归麻姑山修斋醮。据称在麻姑山修道期间,邓延康"屡为廉使郡守请敬",受命却邪救旱,灵应不一,以至道教"大行于钟陵"。钟陵即麻姑山附近地区之地名。据郁贤皓考索,贞元十五年(799年;彼时邓延康24岁)至宝历年间(825—827年)可考之抚州刺史有庐瑗、韩泰、王叔雅、赵良金、穆

---

① 郑畋:《唐故上都龙兴观三洞法经箓赐紫法师邓先生墓志铭》,见董诰等编:《全唐文》卷767,北京:中华书局,1983年,第7981b—7983b页。以下所使用《邓延康墓志》均出此本,不烦出注。

② 雷闻:《碑志所见的麻姑山邓氏——一个唐代道世家的初步考察》,《唐研究》2011年第17卷,第39—70页。

③ 李邕:《唐东京福堂观邓天师碣》,见董诰等编:《全唐文》卷265,北京:中华书局,1983年,第2694a—2695b页。雷闻论文中对此碑有专门探讨,认为此碑文中涉及更晚事件,当为后经邓延康之手重立。

质、袁滋、窦常、张弘靖几人。①然目前无法确定几人中谁与邓延康有直接交流。郑畋记载,宝历年间,"旧相元公制置江夫人有疾",夫人梦遇神人指点,需向麻姑山邓仙师求救。"元公遽命使祷请,既至而疾果愈。"前揭雷闻论文指出,此"旧相元公"就是大名鼎鼎的元稹(779—831年)。墓志记载,由于邓延康有疗愈元稹夫人疾病之神异,故元稹与夫人一同"稽首俸箓,据为门人"。此后,邓延康又向多位重要官员传授法箓,墓志记载称:"复以明威上清之道授邹平公文于广陵,凉公逢集于夷门。""邹平文(昌)公"即段文昌(773—835年),"凉公逢吉"即李逢吉(758—835年),二人与元稹一样都曾担任过宰相。换言之,邓延康此时已成为三位前任宰相的传法之师。"由此藩服大臣,争次迓劳",于是有更多的大臣希望从邓延康这里接受法箓。随着邓延康在官员中的影响不断扩大,唐文宗(826—840年在位)终于对之提起兴趣。《邓延康墓志》记载,太和八年(834年)秋,唐文宗诏邓延康入京,隶籍拥有皇家道观性质的太清宫。但稍后邓延康游览龙兴观时,发现此观破败,于是发心重修,"吾其居而化之",从此改居龙兴观。这一点与墓志首题"龙兴观三洞经箓赐紫法师"一说相对应。龙兴观在唐前期是长安城中非常重要的道观之一,与朝廷关系极其密切。或经安史一役而至破败,此后方有邓延康重兴之举。据记载,邓延康花费大量资金,于一两年间完成龙兴观的修复工作。有关邓延康在龙兴观

---

① 郁贤皓:《唐刺史考全编》,合肥:安徽大学出版社,2000年,第2319—2321页。

期间的活动,雷闻为我们增补一则资料,即李商隐(约813—约858年)所撰《为马懿公郡夫人王氏黄箓斋文》。此文是安国观女道士王氏在龙兴观从邓延康受法后,建黄箓斋的斋文。① 由此斋文,可知此时邓延康在传法活动上依旧非常活跃,有关他在此方面的活动下文将会看到更多案例。《邓延康墓志》接着记载开成年间(836—840年)发生的一个事件。据称,鸿胪少卿屈突谦的妻子李氏因狐魅怀孕,濒临死亡。邓延康以"神篆针砭"救治,李氏继而诞下妖兽数只。此传说原委不详,或李氏是因胎儿畸形而难产的产妇,邓延康以高超医术挽救其生命。结合前文所述邓延康救治元稹夫人一事,可推测邓延康当具有较高水平的医术。此次在西京治疗"妖胎"的事件,有可能进一步提升邓延康在当时朝野中的威望。《邓延康墓志》接下来记载其面对各色人等时举止得当,威严肃穆,从无妖言惑众之举。除交接道俗外,邓延康的主要工作就是传授法箓,"神都威仪与名德道士半出于门下。法教之盛,近未有也!"墓志中的这一记载未必是毫无根据的夸张,事实上除上文所见邓延康大开法门广为传度的记载外,雷闻又指出三方新见道士墓志中亦可看到邓延康传法的事迹。这三方墓志分别是路植所撰《唐故颍川韩炼师(孝恭)玄堂铭并序》、②崔格所撰《唐故东都安国

---

① 李商隐:《为马懿公郡夫人王氏黄箓斋文》,见董诰等编:《全唐文》卷780,北京:中华书局,1983年,第8153页。
② 路植:《唐故颍川韩炼师(孝恭)玄堂铭并序》,见赵立光主编:《西安碑林博物馆新藏墓志汇编》,北京:线装书局,2007年,第310号,第794—796页;李举纲、张安兴:《西安碑林新入藏〈唐韩炼师玄堂铭〉考释》,《唐研究》2006年第12卷,第479—485页。

观大洞王炼师(虚明)墓铭》,①刘言所撰《唐圣真观故三洞郭尊师(元德)墓志》。② 三方墓志的志主韩孝恭、王虚明、郭元德均从邓延康受学经法。其中韩孝恭的传法情况记载不详,郭元德则是于唐宣宗大中三年(849年)从邓延康受"洞神、洞玄及上清毕法"。王虚明墓志记载其从邓延康处"毕受上清三景大洞等诀,殊科秘戒,尽于是矣",应当也是获得唐代道教法位制度中最高等的上清毕法。王虚明墓志中对此次受法活动背景的记载很有价值。其称,彼时邓延康从西京返麻姑山省亲,途经洛阳,"爰于太微宫大建道场,广其传度"。此次大范围传法,或许正是导致郑畋所谓"神都威仪与名德道士半出于门下"的原因所在。事实上,根据《邓延康墓志》末尾的内容,可知墓志撰者郑畋也是从邓延康处受得"正一法",以此因缘方成为邓延康墓志的执笔者。《邓延康墓志》继而论及唐武宗(841—846年)时期的一些事件,称武宗曾驾临兴唐观访道,与邓延康相谈甚欢,于是赐邓延康紫服。后武宗"受箓于南岳广成师"时,邓延康担任监度师。唐武宗受箓之事见诸正史等不少材料,事件确凿。作为传法师的"南岳广成师"即衡山广成先生刘玄靖,有关他的情况目前已非常清楚,此不赘述。③

---

① 崔格:《唐故东都安国观大洞王炼师(虚明)墓铭》,见吴钢主编:《全唐文补遗·千唐志斋新藏专辑》,西安:三秦出版社,2006年,第399—400页;赵君平:《邙洛碑志三百种》,北京:中华书局,2004年,第267号,第317页。

② 刘言:《唐圣真观故三洞郭尊师(元德)墓志》,见周绍良、赵超主编:《唐代墓志汇编续集》,上海:上海古籍出版社,2001年,第1079—1080页;北京图书馆金石组编:《北京图书馆藏中国历代石刻拓本汇编》册33,郑州:中州古籍出版社,1989年,第90页。

③ 罗争鸣:《〈洞玄灵宝三帅记并序〉作者归属及相关的会昌灭佛问题考论》,《宗教学研究》2013年第1期,第46—50页;此文对刘玄靖之考察存在问题,雷闻的研究纠正其说,见《山林与宫廷之间:中晚唐道教史上的刘玄靖》,《历史研究》2013年第6期,第164—174页;白照杰近来的研究复推进有关刘玄靖师承问题的认识,见《中晚唐天台上清正统的赓续与重建:"洞玄灵宝三师"考》(待刊)。

武宗死后,宣宗(847—859年)嗣位,邀请邓延康至内殿讲道。《邓延康墓志》称,邓延康在内殿只以《道德经》《黄庭经》《西升经》对答,而毫不谈及可能会涉及蛊惑帝王的丹药一事。墓志还记载邓延康个人平日的养生活动,称其平日"惟食元气,微饮旨酒,熊经鸟伸",八十岁而面无皱纹。墓志记载,大中十二年(858年)季冬(十二月),邓延康"以堕伤足",不能屦地。大中十三年(859年)十月,"忽简料经典、告牒及所撰科法仪轨,一一焚之"。弟子询问缘由,邓延康并不回答。据信,下会日(十月十五日),邓延康夜梦游神乡。此后独坐叩首,弟子询问,则告之以"吾今在天台修斋。汝去,勿扰吾也"。十一月庚申(初九),解化于龙兴观,享年八十六岁。郑畋称,当时人相信邓延康死前自称"天台修斋"的说法,故怀疑其死后可能成为天台山道教神灵官僚系统中的一员。《邓延康墓志》记载邓延康有子三人,长子道牙,本为太湖丞,后弃官修道,受三洞经箓;次子道石,试协律郎假职闽越;三子道苗,继承邓延康衣钵,为龙兴观道士。邓延康死后,长子邓道牙护送父亲灵柩返回麻姑山,当年十二月三日葬于抚州南城县故乡谭潭里湖头村灵山硖曾祖邓思瑾墓旁。在不厌其烦地对邓延康完整生平进行描述后,再返回头来看《萧炼师墓方石文》的相关记述便不难发现古怪。根据以上分析,在目前所知的邓延康生平情况中,完全看不到他曾去过茅山的任何记载。尽管不排除邓延康在某个时间曾有游览茅山的可能,但无论如何他与茅山的道缘都不可能深厚,因此无论如何也不可能成为萧去尘墓志中所谓的"茅山大洞师"。事实上,在相关资料中,邓延康基本都被称为"麻姑邓尊师"。仅此一点,便基本可以确证此墓志为伪造无疑。

《萧炼师墓方石文》在道教知识方面的第二个漏洞，是其给出的盟威箓传授次第明显错误。这个问题，涉及一点道教的专门知识。正一道（或者说天师道）兴起不久后即开始创作法箓。法箓表现为神灵的"名籍"，得受法箓的修道者事实上就拥有役使这些神灵的能力。中古时期，天师道最著名的法箓被逐渐统合为二十四阶，并与早期天师道治堂系统的"二十四治""二十四炁"以及传统二十四十节气、五行、二十八星宿等产生对应关系。整体介绍，可参考刘仲宇的讨论。① 就天师道二十四阶法箓而言，在唐代确实有这一说法。唐前期道士张万福（活跃于712年前后）所编《醮三洞真文五法正一盟箓立成仪·请官启事第六》、晚唐五代杜光庭（850—933年）的《太上三五正一盟威箓醮仪》，以及约出唐代但可能掺有后世内容的《太上三五正一盟威箓》《赤松子章历》等材料中，均可证明此二十四箓的存在。以《太上三五正一盟威箓》所载为准，可列二十四箓如下：

二十四箓

卷一	童子一将军箓；童子十将军箓；一百五十将军箓；三将军箓
卷二	上灵百鬼召箓；元命混沌赤箓
卷三	上仙百鬼召箓；九州岛社令箓
卷四	星纲五斗箓；河图保命箓；解六害神虎箓；九凤破秽箓

---

① 刘仲宇：《道教授箓制度研究》，北京：中国社会科学出版社，2014年，第53—60页。

续 表

卷五	都章毕印箓;斩邪华盖箓;九天兵符箓;九宫捍厄箓
卷六	八卦护身箓;考召箓;斩邪赤箓;辟邪神箓;四部禁炁箓;斩河邪箓;功曹箓;保命长生箓

关于这些法箓在现实中的传授情况,既有个别敦煌仙灵箓传授文书流传至今,①更有《三洞奉道科戒仪范》这样的重要唐代道教制度规范典籍可资参考。有关《三洞奉道科戒仪范》,海内外学界早已有很多研究,普遍认为此书托名金明七真,约成书南北朝后期至初唐之间,对唐代道教的基本制度影响深远。② 根据《奉道科戒》有关经戒法箓的传授规定来看,所谓正一传统法箓的传授次第应

---

① 相关卷子及研究,参吕鹏志:《天师道授箓科仪——敦煌写本 S.203 考论》,《历史语言研究所集刊》2006 年总第 77 本第 1 分册,第 79—166 页。
② 今传署名金明七真的《奉道科戒》主要有两个本子,其一名为《洞玄灵宝三洞奉道科戒营始》,收《正统道藏》太平部,见《道藏》册 24,第 741a—766a 页;其二名为《三洞奉道科诫仪范》,出自敦煌卷子,主要有 S.3863、P.3682、S.809、P.2337,《中华道藏》对之进行整理,见张继禹主编:《中华道藏》册 42,北京:华夏出版社,2004 年,第 1a—27b 页。二者总体一致,但也有一些重要的细节内容存在不同。国内外学界对此书的讨论相对丰富,主要成果如吉冈义丰:《三洞奉道科戒仪范的成立について》,收其主编:《道教と佛教》第三册,东京:国书刊行会,1976 年,第 77—159 页;柳存仁:《三洞奉道科戒仪范卷五——P 二三三七中金明七真一词之推测》,《汉学研究》1986 年第 4 卷第 2 期,第 509—532 页;大渊忍尔:《三洞奉道科戒仪范的成立》,收《道教とその经典》,东京:创文社,1997 年,第 557—590 页;Timothy Barrett, "The Feng-tao k'o and Printing on Paper in Seventh-century China", *Bulletin of the School of Oriental and African Studies* 60.3 (1997): pp. 538 - 540; Livia Kohn, "The Date and Compilation of *Fengdao keyi*, the First Handbook of Monistic Taoism", *East Asian History* 13/14 (1997): pp. 91 - 118; Florian C. Reiter, *The Aspirations and Standards of Taoist Priests in the Early T'ang Period* (Wiesbaden: Otto Harrassowitz, 1998); Kristofer Schipper and Franciscus Verellen, *The Taoist Canon: a History Companion to the Daozang* (Chicago and London: The University of Chicago Press, 2004), pp. 451 - 453; Livia Kohn ed., *The Daoist Monastic Manual: a Translation of the Fengdao kejie*, New York: Oxford University Press, 2004. 孔丽维(Livia Kohn)此书中,对《奉道科戒》进行英译(第 71—182 页),并对以往有关此经的主要观点进行了总结和评论(第 43—47 页)。

当如下:

正一传统法箓传授次第

右七岁、八岁,或十岁以上受,称正一箓生弟子	更令箓、童子一将军箓、三将军箓、十将军箓
右受,称某治炁男官、女官	七十五将军箓、百五十将军箓
右受,称黄赤弟子,赤阳真人	
右受,称某治炁正一明威弟子	九天破秽、九宫扞厄、都章毕印、四部禁炁、斩邪大符(疑)、九州社令、天赤灵官、三元将军箓
右受,称阳平治太上中炁,领二十四生炁,行正一明威弟子,元命真人	九天真符、九天兵符、上召灵、仙灵召、七星箓、二十八宿箓、元命箓
右受,称太玄都正一平炁,系天师阳平治太上中炁,领廿四生炁,督察廿四治三五大都功,行正一明威、元命真人	逐天地鬼神箓、紫台秘箓、金刚八牒仙箓、飞步天刚箓、统天箓、万丈鬼箓、青甲、赤甲箓、赤丙箓、太一无终箓、天地箓、三元宅箓、六壬式箓、式真神箓、太玄禁炁

显而易见,《奉道科戒》所列正一法箓总数超过二十四,可知正一法箓的种类一直处于发展变化之中,未必真的永远固定为二十四种不变。同时,对于本章更为重要的是,其中记载的正一法箓传授次第,并非"等分式"分布,与《萧炼师墓方石文》所述的先"受盟威箓十二通",接着再"益进毕二十四"的情况完全无法吻合。事实上,将所谓"二十四箓"分为前后各"十二通"的说法,既得不到任何材料的支持,又令人难以想象存在任何可能的理论依据——次第的划分,实际就是等级的划分,二十四箓"等分为两个等级"的观点得不到史料印证。在唐代道教专门规定经戒法箓传授的法位制度

下,正一法箓的授予可能比《奉道科戒》中描述的更为简单。根据目前所见更为确凿的唐代道士墓志的记载来看,基本都将"正一法位"视作一个单独的系统,而几乎不会言及这个系统内法箓的授受还需要分若干次第。张万福撰成于先天元年(712年)的《传授三洞经戒法箓略说》中记载称:

> 一将军箓;十将军箓(此二件,童子所受);仙官七十五将军箓(阳主男);灵官七十五将军箓(阴主女,此二箓,男女合,名仙灵百五十将军箓也);九宫扞厄;六害神符;田部禁炁;都章毕;九天破殗;大小斩邪;天灵赤官;元命赤箓;大小召箓;九州社令;九天兵符;九天真符;翻天倒地;青甲;赤甲;丙赤;舞终;八牒;五牒;八宿;七星;紫官;紫台;三将军(此二十四种,三十六箓,举其大略,余一百卷阶,具有本经,分不详备)。①

根据这样的罗列形式,笔者倾向于认为唐代正一箓的授予除年幼只能授一将军箓、仙灵箓等的情况外,②正式入道的成人授箓多可能一次性完成,其中并不会再按照更早的规定划分为多个

---

① 张万福:《传授三洞经戒法箓略说》,《道藏》册32,第1卷,第185b—c页。
② 有关唐代幼童或年轻人受仙灵箓的情况,有敦煌材料可资证明。参 Kristofer M. Schipper, "Taoist Ordination Ranks in the Tun-huang Manuscripts", in Gert Naundorf ed., *Religion und Philosoplie in Ostasien: Festschrift für Hans Steininger zum65, Geburstag* (Königshausen; Neumann, 1985), pp. 127—143;吕鹏志:《天师道授箓科仪——敦煌写本 S.203 考论》,《历史语言研究所集刊》2006 年总第 77 本第 1 分册,第 79—166 页。

次第。据墓志所述,萧去尘跟从邓延康学道时已四十余岁,如若受正一箓也当一次性统受,而没有前后两次各受十二通的必要和可能。

《萧炼师墓方石文》的第二类错误出在各色人物上。从录文可以看到,这方墓志的头两句话显得非常不正经。墓志在介绍萧去尘姓名、籍贯后,紧接着就是"长乐冯颢所生母也",而后便转向罗列作为儿子的冯颢的三代先祖。通过墓志后文可知,冯颢就是这篇文章的撰写者。《萧炼师墓方石文》本来当以"萧炼师"为中心进行书写,然而目前的表达方式,实际是将"冯颢"作为中心而进行的创作——萧去尘最重要的身份就是冯颢的"生母"。这样的志文书写显然并不正常,即使从志文本身都可知晓萧炼师有不止一个孩子,家庭成员中冯颢也不是地位最高的人(父亲"太子詹事"才是),因此如是书写着实有些不伦不类。介绍完冯氏祖先后,墓志对志主萧氏的祖先却几乎没有提及,径称萧去尘祖上官职不显,故名讳"悉略不载"!以冯颢为中心的书写,为我们指明解析这篇志文的一个方向。冯颢其人在传世史料中曾经出现,在今人关注的领域中,冯颢最出名的经历大概就是大中九年(855年)吏部考题泄露事件爆发后,遭到罚俸一月的处罚。① 根据《旧唐书》等材料记载,冯颢的父亲是冯定(785—846年),伯父为冯宿(767—836年),祖父冯子华,父祖均有德名。冯定生子四人,分别为冯兖、冯颢、冯

---

① 刘昫等:《旧唐书》卷18下,北京:中华书局,1975年,第633页。相关研究如金滢坤:《论中晚唐五代科举考试的复核、复试及监察制度》,《首都师范大学学报(社会科学版)》2008年第5期,第30—35页。

轩、冯岩,皆"进士登第"。① 对比《萧炼师墓方石文》中有关萧去尘丈夫"太子詹事"和子女的记载,便可发现一些问题。首先,根据《旧唐书》记载,在萧去尘去世的开成二年,冯定正好改任太子詹事,与墓志所述恰好吻合。然而,这一吻合实际也存在问题。冯定本人官职常常变动,事实上开成四年(839年)即升任卫尉卿,紧接着告老,以左散骑常侍致仕,会昌六年(846年)去世时又改工部尚书。由此可以发现,冯定任"太子詹事"的时间非常短,萧炼师墓志中对这一官职的反复强调实在有些过于刻意。其次,墓志称萧去尘"生男二人女一人",长男冯颛,次男冯轩,均进士及第,女儿冯隐龙嫁给河东裴鼎。这里的"二男"与《旧唐书》记载的冯定四子登科的记载出现分歧,除非我们认为冯定还有别的妻子。然而这样的情况,在目前的史料中看不到对应记载,因此只能是刻意回护之说。女儿冯隐龙的名字有些奇怪,不见任何记载,但《萧炼师墓方石文》所谓其嫁给河东裴氏的说法,为我们提供了解析这方墓志的又一条线索。在现存的唐代墓志材料中,恰有一方由冯颛创作的同样名为"方石文"的墓志,即《唐故河南府颍阳县尉裴君(鼎)墓方石文》(下文简称《裴鼎墓志》)。② 冯颛撰此墓志时,自称"摄充海沂密等州观察巡官、前乡进士"。根据志文可知,裴鼎出身唐代著名世家河东裴氏,先祖显赫,与赵郡李氏、清河崔氏、荥阳郑氏联姻,裴鼎本人则"娶长乐冯氏"。元和十四年(819年),裴鼎明经及

---

① 刘昫等:《旧唐书》卷168,北京:中华书局,1975年,第4389—4392页。
② 冯颛:《唐故河南府颍阳县尉裴君(鼎)墓方石文》,见陈尚君编:《全唐文补编》,北京:中华书局,2005年,第372页。

第,开始任官;会昌三年(843年)调任河南府颍阳尉,会昌四年(844年)突然去世。裴鼎的妻子冯氏,因冯颛"姻好之笃",故请他为亡夫撰写墓志铭。裴鼎妻子冯氏,与萧炼师女儿冯隐龙之间的共同点一目了然:均为长乐冯氏,均嫁河东裴鼎,均与冯颛关系密切,所牵扯的墓志均由(或托名)冯颛撰写等。在此不难得出结论,《萧炼师墓方石文》中的"冯隐龙",原型就是裴鼎的夫人冯氏——"隐龙"这个名字看上去是编造的。然而,根据《裴鼎墓志》的记载,裴鼎、冯氏与冯颛之间确实存在姻亲关系,但冯氏是不是冯颛的亲姊妹却仍不好确定。再次,既然《萧炼师墓方石文》中的女儿和女婿都有一个现存资料的源头,那么墓志中描述的冯颛的三代先祖的经历是否也会有某个真实来源呢?前文已介绍,冯颛生父冯定担任太子詹事的情况是依据《旧唐书》等材料来撰写的。更早的两代祖先,看上去则应该是挪用了《冯宿神道碑》的记载。冯宿是冯定的兄长,二人父祖自然相同。冯宿"开成元年十二月卒,废朝,赠礼部尚书,谥曰懿",[1]唐文宗因冯宿德高望重,令王起(760—847年)撰文,柳公权(778—856年)书写并篆额,创作《冯宿神道碑》。此碑现存于西安碑林博物馆,据传有故宫宋拓传世(图15[2]),坊间多有复制品流传。碑文记载:

公讳宿,字拱之,冀州长乐人……松阳生大父文林郎宋王府记

---

[1] 刘昫等:《旧唐书》卷168,北京:中华书局,1975年,第4390页。
[2] 图片引自故宫博物院官网,https://img.dpm.org.cn/collection/impres/234181.html。

事参军赠吏部员外郎讳嗣,员外生先府君南昌令新安郡长史赠尚书左仆射讳子华。①

冯宿和冯定的"大父"冯嗣就是冯颛的曾祖,冯嗣的儿子冯子华也就是冯颛的祖父。显然,《萧炼师墓方石文》"颛曾祖皇宋王府记室参军赠尚书礼部员外郎。祖皇歙州长史赠尚书左仆射",与《冯宿神道碑》的说法非常一致,抄袭《冯宿神道碑》的情况一目了然。

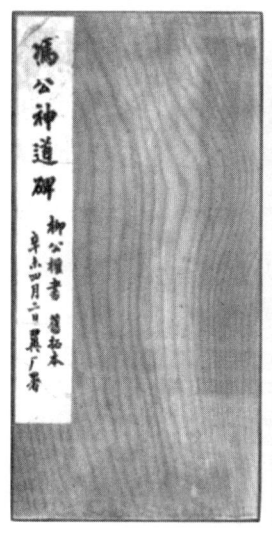
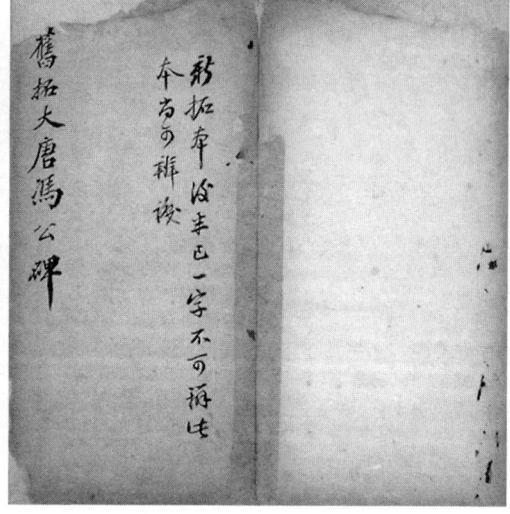

---

① 王起:《银青光禄大夫检校礼部尚书使持节梓州诸军事兼梓州刺史御史大夫充剑南东川节度副大使知节度事管内观察处置静戎军等使上柱国长乐县开国公食邑一千五百户赠礼部尚书冯公神道碑并序》,见董诰编:《全唐文》卷 643,北京:中华书局,1983 年,第 6507b 页。

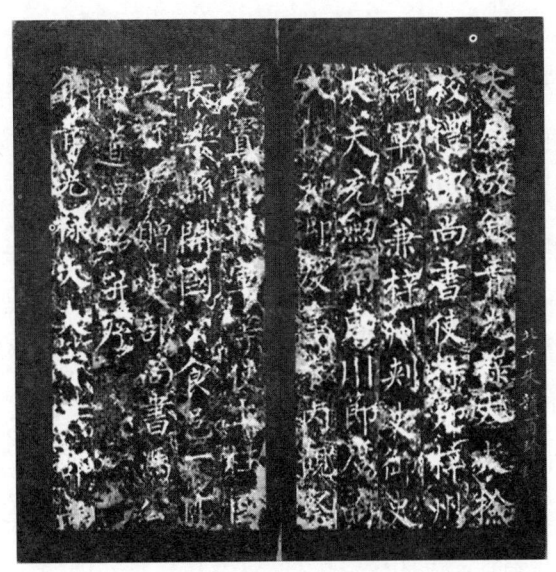

图 15　故宫藏《冯宿神道碑》拓片册页

以上概要讨论了《萧炼师墓方石文》中的两类主要错误,由内容不禁可判定此墓志为当代伪品。更重要的是,从中亦可窥测这方伪志的创作套路。

二、"萧炼师墓方石文"的卖点与撰写套路

通过前文的考察,可以发现"萧炼师"具备两个特别身份,这两个身份其实就是这方伪志的"卖点":第一,女道士;第二,世家联姻的关键环节。以下分别介绍。

首先来看卖点一,萧去尘的女道士身份。有关唐代女道士的

情况,资料相对较多,且关涉"性别研究"问题,很久以前便引起学界重视。研究综述和最近成果可参考贾晋华教授讨论唐代坤道的著作。① 根据这些研究,可发现唐代女道士拥有较高的社会身份,其在成为道士后依旧可以维持既有的婚姻状况,因此部分官员贵胄家庭中的妇女在人生中的某个阶段选择受道成为道士,但其本人其实常常仍旧居住在家中。如墓志记载,李德裕(787—850年)的妻子刘致柔为丈夫生下几个孩子后,中年受道,成为"茅山燕洞宫"的道士,但实际一直与李德裕生活在一起,最终跟随李德裕南迁,"终于南海旅舍"。② 《萧炼师墓方石文》中对萧去尘家庭生活的描述(包括死于"仁化里第"而非某所道观),与唐代女道士的一些情况相对吻合。由此,或许可以认为这篇墓志的创作者对唐代女道士的情况和研究并非一无所知。然而,正如前文所述,其对正一法箓授受制度和对邓延康的描写,却暴露了其对道教史知识方面的不足。正一箓二十四阶的问题此不用重复,而邓延康与茅山毫无关联却被生硬地捏合在一起的失误,会不会有可能是作者参考了《刘致柔墓志》(刘致柔在茅山受箓)的结果呢? 有关于此,目前难以证实,但造成如此错误的原因显然是拼凑文本时的失漏。"萧去尘"的"萧"姓,似乎也多少有些深意。兰陵萧氏是中古著名家族,但伪志作者之所以选择这个姓氏除攀附贵胄外,或许还有其

---

① Jia Jinhua, *Gender, Power, and Talent: Daoist Priestesses in Tang China*, New York: Columbia University Press, 2018.
② 李德裕:《唐茅山燕洞宫大洞炼师彭城刘氏墓志铭并序》,拓片见北京图书馆金石组编:《北京图书馆藏中国历代石刻拓本汇编》册32,郑州:中州古籍出版社,1989年,录文整理及概要讨论,见李希泌、毛华轩:《关于李德裕晚年史料的一点考订——〈刘致柔墓志〉及其他》,《文献》1993年第4期,第68—72页。

他"道教知识"方面的考虑。笔者在"孔夫子旧书网"上发现的卖家中,有一家位于河南洛阳的店铺对此墓志的推广比较用心,在其描述文字中列出几首题目涉及"萧炼师"的诗歌,为便讨论,赘引如下:

清编《全唐诗》中提及"萧炼师"的诗歌

1	白居易(772—846年)《送萧炼师步虚词十首卷后以二绝继之》	欲上瀛洲临别诗,赠君十首步虚词。天仙若爱应相问,可道江州司马诗。花纸瑶缄松墨字,把将天上共谁开。试呈王母如堪唱,发遣双成更取来①
2	孟郊(751—814年)《送萧炼师入四明山》	闲于独鹤心,大于高松年。迥出万物表,高栖四明巅。千寻直裂峰,百尺倒泻泉。绛雪为我饭,白云为我田。静言不语俗,灵踪时步天②
3	许浑(791?—858?年)《赠萧炼师并序》	炼师,贞元初,自梨园内选为内妓,善舞柘枝,宫中莫有伦比者,宠锡甚厚。及驾幸奉天,以病不获随辇,遂失所止。洎复宫阙,上颇怀其艺。求之浃日,得于人间。后闻神仙之事,谓长生可致,乞奉黄老。上许之,诏居嵩南洞清观。迨今八十余矣。雪肤花颜,与昔无异。则知龟鹤之寿,安得不由所尚哉!因赋是诗,题于院壁(诗文略)③
4	李益(748—829年)《同萧炼师宿太乙庙》	微月空山曙,春祠谒少君。落花坛上拂,流水洞中闻。酒引芝童奠,香余桂子焚。鹤飞将羽节,遥向赤城分④

---

① 白居易:《送萧炼师步虚词十首卷后以二绝继之》,见彭定求等编:《全唐诗》卷440,北京:中华书局,1960年,第4908页。

② 孟郊:《送萧炼师入四明山》,彭定求等编:《全唐诗》卷378,北京:中华书局,1960年,第4246页。

③ 许浑:《赠萧炼师并序》,彭定求等编:《全唐诗》卷537,北京:中华书局,1960年,第6128—6129页。

④ 李益:《同萧炼师宿太乙庙》,彭定求等编:《全唐诗》卷283,北京:中华书局,1960年,第3216页。

这五首（白居易所作为"二绝"）诗歌即是清编《全唐诗》中提及"萧炼师"的所有诗歌，这一点可通过检索"爱如生基本古籍库"等数据库得到确认。既然这些著名诗人均与萧炼师酬唱，萧炼师自然也就成为一时名流。若《萧炼师墓方石文》中的萧去尘真就是这些诗歌中的萧炼师，那么这方墓志的价格显然可以获得提升。然而，事实上五首诗歌中的萧炼师均不可能是萧去尘。根据伪志记载，萧去尘在824年才跟从邓延康学习，故卒于814年的孟郊无论如何不可能与"女道士萧去尘"有交集。许浑的这首诗歌有序，序中点明那位萧炼师是贞元（785—805年）初年由梨园选为内妓、擅长柘枝舞的女子，显然与萧去尘生平不合。李益的诗歌，表明他与萧炼师"同宿"，且使用"少君"（汉朝方士李少君）的意象，因此他所认识的萧炼师大概是名男子，不可能是萧去尘。至于白居易两首诗，诗中白居易以"江州司马"自称，则当作于他815—818年任职江州时期，彼时萧去尘显然也还没有成为道士。可见，卖家贴出的自高身价的唐诗，均无法与萧去尘的情况吻合。但有关诗歌中展现出的8世纪末9世纪初确实存在著名的"萧炼师"的情况，是否也可能是伪志创作者选择赋予这位炼师"萧"姓的一个灵感来源呢？

《萧炼师墓方石文》的第二个卖点，是萧去尘作为世家联姻中间环节的特殊身份。就墓志文章用意来看，这一卖点似乎要较前一卖点更为重要。根据前文的考察，可以发现这方伪志中提及三个唐代世家，分别是兰陵萧氏、长乐冯氏和河东裴氏。这方伪志记载，萧去尘作为兰陵萧氏的一员，嫁给长乐冯氏的冯定，二人的女儿冯隐龙又与河东裴氏的裴鼎成婚。材料中对世家联姻的描述，与唐代的社会风气非常吻合。有关中古世家的研究早已是成果异常丰富的一个领域,相关成就难以一一罗列。在此仅对这三个家族的情况稍作介绍,即可揭示《萧炼师墓方石文》的创作用心。

兰陵萧氏是中古时期最著名的世家之一,这个家族家学传世、广任官职,更两度在南方建国,成为帝姓。《南齐书》记载萧氏"晋元康元年,分东海为兰陵郡。中朝乱,淮阴令整字公齐,过江居晋陵武进县之东城里。寓居江左者,皆侨置本土,加以南名,于是为南兰陵人也"。① 有关萧氏南渡后寓止地的政区归属,已有讨论试图纠正《南齐书》记述上的细节疏漏,此不赘述。② 南渡后的兰陵萧氏,在齐、梁两朝成为帝室,引领南朝的政治和文化脉动。③ 南朝兰陵萧氏(尤其齐梁房)对宗教信仰产生长期兴趣,最典型的例子无外乎梁武帝及其亲属对佛教的格外倾心。④ 而就萧氏与道教的关系而言,梁武帝集团亦曾与陶弘景等人密切接触。⑤ 随着朝代陵替,隋唐时期的兰陵萧氏已过巅峰,但在政治和文化上的影响力依旧很大。⑥ 仅就唐代而言,兰陵萧氏中担任宰职者有十位之

---

① 萧子显:《南齐书》卷1,北京:中华书局,1972年,第1页。
② 陈礼:《南兰陵与萧氏籍贯考》,《北方文学》2017年总第33期,第251页。
③ 曹道衡:《兰陵萧氏与南朝文学》,北京:中华书局,2004年。
④ 杜志强:《兰陵萧氏家族思想信仰分析》,《宁夏师范学院学报》2009年第4期,第16—20页。有关梁武帝佛教信仰的研究着实太多,但与本文主旨关系不大,兹不赘述。
⑤ 王家葵:《陶弘景丛考》,济南:齐鲁书社,2003年,第23—49页;钱汝平:《梁武帝的天师道信仰及其家族背景》,《绍兴文理学院学报(人文社会科学版)》2010年第4期,第64—70页。
⑥ 毛汉光:《隋唐政权中的兰陵萧氏》,收其《中国中古社会史论》,上海:上海书店出版社,2002年,第405—425页;刘建会:《唐代兰陵萧氏与文学》,宁波大学,硕士论文,2014年。

多,其中萧岿(542—585 年)一脉的后人最为兴旺发达。①《萧炼师墓方石文》既称萧去尘为"兰陵"人,又指其家族"再立国于江左",显然是在明确宣称萧去尘是兰陵萧氏齐梁房的后裔。中古大族的宗教信仰最晚自陈寅恪大开高论后,②便成为学界长期热衷讨论的话题。关于兰陵萧氏的家族信仰,学界也早已积累不少研究。③但总体而言,这些研究似乎太过强调家族信仰的统一性,并将儒、释、道视作彼此排斥的身份归属,以至常常希望提出萧姓士族在不同时代"舍 X 归 Y"的观点。然而,世家由于人数过多,分布时而分散,因此小家庭(而非整个家族)对某种宗教的态度有时更能左右个体的信仰选择。如唐代极度崇佛的萧瑀(575—648 年)有三个女儿和最少一个孙女出家为比丘尼,④即是一个典型的家庭影响案例,而这样的情形在其他萧氏小家庭中却很难发现。《萧炼师墓方石文》所敷衍描述的情况多少有点类似,称萧去尘父祖"隐居山阴",萧炼师"未归玄门"之前,就"常以无为自处",似乎有点继承家风的意思。唐代萧氏子孙明确皈依道教的记载实际并不多见,《萧炼师墓方石文》在此或许有"填补空白"的打算。正如毛汉光所述,

---

① 桂斌:《兰陵萧氏萧岿一门在隋唐兴盛之原因试析》,《山东青年》2014 年第 11 期,第 121—122 页。

② 陈寅恪:《天师道与滨海地域之关系》,原刊于《中央研究院历史语言研究所集刊》1933 年总第 3 本第 4 分册;复收《金明馆丛稿初编》,北京:生活·读书·新知三联书店,2001 年,第 1—46 页。

③ 赵晨昕:《兰陵萧氏宗教信仰转变与时代变迁互动关系初探》,《北京理工大学学报(社会科学版)》2007 年第 3 期,第 11—14 页;杜志强:《兰陵萧氏家族思想信仰分析》,《宁夏师范学院学报》2009 年第 4 期,第 16—20 页;等等。

④ 姚亚丽:《〈惠源比丘尼志铭〉所反映的唐代萧氏家族崇佛问题》,《成都大学学报》2016 年第 2 期,第 88—93 页。

"士族在政治社会中有二大支柱——官宦与婚姻",而隋唐递代后"官宦特权虽然冲淡,但对婚姻关系仍然努力维护"。① 唐代萧氏对联姻关系自然也极其重视,刘建会在学位论文中绘制的"唐代萧氏家族婚姻关系表",列出萧氏与李唐皇室、关中士族、江左士族、代北士族、一般士族的联姻案例,较可参考。② 景遐东等人又以新出土的萧氏墓志等材料,对相关情况做以补充。③ 通观这些有关唐代萧氏联姻其他士族的讨论,迄今并未发现兰陵萧氏与长乐冯氏通婚的记载,《萧炼师墓方石文》的出现于此又开一先河。

接着来看长乐冯氏和河东裴氏。长乐即今河北省冀州一带,长乐冯氏是中古时期非常著名的北方士族,北魏时期那位权倾朝野、两度临朝称制的文明太后(441—490 年)就出身于这个家族。而事实上,长乐冯氏与北魏皇室的联姻远不止这位冯太后一例。赵海丽统计正史和墓志材料后指出,长乐冯氏至少有 19 位女子嫁入北魏皇室家庭,同时长乐冯氏又至少迎娶了 7 位北魏皇室女子。④ 正是由于长期与北魏皇室联姻,长乐冯氏得以在北朝政治中大展拳脚,其中尤以几位"冯太后"的影响为巨。⑤ 降至隋唐,长乐冯氏的社会地位有所降低,然而这个家族依旧出现了很多重要

---

① 毛汉光:《中古中国社会史论》,上海:上海书店出版社,2002 年,第 68 页。
② 刘建会:《唐代兰陵萧氏与文学》,宁波大学,硕士论文,2014 年,第 18—19 页。
③ 景遐东:《新出阎仲连、萧守规墓志与唐代萧氏及其他文化世家姻亲研究》,《苏州大学学报》2015 年第 1 期,第 177—183 页。
④ 赵海丽:《北魏门阀婚姻制之代表家族——冀州长乐信都冯氏与北魏皇宗室及显族联姻关系探论》,《理论学刊》2011 年第 6 期,第 93—97 页。
⑤ 李凭:《北魏明元帝两皇后之死于保太后得势》,《史学月刊》2007 年第 5 期,第 21—26 页;李凭:《北魏宣武帝朝三后之争》,《学习与探索》2013 年第 10 期,第 151—160 页;苗霖霖、杨昕沫:《北魏孝文帝朝内庭斗争与政局变迁考略》,《学术交流》2017 年第 5 期,第 210—214 页。

人物。如前文述及的冯宿即为一时俊杰。《萧炼师墓方石文》中提及的"萧去尘丈夫"冯定、"儿子"冯颙、冯轩等也在朝野之间具备一定声望。萧去尘墓志中所发明的这次"萧—冯"联姻,显然关注到兰陵萧氏和长乐冯氏两个士族的社会影响力,同时又对中古士族联姻的风气和研究价值有所了解。河东裴氏曾是西晋时期最有势力的大族之一,① 永嘉之乱后衣冠南渡,河东裴氏多不南迁,唯少数族人因各种原因南来,致使整个家族在东晋南朝时的势力并不大。② 继续留在北方的裴氏成员,则主动与西魏和北周政权合作,政治身份也由"山东郡姓"转变为"关中郡姓"。③ 隋唐时期,河东裴氏再次迎来发展高潮。据统计,裴氏在隋唐时期仅宰相就出过17位。④ 族中除不断出现继承先祖文化传统的政治家、文学家外,更有裴行俭(619—682年)、裴旻(活跃于开元时期)等军事人才,⑤ 这些风流人物与其他明贤之间的交往亦非常惹人关注。如李白(701—762年)与裴旻、⑥ 柳宗元(773—819年)与裴度(765—839

---

① 有关河东裴氏的研究已经比较丰富,综述可参梁静:《中古"河东三姓"文学研究》,陕西师范大学,硕士论文,2006年,第7—9页;整体介绍,见周征松:《魏晋隋唐间的河东裴氏》,太原:山西教育出版社,2000年。
② 宋艳梅:《两晋之际河东裴氏播迁考论》,《河南科技大学学报(社会科学版)》2007年第1期,第13—17页;李洁:《从碑志看唐代河东裴氏的迁徙流动》,《文献》2003年第4期,第92—108页;卫文革:《唐以前河东裴氏墓志丛札》,《山西师范大学学报(社会科学版)》2009年第2期,第71—75页。
③ 李永康、张彩琴:《河东士族归入"关中郡姓"考释——以河东裴氏为个案》,《运城学院学报》2005年第1期,第24—29页。
④ 梁静:《试论中古河东裴氏与文学》,《山西大学学报(哲学社会科学版)》2014年第6期,第37页;孙丽芬:《唐代政治与河东裴氏家族》,兰州大学,硕士论文,2011年。
⑤ 有关河东裴氏的家族文化概况,见梁静:《中古河东裴氏家族文化述略》,《社会科学家》2006年第5期,第182—185页。
⑥ 万德敬、万德松:《李白集中的河东裴氏人物》,《乐山师范学院学报》2010年第6期,第36—39页。

年)之间的交谊,①均成为后世美谈。与萧氏和冯氏一样,李唐时期的裴氏也非常重视与其他士族联姻。尚梦佳的学位论文即以此为题,并以表格形式详列唐代河东裴氏与其他士族之间的婚姻情况。② 新出墓志材料中,更是不断有新发现,为相关研究补充信息。③ 尚梦佳的列表并未给出河东裴氏与长乐冯氏之间的联姻材料,但前文提及的《裴鼎墓志》实际就是一例。由于《萧炼师墓方石文》的创作本身依托于冯颛所撰《裴鼎墓志》,故这篇伪作显系直接挪用了这例世家联姻的记载——仅创造性地给出了冯氏的姓名"隐龙"。至此已不难发现,《萧炼师墓方石文》中提到三个唐代士族,并在其间建立起婚姻和家庭关系。在这些婚姻关系中,长乐冯氏与河东裴氏的联姻真实存在;但兰陵萧氏与长乐冯氏的结合案例则是向壁虚构。文中的家庭关系同样半真半假,冯氏内部情况基本为真,而事涉萧去尘的部分则都是作者的原创。

通过以上讨论,大致可以看到《萧去尘墓方石文》的创作思路,其创作并非简单地拼凑《冯宿神道碑》《裴鼎墓志》等现有材料,而是试图在这些材料的基础上,进一步发挥创造,构拟出一个能与现有材料和学说相印证的人物形象,同时在虚构过程中有意地突出

---

① 万德敬:《柳宗元与裴度交游考论》,《中州学刊》2011 年第 5 第,第 184—186 页;万德敬:《柳宗元与河东裴氏交游考论(一)——柳宗元与裴墐》,《太原师范学院学报(社会科学版)》2008 年第 4 期,第 94—97 页;万德敬、王鹏飞:《柳宗元与河东裴氏交游考论(二)——柳宗元与裴行立》,《太原帅范学院学报(社会科学版)》2009 年第 3 期,第 90—93 页。
② 尚梦佳:《唐代河东裴氏婚宦问题研究》,西北大学,硕士论文,2018 年,第 22—27 页。
③ 例如杨洁:《新出土唐令狐楚家族两方墓志探赜》,《文博》2011 年第 5 期,第 30—34、44 页。

某些"卖点",以迎合当下学术界口味,提高墓志的重要性(或者说,价格)。

三、小　　结
——《萧炼师墓方石文》启示

以上对"新出"《萧炼师墓方石文》的简要讨论,首先可以发现这方墓志必为今人伪造无疑。而令人有些感慨的是,尽管这方最晚完成于2013年的伪志存在如此明显的错误,但造假者实际也并不是纯然的"外行"。根据以上分析,可知撰写者不仅大概明白唐代墓志的基本特征,还至少参考了《旧唐书》《冯宿神道碑》《裴鼎墓方石文》《邓延康墓志》(可能还包括他弟子们的几个墓志)、《太上三五正一盟威录》等道教典籍、一些提及"萧炼师"的唐诗,同时对唐代女道士、兰陵萧氏、长乐冯氏、河东裴氏的重要性也有一定了解。因此,尽管本章的辨伪工作进行得非常顺利,但亦不可小觑造伪者的"良苦用心",也不能太过低估造伪者个人的"专业素养"和"成长潜力"。恰恰相反,笔者对这样的"用心"感到有些担忧。自2014年年初这方伪志被摆上货架以来,尽管未见有论著引用这方墓志,但同时也没有出现任何正面回应此墓志真伪的论述。反对声音的缺席,在一定程度上会助长造伪的气焰。如"孔夫子旧书网"上2019年开始出现《萧炼师墓方石文》的精美朱拓本(此前只有墨拓),价格随即也翻了一倍多,说明这方伪志多少还是有一定市场。更令人担心的是,按照《萧炼师墓方石文》的撰写套路，只要再加用心，假以时日，完全可以创造出更难辨识的道士墓志。

根据目前的文献研究和实地考察，墓志作伪经过数百年的经验积累，早已是比较成熟的行业。单就唐代道士墓志造伪而言，志石、书法、纹饰等形式上的伪造都不构成问题，目前的难点其实主要在志文本身的撰写上。唐代道教资料零散，研究也未臻成熟，这些情况为伪志的撰写制造了一些麻烦——新的研究发现，随时可能成为证伪的关键依据。但与此同时，研究的不成熟也在一定时期内为伪造材料留下生存空间。事实上，在道教学领域中，迄今为止针对材料真伪而发表意见的情况依旧极其罕见。作为宗教学或哲学的道教学学科培养，常与文献学和历史学的技能培训脱钩。因此，对新见材料的怀疑，一直没有成为道教学领域的普遍自觉。在近年新见唐代道教碑志材料中，《萧炼师墓方石文》出现的时间相对较早，此后数年间又有不少更为重要的唐代道教碑石出世。与萧去尘墓志类似，这些新见碑志多数也非考古发掘，来路不明，甚至很多情况下志石照片都罕有流传，而仅以拓片的面目在坊间出售。这些新见材料中已有不少在未经辨识前便成为学界所使用的研究素材。但是，这些材料是否真的就一点疑问也没有呢？与《萧炼师墓方石文》这样的"实验性作品"相比，更晚出的唐代道士碑志多数都显得更为精美，所记人、事也更为重要，同时内容方面的问题也不那么明显，但各种或大或小的疑问却仍令人不禁起疑。当然，"疑心生暗鬼"式地认为所有非考古发现的道士碑志都出于伪造是心魔作祟下的另一个极端，但《萧炼师墓方石文》的存在确实足以提醒道教学界一个事实：目前针对道教领域伪造材料的情况确实正在发生。面对这一有可能混淆学术的不利现实，作为学者一方，或许只有提高警惕、反复核查、避免冒进，方能规避盲目求新带来的风险和破坏。

第四章 《东明观郭玄远墓志》探疑
——兼论《东明观郭超俗墓志》真伪

东明观是唐代长安最重要的道教宫观之一,《唐两京城坊考》考东明观位于普宁坊东南隅,"显庆元年,孝敬升储后所立。规度仿西明之制,长廊广殿,图画雕刻,道家馆舍,无以为比"。① 长安佛教西明寺的显赫地位和社会影响力早已获学界研究认可,②能与西明寺抗衡的道教东明观自然是群英荟萃、高道频出之地。③除传世史料记载如柳宗元(773—819年)撰《东明观张先生墓志》外,此前又有《唐东明观孙思墓志》等材料出世,呈现观中两位高道生命历程,获得学者重视。④ 近年又有唐东明观《郭玄远墓志》出世,引起学界和民间收藏界的关注。对学界而言,《郭玄远墓志》目

---

① 徐松撰,张穆校补:《唐两京城坊考》卷4,北京:中华书局,1985年,第122页。
② 有关西明寺的地位和影响,大致情况见罗小红:《唐长安西明寺考》,《考古与文物》2006年第2期,第76—80页;详论可参见 Xiang Wang, *Ximing Monastery: History and Imagination in Medieval Chinese Buddhism*, Saarbrücken Germany: Lambert Academic Publishing, 2015。
③ 有关唐代东明观的大致情况,见刘康乐:《东明观与唐代长安道教》,《中国本土宗教研究》2019年总第2辑,第127—136页。
④ 贾梅:《唐〈东明观孙思墓志〉考释》,《碑林集刊》2004年总第10期,第50—56页。

前已正式成为供研究使用之史料,经数位优秀中青年学者引介而为学界所接受。对民间收藏界来说,郭玄远墓志精美的"王体"行书,成功地吸引一批倾慕者。然而,就笔者所见,这方郭玄远墓志从"降世"到成为"史料"和"藏品"之间,缺少一个关键环节,即对墓志本身真伪的前期论证。在未经证实或辨伪工作之前,"新见"材料的价值很难敲定,在此情况下或许不应贸然将之视作可信材料引入学界。有鉴于此,笔者不揣冒昧,对此墓志进行简要考察,希冀能有所发现。

一、来 龙 去 脉
——《郭玄远墓志》降世始末

最近两三年间,通过至少三篇重要论文的引介,《郭玄远墓志》逐渐进入学界视野。2018 年,雷闻首先发表论文讨论唐代圣真观的问题,《郭玄远墓志》称志主曾在圣真观受法,故为雷闻所引用。文章注释中,雷闻表示此《郭玄远墓志》信息量非常大,计划另撰文章专门讨论,[①]但截至目前尚未见相关文章刊布。[②] 2019 年,刘康乐讨论东明观的文章刊发。据墓志记载,郭玄远就是东明观的大德,刘康乐在文中称此方墓志此前未经刊布,其文是首次披露。[③] 同

[①] 雷闻:《唐洛阳大圣真观考》,《隋唐辽宋金元史论丛》2018 年总第 8 辑,第 142—155 页。
[②] 本文写作于 2020 年 4 月末。
[③] 刘康乐:《东明观与唐代长安道教》,《中国本土宗教研究》2019 年总第 2 辑,第 127—136 页。

年，吕博讨论唐代投龙的大作得到发表，其中亦引用《郭玄远墓志》，并注出此墓志未经刊布。① 由于论文刊发需要一定周期，因此尽管三人文章发表有先后，但获知《郭玄远墓志》的时间大概一致，彼此之间看上去也没有直接影响，而是分头获悉。笔者与三位作者中的两位较为熟识，通过询问得知此方墓志拓片约于2017年即已在网上流行，两位贤兄本人获得拓片信息的途径或是"朋友提供"，或是直接来自网络，均未见过原石，写作之时亦未特别留心志石真伪问题。②

笔者于碑石、拓片一道涉猎极少、毫无见识，对于从何处查考某拓片出世贩售的原始资讯几近无知。然近查古旧书、拓片交易平台"孔夫子旧书网"，多少获得一些有价值的信息。2020年4月24日，在"孔夫子旧书网"检索"郭玄远"，可见七个链接，各个店家写明"上书"时间，最早者为2018年4月24日，与学界使用时间接近。七个链接分别属于六个卖家，而六个卖家中有五个是河南省洛阳市的店铺。非常有趣的是，最早"上书"的店家并不只是出售一般的墓志拓片，而是已将《郭玄远墓志》做成册页碑帖。随后这一行为得到其他两个店家模仿，其中之一是唯一不在洛阳（而在福建省福州市）的某古物店铺。根据检索情况可知，《郭玄远墓志》拓片价格在400元上下，册页装价格则在550元上下。③ 正如本章开

---

① 吕博：《本命与降诞：唐代道教"投龙简"再读》，《世界宗教研究》2019年第2期，第91—101页。
② 两位作者指吕博和刘康乐，感谢两位贤兄实言相告！
③ 检索网站为"孔夫子旧书网"，检索词"郭玄远"，http://search.kongfz.com/product_result/? select＝0&key＝%E9%83%AD%E7%8E%84%E8%BF%9C&_stpmt=eyJzZWFyY2hfHlwZSI6ImFjdGl2ZSJ9&pagenum=1&ajaxdata=1。

头所述,《郭玄远墓志》的书体是精美的王体行书,今人将之做成碑帖,显然是看中其艺术价值。

从以上介绍中可发现《郭玄远墓志》的几个特点。首先,这方墓志出世的时间可能是在 2017 年或稍早,但进入公众视野并产生影响力则主要从 2018 年开始。其次,这方墓志所述内容较为重要,对历史学者有较高吸引力;与此同时,其书法也获得艺术爱好者的青睐。换言之,这方墓志至少拥有两个"卖点"。再次,尽管东明观在长安(今陕西西安),《郭玄远墓志》也自述墓主葬于长安马祖原,但贩卖拓片的店铺均在洛阳(福州者贩卖的是册页),或可推测"志石"目前可能就保存在洛阳或附近地区。获悉以上情况后,或许便可得出初步观点:《郭玄远墓志》既重要又精美,但来路实在不明,"原石"目前有可能存于洛阳。而众所周知,洛阳地区在伪造墓志碑石方面拥有长期的"传统"。显而易见,面对这样一方墓志,最先要做的事情并不是将之作为材料来使用以"填补历史空白",也不是贸然模仿其精美的"唐人书法",而是应当首先尝试探明其真伪。

二、疑 云 不 散
——对录文和相关记述的考察

笔者对碑帖辨伪工作并不在行,很难从石花、版式、刻工等方面对之进行讨论,以下仅就墓志文字发表议论。为方便后续讨论,下面首先录文,接着对墓志中出现的一些主要事项和人物进行探讨。

唐故東明觀三景大德郭尊師墓誌銘並序/
右司員外郎劉同昇撰　內供奉道士駱詹尹書/

先生郭氏，諱玄遠，字沖寂。家本太原，南徙于秦，今爲京兆人也。皇考岌，生王/考難，難生考智文，凡儒雅相傳，蓋四代矣。或肅或乂，不鳴不躍，業精莊老之/學，心妙詩書之源，外屏人寰，內榮天爵，秀氣所際，降靈先生。先生骨應仙圖，/體含真象，鼻聳雙柱，耳垂三門。雖在童弄，盖嶷如也。七歲入小學，受六甲五/方之書；數年而大成，窮十翼三元之祕。嘗廢書而歎曰："儒者博而寡要，勞而/少功，乃曲士之端倪，至人之糟粕。谷神弗死，其惟大道乎？"於是擯儒門，窺仙岌，習上元之寶句，觀大洞之真經。道相既圓，法言斯滿，屬/高宗天皇大帝靈馭雲飛，聖恩天下，爰承鳳詔，而齒霓裳。弘道年中/出家，隸東明觀。長壽年於凌空觀王尊師講正一之文。景雲中於景龍觀葉/尊師授上清之法。尋有詔爲南嶽使者，杖羽節而行，登紫盖於是中峯，/投金龍於洞穴。然後巡廬嶺遊茅山，歷四明五岳鍊玉英雲粉，殆十數年矣。/若乃乘正氣馭真符，呪地而毒草自萎，禁山而猛獸皆伏，魑魅魍魎，莫能逢/迕。開元十五年還京，又居東明觀。先生柄一法指萬邪，精澈見天地之心，呼/役鬼神之狀，京邑士庶疾老賴焉。玉真公主以/帝妹之尊，奉貢人之記，鍊藥金鼎，學仙紫房。河南王屋山，元君之洞府也。廿/四年，公主請尊師梯絶頂，醮靈壇，授鴻寶之神方，傳黃庭之祕訣。蒼生/祈福，金籙設齋，於是有玄鶴舞山，彩雲飛屋，羽人向席而下拜，天樂騰空而/自鳴。上聞而美之，錫以玄纁之帛而書於青史矣。甲子之歲,春秋八/十一,開元廿八年十一月十六日,遷化於東明仙居。即以其年十二月十三/日葬於馬祖原,禮也。初疾之漸,謂弟子等曰:"道唯無物,去萬存一,但秉香燈,/永照昏夜,無或缞絰,以搖代情。"言終凝神不動,泊然而滅。身如羽輕,骨若蟬化。在堂示殯,尸解三日矣,玉體更軟,雪顔如生。於戲,其天地之仙官歟?/公主虔心涕洟,親視衾沐,凡諸弟子,皆執喪焉。受經之上足爲張昇玄等二/百餘人,咸道門之冠也。哀攀不已,請述銘云:/

神仙之伯兮來賓帝鄉,霞衣縹緲兮上清之光。飛丹妙籙兮鍊金真方,/八十甲子兮鶴髮垂霜。乘彼白雲兮登于紫陽,仙之羽化兮其地久而天長。/

開元廿八年太歲庚辰十二月甲寅朔十三日景寅建

这篇墓志对郭玄远生平的记述相当清晰。文章首先追溯郭玄远四代先祖,接着称郭玄远少年时善于学习,十多岁开始对道教产生兴趣,致力于道学修养。唐高宗(650—683年在位)死时,获恩度出家,正式成为道士。数年之后,从凌空观王尊师受正一经箓,后又于景龙观叶尊师处受上清经箓。接着受诏担任南岳使者,外出投龙。继而游历著名道教圣山,十余载后方归长安,重新回到东明观。随着郭玄远在京城名声日盛,开元二十四年(736年),玉真公主(691—762年)请其在王屋山为自己授箓,并建金箓斋,其间出现玄鹤舞山等灵感现象,玄宗闻之而嘉奖。开元二十八年(740年),郭玄远羽化,留遗言于弟子,葬于马祖原。根据墓志来看,尽

第四章 《东明观郭玄远墓志》探疑

图 16 《郭玄远墓志》拓片①

管郭玄远没有在传世史料中留下任何痕迹,但他在盛唐道教圈中却拥有极高的地位,仅稍逊于叶法善(616—720年)、司马承祯等人。然而,虽然《郭玄远墓志》对这位"名不见经传"的大唐名道记载详细,但墓志的来源和志文本身却都不免使人疑窦丛生。这些

---

① 采自孔夫子网"金石拓片网的书摊",http：//book.kongfz.com/267695/970700674/。

异常现象的存在,直接关系到这方墓志有无"史料价值"这一根本问题。在接受和使用此墓志之前,有必要正视这些疑问。

1. 来路不正,即是疑问

有关《郭玄远墓志》的出世经历,上文根据目前所能看到的情况已稍作介绍。从中明显可知,此墓志是近年出现在学界视野中的材料,但其并非考古发掘的产物,据传,目前"原石"保存在私人手中。来路不明的古董,首先要接受最严格的质疑,而《郭玄远墓志》因本身具有"文章"属性,或许较之一般"不会说话"的文物更容易看出问题。依据前述"孔夫子旧书网"上的检索结果来看,出售这方墓志拓片的店铺集中于河南省洛阳市,但《郭玄远墓志》自述墓主郭玄远葬于长安马祖原。于是,一个问题自然产生:此墓志是何机缘出土,又是何机缘从西安运至洛阳? 考虑到此方墓志具有很高的书法和史料价值,这个看似简单的问题,实际便很难回答。若以此墓志为旧时出土,辗转流传,则仅以如此精美的王体书法而言,亦当更早引起关注;而若以此墓志实为近年盗挖出世,则问题亦接踵而来。李举纲、张婷根据出土的《肃明观主范元墓志》等自述葬于马祖原的墓志记载指出,马祖原的"范围位于唐代长安城西长安县龙泉乡、神泉乡、务德乡、务道乡等乡境域内,即今西安莲湖区土门以南,雁塔区山门口乡以北一带"。[①] 贾梅的研究也得

---

① 李举纲、张婷:《新见唐〈肃明观主范元墓志〉考疏》,《华夏考古》2011 年第 1 期,第 111 页。

出基本类似的结论。① 查当下西安地图可知,此地大约在今西安市牡丹苑、西安外事学院、木塔寺生态公园、西安文理学院的范围内。因此,如果说《郭玄远墓志》真的是近几年盗挖而出,实不知盗墓者如何避开莲湖区和雁塔区数十万群众的灼灼慧眼。若以私人土木工程偶得,进而暗中送至洛阳出售,虽亦可解释得通,但终究需将推测落到实处。此外,正如前文所述,洛阳一带既有出土大量墓志的传统,同时也有制造伪志的长期经验。有关于此,早已是业界常识,毋庸讳言。

2. "三景大德"的称谓

《郭玄远墓志》开篇称郭玄远为"三景大德",又指出他曾从景龙观叶尊师(即叶法善)受"上清之法"。根据目前学界相关论述可知,这里的"上清之法"是唐代道教法位制度中的最高等级法位,②从《奉道科戒》的规定来看,即使是传授"上清之法",内部也分为三个次等级,获受相应经箓者依次被称为洞真法师、无上洞真法师,以及大洞三景弟子无上三洞法师。③ 然而,"大洞三景弟子/法师"的简称实际是大洞法师,单以"三景"(指日月星)作为称谓的现象

---

① 贾梅:《唐〈东明观孙思墓志〉考释》,《碑林集刊》2004年总第10期,第54页。
② 白照杰:《唐前期(618—755年)道教法位制度厘正》,《宗教学研究》2017年第1期,第63—79页;白照杰:《整合及制度化:唐前期道教研究》,上海:格致出版社,2018年,第291—318页。
③ 金明七真:《三洞奉道科戒仪范》卷2,见张继禹主编:《中华道藏》,北京:华夏出版社,2004年,册42,第35b—36b页。唐代道书《受箓次第法信仪》中的记载有所不同,称获受上清法位和毕道法位的道士的称号中,都有"三景"二字。有关这一问题的简要讨论,见白照杰:《整合及制度化:唐前期道教研究》,上海:格致出版社,2018年,第306—307页。

并不常见。如《唐茅山燕洞宫大洞炼师彭城刘氏墓志铭并序》①《大洞法师田仙寮墓志》等均可证明称呼唐代法师时"三景"二字可略。② 查浙江大学图书馆古籍碑帖研究与保护中心"中国历代墓志数据库""爱如生基本古籍库""中国金石总录"等数据库又可发现,在唐代道教碑铭及其他文献中论及道士称谓时,根本就没有存"三景"而舍"大洞"的情况发生。③ 这一点不难理解,如果了解唐代道教法位制度的话,便可发现获得相应法位的道士的称号,基本都以其人新获得的经箓原本归属的道教传统来命名(如正一、洞玄、升玄、大洞、洞神,甚至三洞)。相应地,大洞或洞真是上清传统的代称,"三景"则并不属于这一套路,而只是一个特别的装饰性词汇,因此不能单独作为相应法位的简称或代称。从各种数据库检索得出的情况来看,唐人对此问题的看法既统一又明确。反观《郭玄远墓志》开篇即出现"三景大德"的称号,自然便显得有些奇诡了。

3. 为玉真公主授箓

在这篇墓志中,郭玄远人生的一大亮点,是为玉真公主传法,成为玉真公主的老师之一。然而这一情况却似乎与其他材料的记

---

① 见周绍良主编,赵超副主编:《唐代墓志汇编》,上海:上海古籍出版社,1992年,第2303—2304页。
② 志盖丢失,序文记载"大洞法师齐国田仙寮谢世",见周绍良主编,赵超副主编:《唐代墓志汇编》,上海:上海古籍出版社,1992年,第1522页。
③ "中国金石总录"和浙江大学"中国历代墓志数据库"中《唐三景法师韩自明墓志铭》题目登记错误。从数据库给出的拓片可见,韩自明墓志题名为《唐故内玉晨观上清大洞三景法师赐紫大德仙宫铭并序》。显然,这里出现的也是正常的"上清大洞三景法师",而不是《郭玄远墓志》那样特别的"三景法师"。

载存在分歧。唐代道教内部较严格地遵循法位递升制度,道士在修道生涯中会多次授受经箓。尽管有关玉真公主的研究已有不少,①但她接受经箓的具体过程,一直没有说得很清楚,有关于此须稍费笔墨。《玉真公主朝谒谯郡真源宫受道王屋山仙人台灵坛祥应记》(后简称《灵坛祥应记》)是非常重要的唐代道教石刻,碑文由弘道观道士蔡玮撰于天宝二载(743年)。根据这篇碑文记载,玉真公主在天宝二载向北岳洞灵宫胡先生"请受八箓三洞紫文灵书",得"佩五老真印、杖八威神策,端五度灵飞六甲,传豁落七元",而在此次传法之前,她已是"顷已四升仙阶,及兹五受真录"。② 玉真第五次受法的情况,记载在《灵坛祥应记》中,此次传法之后,玉真公主成为"上清玄都大洞三景法师",与《奉道科戒》等材料对法位制度的记载相对照,可知玉真此时已获毕道法位,登上法位制度的最高峰。

玉真公主的前四次受法是否也有线索呢?③ 实际上,我们确

---

① 对既有研究的综述及最新研究,参夏晋华(Jia Jinhua)近来对玉真公主的研究, "Destiny and Power of the Ordained Royal Women," in her *Gender, Power, and Talent: The Journey of Daoist Priestesses in Tang China*, New York: Columbia University Press, 2018, 18-49。

② 陈垣编纂,陈智超、曾庆瑛补校:《道家金石略》,北京:文物出版社,1988年,第139—140页。

③ 笔者旧时对唐代道教法位制度的探讨,认为玉真公主前四次受经箓分别是正一、高玄、洞神(含洞渊)、洞玄(含升玄),天宝二载的第五次受法是上清和毕道同受。这一观点目前看来不能成立。根据张万福《传授三洞经戒法箓略说》的记载,玉真公主(以及金仙公主)在先天元年(712年)十二月受"五法上肯经法"。两位公主在此之前已经历正一、高玄、洞神经箓的传授,虽然理所应当,实际并无确凿资料记载每次传法中到底传授哪种经箓,又有哪几个等级的经箓被合并授予。唐代道教法位制度在现实中的复杂性,恐怕依旧超出笔者过去的设想,值得进一步探讨。张万福记载,见《传授三洞经戒法箓略说》,《道藏》册32,第196c页。笔者此前错误观点,见《整合及制度化:唐前期道教研究》,上海:格致出版社,2018年,第316页。

实可以发现玉真公主此前四次得受经法的记载。玉真公主第一次得法,是与金仙公主(689—732年)一起。根据《金仙公主神道碑》等原始材料可知二人最初受法时间是706年。① 有关此次所传经法的内容,目前所知并不详细,但依据唐代法位制度的梯次来看,玉真此次所受大概即基础的正一等法位。② 张万福在其《传授三洞经戒法箓略说》中,记录下玉真和金仙的另外两次受法:

> 景云二年(711年)岁次辛亥春正月十八日甲子,于大内归真观中诣三洞大法师金紫光禄大夫鸿胪卿河内郡开国公上柱国太清观主史尊师受道,破灵宝自然券,受中盟八帙经四十七卷,真文二箓,佩符策杖。……又以先天元年(712年)壬子岁冬十月二十八日甲子,复受五法、上清经法。③

根据张万福另一部著作《洞玄灵宝道士受三洞经戒法箓择日历》记载,这里的"五法"指《老君六甲符》《西岳公禁山符》《五岳真形图》《三皇内文》《灵宝五符序》五部经典。据张万福自述,有关五法传授的择日规定出自《陶公传授仪》。④ 而敦煌卷子中,恰发现《陶公传授仪》的部分内容,可与张万福的记载相应,王卡曾对此卷子及

---

① 徐峤之:《金仙公主神道碑》,见陈垣编纂,陈智超、曾庆瑛补校:《道家金石略》,北京:文物出版社,1988年,第118—119页;《金仙公主墓志》拓片及相关情况,参前揭贾晋华论文。
② 有关两位公主这次受法记录,前揭贾晋华文章中做过讨论,其中认为《玉真公主朝谒谯郡真源宫受道王屋山仙人台灵坛祥应记》将玉真16岁初受道的时间记载为711年存在错误。玉真公主在711年时,已21岁,蔡玮的这一记载确实有问题。
③ 张万福:《传授三洞经戒法箓略说》,《道藏》册32,第196c、197b页。
④ 张万福:《洞玄灵宝道士受三洞经戒法箓择日历》,《道藏》册32,第183b页。

五法有较详细讨论,可供参考。① 为玉真公主传授经箓的道士,是当时最有名的史崇玄(卒于713年),然而此人由于涉足玄宗与太平公主的政治争斗,稍后即被处死。② 以上是玉真公主在706、711、712年的三次传法,那么第四次传法发生在何时呢? 这一问题要回到《灵坛祥应记》中找线索,据记载:

> 当景云之初,始受道于括苍罗浮真人越国叶公,其时老君为亲降法坛,纡驾三刻,言以口授,义以神融,故其玄章隐诀,代莫得而闻也。但见事载青史,辞编玉牒。③

罗浮真人越国叶公就是大名鼎鼎的叶法善,有关他的情况目前已有丁煌和吴真等人的不少研究可以参考。④ 根据前引张万福的记述可知,景云年间为玉真受法者为史崇玄,而非叶法善,故《灵坛祥应记》的记载看上去明显存在问题。正如刘仲宇所述,这篇碑铭中刻意回避曾为玉真和金仙公主共同传法的史崇玄,应该是出于避

---

① 王卡:《敦煌残抄本陶公传授仪校读记》,《敦煌学辑刊》2002年第1期,第89—97页。
② 有关史崇玄的情况,见土屋昌明《長安の太清観の道士とその道教:史崇玄と張萬福を中心に》,《人文科学年报》2013年第43号,第109—136页;雷闻《长安太清观与〈一切道经音义〉的编纂》,《唐研究》2009年第15卷,第199—226页;白照杰:《烟花易冷——周唐鼎革中的太清观主史崇玄》,《中国俗文化研究》2018年总第16辑,第157—165页。
③ 见陈垣编,陈智超、曾庆瑛校补:《道家金石略》,北京:文物出版社,1988年,第140页。
④ 丁煌:《叶法善在道教史上地位之探讨》,原刊《成功大学历史学报》1988年第14期,又见其《汉唐道教论集》,北京:中华书局,2009年,第157—232页;吴真:《为神性加注:唐宋叶法善崇拜的造成史》,北京:中国社会科学出版社,2012年。

讳丑闻的需要。[①] 而回避史崇玄、将史崇玄身上曾发生的部分事件张冠李戴给叶法善的观点也是可信的。事实上,《灵坛祥应记》中记载的老君亲降法坛一事,正是张万福在《传授三洞经戒法箓略说》中提及的景云二年(711年)正月二十七日夜,史崇玄为两位公主在归真观传法时,"其夜四更,老君降坛,与公主语"。[②] 然而,《灵坛祥应记》撰写于天宝二载(743年),参与立碑和传法一事者仍然健在,尤其考虑到玉真公主和叶法善本人可以阅读这篇碑文,便很难想象蔡玮对二人师徒关系的记载完全出自向壁虚构。因此笔者推测,蔡玮在这里可能是有意地将一些"真实"重新嵌错在混乱的时间线中,而仅就叶法善与玉真的"师徒关系"而言,看上去仍不太可能完全是伪托。如果二者确无师徒关系,那么蔡玮这段追忆完全避谈传法师亦无不可,似乎并不太有私自为公主换个师承的必要和"胆魄"。目前而言,笔者倾向于认为叶法善确曾在某个时间为玉真传授经法。有关于此,这里或能提供一个旁证。还是以唐代道教复杂的法位制度为依据,可知玉真、金仙在706年年初开始受道,而711年春季从史崇玄所受经箓已经是中高级法位,二者之间实际还有若干法位(如高玄)出现空缺,叶法善的那次授法很可能就是填补和串联两次传法的中间环节。

至此,根据上文所论,玉真公主在天宝二载之前的四次传法都已有着落,其中并无郭玄远可以插足的机会。若以郭玄远确实在

[①] 刘仲宇:《唐玉真公主入道受箓研究》,《宗教学研究》2015年第2期,第1—8页。

[②] 张万福:《传授三洞经戒法箓略说》,《道藏》册32,第197b页。

开元二十四年传法玉真,并且还得到玄宗皇帝的嘉奖,且郭玄远又不似史崇玄般不得善终,则《灵坛祥应记》无论如何不会漏记这次发生时间最为切近的传法事件。因此,比较合适的解释,或许只能是郭玄远传法玉真,是向壁虚构之说。

4. "八十甲子"的说法

《郭玄远墓志》中有两次提到"八十甲子"的说法,第一次是在《序》中,称郭玄远"甲子之岁,春秋八十一";第二次是在《铭》中,称:"八十甲子兮鹤发垂霜。"这一"八十甲子"的语言,令人颇费踟蹰。一甲子六十年是基本常识,墓志的实际撰写者不可能不清楚这一点,故"甲子"与"八十"的结合必然另有来源。"甲子"亦可指当年干支,然而,正如《郭玄远墓志》末尾系年所写的那样,当年的干支是"庚辰",故甲子与此亦无关联。查各类材料,唯一能将"八十"与"甲子"联系在一起的,其实是中国古代的一个历法知识。古时历法与今日大不相同,以冬至为起始,继而产生如淳所谓"八十岁纪一甲子冬至"的现象。① 简单地说,就是以冬至日为甲子,则每过八十年出现冬至又为甲子的现象。了解这一历法知识后,再返回头观察《郭玄远墓志》中"八十甲子"的说法,便不难推测撰写者很可能误解了如淳的话,将之误断为"八十岁纪一甲子,冬至……"。作为作者的"右司员外郎刘同升",在相关历法仍在使用的年代里犯下如此错误,实在难以理喻。当然,还有一个可能的疑

---

① 班固:《汉书》卷 21 上,北京:中华书局,1962 年,第 986 页。

虑需要打消,即开元二十八年(740年)会不会正好是冬至合朔的年份呢? 这一点也是不可能的。事实上,武周圣历元年(697年)之所以改元"圣历",就是因为当年合朔,冬至日干支为甲子,[①]而43年后的开元二十八年显然还没有等够"八十岁"的周期。

5. 其他几个"小疑问"

除上述五个问题外,《郭玄远墓志》中还存在几个"小疑问",包括:

(1) 有关郭玄远的受法和出使投龙的记载令人感到奇怪。根据墓志记载,其最初成为道士是在弘道年中(683年),弘道年号为高宗使用的最后一个年号,其开始于当年十二月,而随着当月高宗突然死亡,来年初即改元嗣圣。因此,这个年号只使用了20多天。如果郭玄远确实是在这个年号使用期间受"凤诏"成为道士,那么高宗死后朝廷(尤其是下诏的中宗以及背后的武则天)方面就必须立即为先皇度道士求福。这样着急度道士的现象并非绝无可能,[②]但考虑到高宗是在来年八月(即文明元年[684]八月)才正式入葬乾陵,[③]则度道士一事未免有些"操之过急"的感觉。墓志记载郭玄远在长寿年中(692—694年)才受"正一之文",彼时他已24岁,入道九年以上。而实际上,正一法位是唐代法位制度中很基础

---

① 司马光:《资治通鉴》卷206,北京:中华书局,1956年,第6641—6642页:"圣历元年,正月,甲子朔,冬至,太厚享通天宫,赦天下,改元。"
② 查《全唐文》《全唐文补编》《唐大诏令集》均不见对应诏书。韩理洲《全唐文诏敕考辨》(西安:三秦出版社,2017年)亦中不见考出此诏。
③ 刘昫等:《旧唐书》卷5,北京:中华书局,1975年,第112页。

的等级,正常而言入道后不久就会登上这一法位。郭玄远出家九年后方才迈入这一阶次,实在令人感到诧异。有关郭玄远受诏赴南岳投龙的记载本身看上去问题不大,但有疑问的是,为何他能在投龙结束后不回京复命,反而悠游名山十数载。在较为严格贯彻道籍制度的唐代社会,此举亦令人不解;①尤其是他的出使"杖羽节而行",实际拥有类似朝廷使者的身份,这样的举动是否太过自由散漫?

(2) 墓志对郭玄远丧事的记载称,玉真公主非常哀伤,因此"亲视敛沐"。这一记述看上去也令人有点匪夷所思——郭玄远是男子,即使玉真公主确实颇为伤心,但因男女之别,恐怕也不便如此。

(3) 个别语言的使用有"违和感"。如"魑魅魍魉,莫能逢旃"一句。结合墓志中前几句描述郭玄远法力高强,游历名山时神鬼禽兽难当的"霸气外露",这句话实际是想表现郭尊师法力高超妖邪退避的意思。然而,"魑魅魍魉,莫能逢旃"一句的实际含义,与墓志中所希望表达的意思之间存在明显分裂。类似的语言可以在《左传·宣公三年》中发现,原文为:"昔夏之方有德也,远方图物,贡金九枚,铸鼎象物,百物而为之备,使民知神、奸。故民入川泽山林,不逢不若,魑魅罔两,莫能逢之。"②显然,这里的意思是夏王朝铸造九鼎刻上各种怪物的形象后,百姓即了解怪物特征,外出时会

---

① 有关唐代的道籍制度,见白照杰:《整合及制度化:唐前期道教研究》,上海:格致出版社,2018年,第143—150页。
② 李梦生:《左传译注》卷10,上海:上海古籍出版社,2004年,第437页。

主动避让，不再遭遇难以战胜的魑魅魍魉。这一典故及其含义对唐代文人来说毫不陌生，如韩愈(768—824年)的《谢自然诗》便使用这一典故，称："余闻古夏后，象物知神奸。山林民可入，魍魉莫逢旃。"①因此，如果将"魑魅魍魉，莫能逢旃"放在《郭玄远墓志》中，那么其字面意就成了郭玄远主动避让山中精怪，这显然与上下文所希望表达的郭玄远不惧神魔的意思相违背。

(4) 撰者刘同升的"右司员外郎"与郭玄远的卒年太过"吻合"。刘同升此人在传世文献中出现多次，但他以"右司员外郎"的身份出现在史书中，仅与议定杜暹(卒于740年)谥号"贞肃"的事件联系在一起，②杜暹的卒年恰为开元二十八年。"右司员外郎刘同升"于同年为郭玄远撰写墓志在道理上并无问题，但联系上文所述种种疑问，这一"巧合"未免有些人工斧凿的痕迹。

(5) 最后，《郭玄远墓志》的一个突出特点是书法造诣较高，然而就拓片照片来看，其中也有个别地方的字体结构显得有些别扭，如墓志最后系年中的"月"字。前文已多次指出《郭玄远墓志》是"王体"书法，这里的"月"字看上去可能来源于所谓的王羲之的《十月五日帖》(图17)。类似写法的"月"字在《郭玄远墓志》序文中还出现过一次("其年十二月十三日"的"月")，但却远不如这里这么

---

① 韩愈：《谢自然诗》，见彭定求编：《全唐诗》卷336，北京：中华书局，1960年，第3765—3766页。唐代女道士谢自然的升仙事件引起轰动，韩愈因此而创作这一作品。深泽一幸、杨莉、柏夷(Stephen R. Bokenkamp)等海内外学者对谢自然升仙已有较充分研究，相关综述及最新观点见白照杰：《唐代女仙谢自然史实及传说阐幽》，《史林》2019年第6期，第65—76页。

② 见王溥：《唐会要》卷80，北京：中华书局，1960年，第1483页。此事又见《旧唐书》卷98，《新唐书》卷126等，不赘。

扎眼。《十月五日帖》中的"月"字与上下文字形成呼应,因此尽管形式有些特别,但却富有整体美感。《郭玄远墓志》中的这个"月"字,上下文字皆较中正,唯"月"之一字斜倚失和,难免有些突兀,恐怕不是成熟书法家在为尊崇人物写墓志时应有的作为,而更像是缺少"丧葬语境"下的一种炫技。

图17　左出《郭玄远墓志》;右出《十月五日帖》①

需要指出的是,笔者在金石研究和典章制度等方面的知识储备并不系统,故所提出的疑问未必确凿;同样,或许这篇墓志本身还有其他方面存在各种不正常现象,笔者亦可能没有全部揭示出来。对于这些失漏,欢迎方家指正。然而,仅就目前情况来看,笔者尚不能接受此墓志为"古物"的看法,而更倾向于将之视作当代"高手"的造伪产物。不得不说,如果此墓志确系伪造,则造伪者的技艺已经非常高超,不仅书法艺术和刻石水平高出一般,文章撰写本身也着实下了一番功夫,非常明显的漏洞并不多见,所述内容多能与传世材料契合。然而毕竟智者千虑必有一失,还是于细节处露出马脚。

讨论至此,另一方二十多年前出现,并获得认可的墓志引起了笔者注意,这方墓志就是《唐肃明观主范元墓志》(图18)。《范元墓志》早在1999年就已入藏西安碑林博物馆,2011年时由陕西省考古研究所张举纲和西安碑林博物馆张婷合作刊布录文和内容考证。②

---

①　王羲之:《十月五日帖》,见"书法字典"网站,http://www.shufazidian.com/。
②　张举纲、张婷:《新见唐〈肃明观主范元墓志〉考疏》,《华夏考古》2011年第1期,第107—112页。

图 18 《范元墓志》拓片①

二人研究指出,碑林博物馆藏品记录称《范元墓志》出土于西安市南郊翟家堡村,相当于唐代长安的高阳原或毕原,绝非墓志自称埋葬地马祖原,"由此可推知墓志在出土后曾有过移动"。② 有关《范

---

① 取自前揭张举纲、张婷论文。
② 张举纲、张婷:《新见唐〈肃明观主范元墓志〉考疏》,《华夏考古》2011年第1期,第112页,注31。

元墓志》的考定问题不是本章关注的对象,这里仅希望重点指出这方更早现世的墓志与《郭玄远墓志》之间存在的"相似"关系。《范元墓志》既有张举纲和张婷录文,此处不必全文照抄,仅指出两位墓主在经历和墓志文上存在的几个相似点即可。第一,范元与郭玄远均为东明观道士,二人受法经历大致类似。前述郭玄远前后受正一之法和上清之法,而范元则是在神龙年间(705—707年)跟从东明观观主曹策"受老子十戒,道德五千文"后,景龙年中从张知常受"真文内音正一明威之法",接着从寇义待"受上清宝箓之灵图,玉字金纽之秘诀",①二人受法经历中尤其强调"正一""上清"两个法次。② 第二,与郭玄远类似,范元受敕修功德时,也出现"云鹤"灵应,由此获得玄宗赏赐。第三,《郭玄远墓志》称郭玄远是玉真公主之师,而《范元墓志》记载,范元与玉真公主也有密切联系,其在开元二十一年(733年)受玉真推荐成为宗圣观上座。第四,范元与郭玄远的卒年接近,前者卒于开元二十九年(741年),后者卒于开元二十八年(740年)底。二人葬地也均为马祖原。第五,两方墓志最相似的地方在于铭文的语言结构,有关于此可列表对比:

---

① 本文所用《范元墓志》均引自张举纲、张婷《新见唐〈肃明观主范元墓志〉考疏》中的录文,不繁出注。
② 《范元墓志》中与传法有关的语言有些暧昧混乱,如"真文内音"大概是指洞玄法位的灵宝经箓,"金纽"可能指高玄法位(其中要受"老子金纽青丝")。但洞玄法位要比正一法位高,高玄法位则要比洞玄法位低,倘范元真的按照这样的阶次受法,则其受法经历实在过于混乱无序。由于墓志语言中仅正式提及"正一""上清"两个阶次,故笔者推测,范元的后两次受法大概就是指"正一"和"上清"两种法位,其他语言可能只起到"修饰性"的功能,而并不是实指。

墓志	《郭玄远墓志》	《范元墓志》
铭文	神仙之伯兮来宾帝乡， 霞衣缥缈兮上清之光。 飞丹妙箓兮炼金真方， 八十甲子兮鹤发垂霜。 乘彼白云兮登于紫阳， 仙之羽化兮其地久而天长	真人降世兮玄门纪纲， 名遂身退兮蝉脱□□。 乘彼白云兮谢乎帝乡， 空葬衣冠兮鲸池□□。 神仙变化兮理之何常， 而凿贞石兮永□□□

尽管文辞并不相同，但两篇铭文的语言结构和诗行数目上的一致性依旧一目了然。在前文有关《郭玄远墓志》疑问的论述基础上再来观察两方墓志间的这些相似点，恐怕就不便再以"巧合"来作为解释。事实上，笔者目前倾向于认为《郭玄远墓志》的创造（如果确实是伪造的话），在一定程度上参考了更早出世的《东明观范元墓志》。[①]

三、无独有偶
—— 另一位同时期的东明观郭尊师墓志

无独有偶，约在《郭玄远墓志》降世同时，另一方东明观郭姓尊师的墓志也突然出现，两位郭法师不仅都是东明观的高道，活跃年代、姓氏郡望也都颇为一致。笔者目前所见最早刊布《郭超俗墓志》者即前述刘康乐论文，但此墓志真实来源同样不详。通过在"孔夫子旧书网"检索"郭法师墓志"，可以发现此墓志现世和流传的大略经历。

---

① 此外，虽然未经严格比对，但笔者怀疑《郭玄远墓志》的创作可能还会参考同样是蔡玮撰写的《玄元灵应颂》。见陈垣编、陈智超、曾庆瑛校补：《道家金石略》，北京：文物出版社，1988年，第132—133页。

这方"郭法师墓志",即《郭超俗墓志》。通过在"孔夫子旧书网"的检索可以发现七个出售链接。① 根据检索结果来看,《郭超俗墓志》与《郭玄远墓志》的出世经历非常一致。首先,《郭超俗墓志》最早的"上书"时间是"2017-10-13",与《郭玄远墓志》出现的时间基本一致。其次,《郭超俗墓志》的卖家同样也主要集中在洛阳市(仅有一家在上海),其中更有若干店铺同时出售郭超俗和郭玄远墓志。再次,与《郭玄远墓志》因书法水平较高而产生册页装一样,《郭超俗墓志》的书法水平(隶书)也受到重视,因此市场上也有册页本售卖(图19),价格较《郭超俗墓志》册页本要便宜一些。出世经历之外,两方墓志在志文方面也有个别类似的地方。《郭超俗墓志》本身不长,这里给出录文,以便讨论:

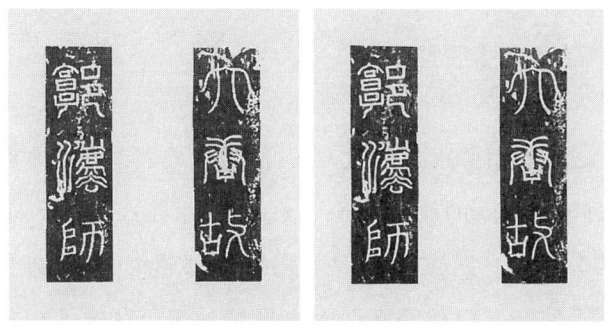

图19　册子装《郭超俗墓志》②

---

① 实际搜出八个,但其中一个是前文已经讨论过的《郭玄远墓志》。检索词"郭法师墓志",http://search.kongfz.com/product_result/? select=0& key=%E9%83%AD%E6%B3%95%E5%B8%88%E5%A2%93%E5%BF%97&_stpmt=eyJzZWFyY2hfdHlwZSI6ImFjdGl2ZSJ9&pagenum=1&ajaxdata=1。

② 采自孔夫子网洛阳店铺"金石 ta 交的书摊",http://book.kongfz.com/261235/1411463791/。

誌盖：大唐故郭法師墓誌銘
誌文：大唐故東明觀三洞郭法師墓誌銘/

唐有德者，洞真法師，託遺體於郭氏，試強/名爲超俗。家久京兆，望寔太原。象玄允充，/崇業不墜，卄志大法，行滿真科。登封建元，/詔賜入道。或布妙氣，懾邪破山，常善汲物，/既功滿願。仙職方署，人寰不留。奄以耳順/之年，開元廿九載春正月廿四日示疾，/委順于東明觀矣。弟友姪孝，行哀躃悲，宅/九原之馬祖，旋五練之法葬。想松高之鶴/盖，意樹我仁，採蓼莪於煙野，思昭尔孝。庶/神路之驗久，敬誌能於石堅。銘曰：/
有唐駿德，賢真應生。行洽玄珠，功光紫瓊。/忽遺靜舍，奄入佳城。五練作葬，三山寔征。/煙深孤隴，松新永貞。幽石是銘，庶遠真聲。/

開元二十九年二月八日建

从志文来看，郭超俗跟郭玄远一样，都是受敕入道隶属东明观，二人祖籍和实际活跃的地点出奇一致（太原、京兆），以至于刘康乐怀疑二人"来自同一家族（叔侄关系？）"。[①] 郭超俗的"或布妙气，慑邪破山"不禁令人想起郭玄远南岳投龙后游历名山的相关记述。更为一致的地方在于，二人活跃时代相同，卒年也非常接近，葬地同样是马祖原。单看《郭超俗墓志》，除了志文中较为奇怪的"试强名为超俗"等语言外，不容易看出太多明显问题。然而，如果结合

---

① 刘康乐：《东明观与唐代长安道教》，《中国本土宗教研究》2019年总第2辑，第132页。

第四章 《东明观郭玄远墓志》探疑 115

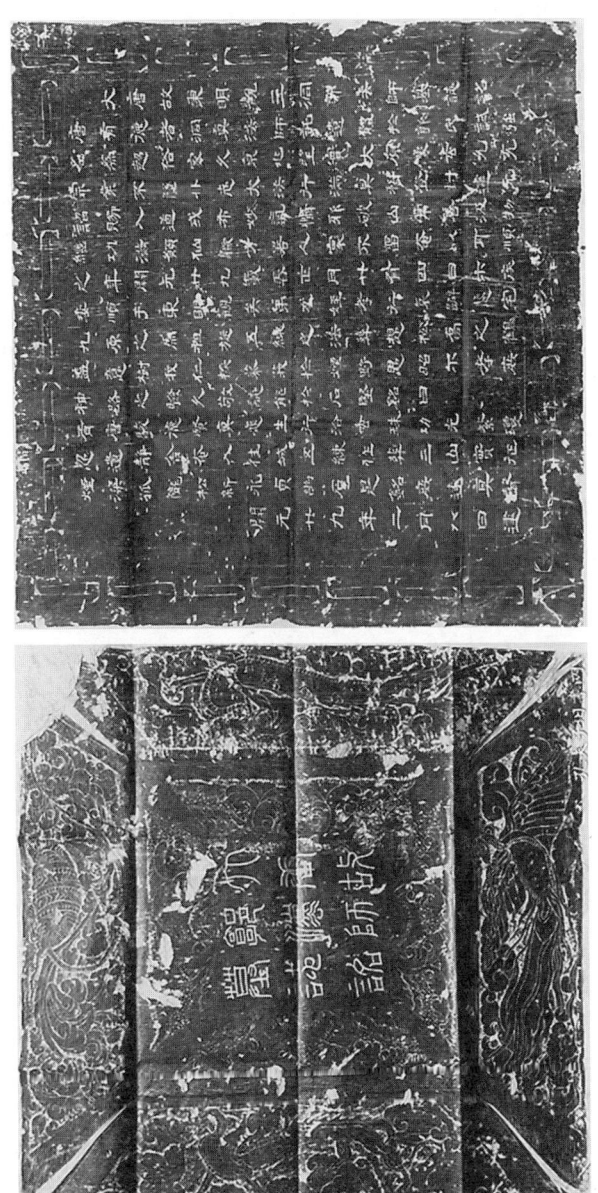

图 20 《郭超俗墓志》拓片①

① 志盖采自孔夫子网络阳店铺"金石 ta 文的书摊",http://book.kongfz.com/261235/1169669408;墓志拓片采自孔夫子网络阳店铺"古陶轩金石拓片的书摊",http://book.kongfz.com/334743/1834143388/。

《郭玄远墓志》一同考察，给人的感觉便是《郭超俗墓志》是利用前者撰文之余的"下脚料"制造出的副产品。① 就内容而言，《郭超俗墓志》远远无法与《郭玄远墓志》相比，其中呈现的"知识"无法深刻影响目前通过传世文献和较为确凿的考古材料而积累的对唐代道教的认识——实际上，这篇墓志没有提及志主之外的任何具体人物，同时也没有涉及任何具有影响力的宫观、事件。因此，如果两方墓志均系伪造，则《郭超俗墓志》的破坏性要相对小一些。然而，需要注意的是，《郭超俗墓志》中提到"五练之法"。中古开始，五练生尸法是道士常用的一种葬仪，其中涉及使用五方镇墓石刻写天文篆字以安镇坟墓、助墓主升仙的问题。有关这一葬法已有不少考古发现，一些学者也已经做过讨论。②《郭超俗墓志》中的这一记述，或许预示着未来可能会有出现"郭超俗五方镇墓石"的可能。有关于此，不得不慎重对待。

四、小　　结

道士志石造假并不是伪造石刻中的常见现象，其中原因很容易推测。一者，即使到目前为止，道教研究依旧不算发达，很多问题未成定说。在知识积累"半充分"的情况下，贸然造伪便很容易

---

① 这里的"下脚料"指撰写墓志时搜集整理的各类文献中，最后未真正使用者。"创作"一篇"优秀墓志"需要动用大量资料，为降低成本，使既有工作更充分地发挥作用，对"下脚料"的废物利用也在情理之中。

② 可资参考者已不算罕见，综述和较近的研究，见刘屹：《唐代的灵宝五方镇墓石研究——以大唐西市博物馆藏"唐李义珪五方镇墓石"为线索》，收其《汉唐道教的历史与文献研究（刘屹自选集）》，台北：博扬文化事业有限公司，2015年，第253—286页；等等。

为其他材料证伪。二者,与帝王将相等更有名望和社会影响力的人比起来,道士墓志拓片的市场价格普遍要低一些。两相参照,或可认为造伪难度较高,收益却较低的现实,很可能是过去较长时间里伪造道士墓志不太常见的重要原因之一。然而,近年道教学界对碑石材料(当然,还有道教手抄本等)的关注,大大提高了相应的市场需求,伪造道教材料逐渐变得有利可图。收益比的提升导致市场风向突然改变。而市场风向的改变太过突然,道教学界既无前车之鉴,又未立即适应,以至非常优秀的学者也可能犯下失察的问题,尤其是长期关注新出材料、为学最为勤奋的学者更可能成为首批受害人。故此,有关错用伪志一事,实不当过分苛责最初使用这些材料的学者,而应将矛头指向造伪者及其利益链。

通过上文讨论,庶几能够揭示《郭玄远墓志》和《郭超俗墓志》的"不正常"。然而,若二者确系伪造,则制造者的良苦用心便不得不令人佩服,尤其是信息量更为丰富的《郭玄远墓志》,其创作必然涉及大量的文献梳理工作,能够负担如此使命的人物,自身于文史一道必然浸淫甚深,于唐代历史和道教而言也算得上行家里手。有关内行造伪一事,亦非当下才有的现象,以至如潘祖荫(1830—1890年)、吴大澄(1835—1902年)、王懿荣(1845—1900年)等最杰出的学问家和收藏家亦曾上当受骗。[①] 辨别此类材料的真伪,实在具有一定难度。避免为此类伪造材料误导学术研究的根本办

---

① 薛龙春:《古欢:黄易于乾嘉金石学时尚》,北京:生活·读书·新知三联书店,2019年,第228、232页。

法,自然是遵循"学术伦理",自觉不去使用非考古挖掘而出土的材料。[①] 然而,就目前的形势来看,能够真正坚持这一原则的人实际并不多见。在此情况下,权以最严苛的眼光来重新审视来路不明的"新出"材料,看上去是唯一能被广为接受的办法。仅就道教史研究领域而论,笔者呼吁学界对2000年之后,尤其是2010年之后"新出"(来路不明、保存在私人手中)的碑石材料重新做以审查,正本清源,以避免再次出现学术研究建立在当代虚构故事上的事故。如果学界能够以非常严格的眼光来审查新出材料,无疑会大大提高造伪的成本——伪刻一经面世便遭辨伪,预期收益自无可能,经历几次三番的"折本买卖"后,相信好事者自会有所收敛。

[①] 罗新:《新出墓志与现代学术伦理》,《南方周末》2008年3月6日。

第五章　新见《咸宜观李洞真墓志》及《三洞观冯太虚墓志》再审

　　《咸宜观李洞真墓志》和《三洞观冯太虚墓志》是近年新见唐代道士墓志。这些墓志的原石或拓片已为国内著名博物馆所收藏,但材料本身的来源并非严格的考古发掘,出处可能存在疑问。笔者不想贸然判断其真伪,但若抱持比较严苛的眼光对之进行审视,则这些已经入库的墓志在志文和书法等方面或许仍存在一些或大或小的疑问,不免令人有些踟蹰。下面对这两方墓志逐一审读,一探究竟。

一、《咸宜观李洞真墓志》

　　《李洞真墓志》全称《唐故咸宜观主三洞法师李练师墓志铭》,志石和志盖并存。咸宜观是唐代长安非常重要的女冠观,最初因咸宜公主(卒于784年)入道而得名,后多收容贵胄之家出身的女子成为女冠,故在当时社会中的地位非常特殊。① 与甚高名望不

---

① 有关咸宜观的情况,雷闻的爬梳非常值得参考,见其《新见〈李洞真墓志〉与中晚唐长安的咸宜观》,《隋唐辽宋金元史论丛》2019年总第9辑,第129—132页。

符的是,现存有关咸宜观的资料十分匮乏,此次《李洞真墓志》的出现无疑可补充史书之阙。雷闻即首先专门撰文尝试围绕这方墓志讨论晚唐咸宜观的一些问题。① 有关《李洞真墓志》目前的流传情况,查"孔夫子旧书网"可发现,当下只有西安某店铺出售此墓志拓片,店铺所书"上书时间"为 2018 年 11 月 16 日(图 21)。②

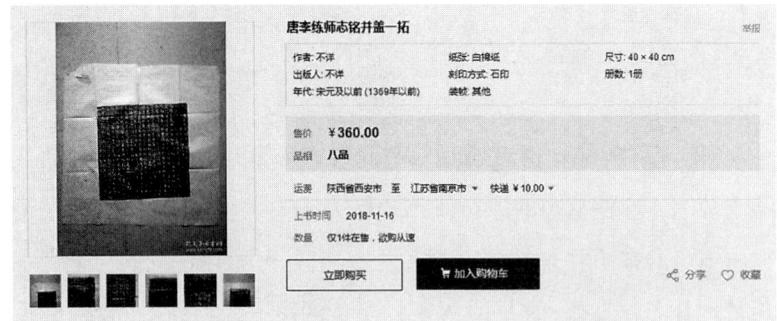

图 21　出售《李洞真墓志》拓片的网页截图

《李洞真墓志》拓片在坊间相对罕见的原因,当与其收藏经历有关。据雷闻论文所述,其最早于 2015 年 10 月由胡戟处获知《李洞真墓志》情况,"据称原石出土于西安市长安区焦村北,现藏于大唐西市博物馆"。③ 文中提到,雷闻后从网上购得拓片一套,以备研究之用。由于墓志在 2015 年前后即被西市博物馆收购,而西市博物馆上次集中刊布馆藏墓志是在 2012 年,④此后并无大批推介馆藏墓

---

① 雷闻:《新见〈李洞真墓志〉与中晚唐长安的咸宜观》,《隋唐辽宋金元史论丛》2019 年总第 9 辑,第 129—132 页。
② "孔夫子旧书网",http://book.kongfz.com/183473/1034525160/。
③ 雷闻:《新见〈李洞真墓志〉与中晚唐长安的咸宜观》,《隋唐辽宋金元史论丛》2019 年总第 9 辑,第 122 页。
④ 胡戟、荣新江主编:《大唐西市博物馆藏墓志》,北京:北京大学出版社,2012 年。

第五章 新见《咸宜观李洞真墓志》及《三洞观冯太虚墓志》再审

图22 《李洞真墓志》拓片[1]

---

[1] 摘自雷闻：《新见〈李洞真墓志〉与中晚唐长安的咸宜观》。

志之举，故直到雷闻文章刊发前，学界对《李洞真墓志》依旧较为陌生，坊间也不易得见拓片。

据雷闻描述，可知《李洞真墓志》墓志长、宽各 40 厘米，正书，20 行，满行 20 字；盝顶志盖高、宽均 28 厘米，四杀为忍冬文。有关志文中所涉及的各种史实和人物，雷闻已进行非常详细的考察，几乎穷尽现有材料，绵密确凿，此不逐一重复，请读者自行阅读。然仅就这方墓志本身，笔者仍有一些疑问不解。为方便讨论，以下先给录文：

唐故咸宜觀主三洞法師李練師墓誌銘並叙

殿中侍御史內供奉王珩撰叙／
左街道門威儀賜紫郤玄表撰銘并書／
天地交感，中涵清和，万物始化，人生其中。醨則蕩薄，／清則澄明，此自然之氣也。練師姓李，洞真其名。得天之和，降居人中。束髮授道，默自契玄。始於大洞法師／吳君授明威經籙，次於三洞法師劉君授上清交帶／等畢籙，道始明具。會昌二年三月一日，仙化于觀／之東廡下。後廿日，弟子輔超仙、韋可仙等，備本教五／練法，葬於屬縣南之焦村。師以教齊其人，一歲中大／化，雖貴戚近屬，無敢不率。然道機清曠，常若無事，殆／所謂得天之清和者也。威儀以珩離其俗而志於／故，命纂述以納於墓，云其銘曰：
玉在山而有異，鶴處禽而不群。道若昧而潛顯，行默／脩而自聞。德馨芳而早著，猶桂馥而蘭薰。弘九齋之／玄科，授三清之紫紋。皎潔侔於霜雪,貞操比於松筠。/游仙路之杳杳,弃塵俗之紛紛。何默然而解蜕,學徒之心若焚。靈文鎮而陰鍊,年數竟而騰雲。徒悲感而/而不已,哀此别而長分。傳於千秋萬古,懿淑紀於幽墳。　　天水尹仲儒刻字。

前揭雷闻论文已给出此墓志传闻中的出土地点"焦北村",这一说法与志文自述李洞真葬于焦村吻合,但至本章撰写时为止,[①]笔者尚未查到这方墓志出土的具体经历。因此,尽管不排除因各种缘由"盗掘"出世的可能,但有关此方墓志到底是不是"出土"的问题,目前似乎仅能停留在"据称"和"传说"的层面。事实上,下文对《李洞真墓志》的各种疑问均建立在这方墓志"来历不明"这个根本问题之上——出身不明,必当格外审慎。换言之,若有办法证明此方墓志确系"出土"于"李洞真墓",则以下疑问自然不攻自破,不值一驳。但仅就目前情况而言,这方墓志在志文和书体两个方面或许确实还存在一些古怪之处,以下分别论述。

1.《李洞真墓志》志文叙述疑义

根据志文所述,此篇墓志的撰写者是王珩,书者是郗玄表,刻字者是尹仲儒。志文题名称,李洞真的身份是咸宜观观主,获得三洞法位,具有非常高的教内地位。志文记载,李洞真十五岁开始受道,分别从吴君和刘君处得受盟威箓和上清毕箓。根据雷闻考察,

---

① 本章写作于 2020 年 5 月中旬。

这里的吴君很可能是指"三洞法主"吴善经(732—814年),刘君则是刘从政(753—830年)。有关吴善经和刘从政两位著名道士,目前已有专门研究可资参考。① 会昌二年三月一日,李洞真卒于观中,几位弟子以五练之法为之安葬。有关五练法的问题目前也已不陌生,一般认为是依据《五炼生尸经》的规定,以灵宝五方镇墓石安镇墓葬的做法。② 相关出土材料较为多见,此不赘述。志文称,李洞真执掌道观有一定功绩,一年时间便使观内风气得到清肃。接着便是一套长篇铭文。不难发现,与李洞真拥有的极高宗教身份不太相称,这方墓志的记事异常简略含糊,不禁令人感到费解。而事实上,这篇志文的个别语言似不太通顺,以下一一指出。

(1)"醨则荡薄,清则澄明,此自然之气也"

序文中的"醨则荡薄,清则澄明,此自然之气也"一句,似乎是想表现一组相反的意象,认为二者的反差根源于所秉"自然之气"的根本不同。以"清则澄明"的意思反推,前一小句应当表现混沌染杂的状态。然而,这一句的文字却可能存在问题。众所周知,"醨"通"醴",③指薄酒,如《楚辞·渔父》中渔父问屈原为何不放任

---

① 雷闻:《太清宫道士吴善经与中唐长安道教》,《世界宗教研究》2015年第1期,第66—81页;《传法紫宸:敬宗之师升玄先生刘从政考》,《中华文史论丛》2017年第1期,第59—88页;白照杰:《升玄先生刘从政》,《上海道教》2017年第4期,第65—69页。
② 综述和较近的研究,见刘屹:《唐代的灵宝五方镇墓石研究——以大唐西市博物馆藏"唐李义珏五方镇墓石"为线索》,收其《汉唐道教的历史与文献研究(刘屹自选集)》,台北:博扬文化事业有限公司,2015年,253—286页;等等。
③ 用例见高亨纂著,董治安整理:《古字通假会典》,济南:齐鲁书社,1989年,第672—673页。

而和于俗流即称"何不哺其糟而啜其醨"。① "荡""薄"二字,分别查《说文解字》《康熙大字典》《古代汉语词典》等工具书,均不见二字有"混沌"之意思。比较接近的意思则有:"荡"的摇晃震动之意,例如《庄子·庚桑楚》中"此四六者不荡胸中则正"等。② 而"薄"除了淡、切近等常见意外,相对接近"澄明"反义的则是轻薄不端庄,如常见的"为人薄行""薄情寡性"等;以及通"搏"而产生的与"荡"意思类似的拍打意,如《淮南子·兵略》"击之若雷,薄之若风"。③ 作为词语的"薄荡"所表达的意思基本不出上述二字含义,举几个常见例子便可知晓:

> 庾信《贺新乐表》:杳冥云雾,荡薄丘陵,醴泉与甘露同飞,赤雁与班麟俱下。④
>
> 韩愈《海水》:风波一荡薄,鱼鸟不可依。⑤
>
> 武三思《大周无上孝明高皇后碑铭并序》:阴阳荡薄,日月居诸。⑥

---

① 屈原:《渔父》,见萧统编:《文选》卷32下(影印嘉庆十四年胡克家藏本),杭州:浙江大学出版社,2017年,第1876页。
② 郭象注,成玄英疏,曹础基、黄兰发整理:《庄子注疏》卷8,北京:中华书局,2011年,第428页。
③ 何宁:《淮南子集释》卷15,北京:中华书局,1998年,第1070页。
④ 庾信:《贺新乐表》,见李昉等编:《文苑英华》卷569,北京:中华书局,1966年,第2922b页。
⑤ 韩愈:《海水》,见彭定求等编:《全唐诗》卷345,北京:中华书局,1960年,第3869页。
⑥ 武三思:《大周无上孝明皇后碑铭并序》,见董诰等编:《全唐文》卷239,北京:中华书局,1983年,第2422页。

不难发现,在这些用例中,"荡薄"的基本意思就是激荡澎湃。了解这几个字的意思后,似乎便会产生疑问。"薄酒"为何会"激荡"?事实上,"醨"与"薄"二字连用非常常见,意思就是指"醨"的酒味很淡,如《新唐书》记载,建中三年(782年),禁止民间私自酿酒,"醨薄私酿者论其罪"。① "醨薄"因此还有一个引申义,指人情淡薄,例如权德舆(759—818年)文章中的"师友之义缺,醨薄之风起"。② "醨"与"荡"的合用,检索"爱如生"等数据库仅发现一例,即唐代欧阳詹(755—800年)《李评事进士文集以诗赠之》中的"往来更后人,浇荡醨前源"。③ 但这一句中"浇荡"指人心不古社会浮躁,也不是用来形容"醨"的词语。作为"澄明"的对立面,"醨"就会"荡薄"的道理依旧很不容易解释。笔者于此产生一个脑洞大开的猜测——会不会是"醨则荡薄"不当地捏合了"醨薄"和"荡薄"两个词,而并没有理解二者的正确含义呢?

(2)"上清交带等毕箓"及"三清紫纹"

《李洞真墓志》中记载了志主李洞真的师承和受法经历,这一环节是唐代道士墓志中的常见体例,与唐代道教遵行法位制度、中古以降道经强调师传的观念相一致。④ 杨向奎即正确地指出,中

---

① 欧阳修、宋祁:《新唐书》卷54,北京:中华书局,1975年,第1381页。
② 权德舆:《答左司崔员外书》,见董诰等编:《全唐文》卷489,北京:中华书局,1983年,第4991b页。
③ 欧阳詹:《李评事进士文集以诗赠之》,收《欧阳行周文集》卷2,见《景印文渊阁四库全书》,台北:台湾商务印书馆,1986年,册1078,第205b页。李评事据说可能就是李益,见杨遗旗:《欧阳詹文友"李评事"考》,《湖南科技学院学报》2009年第6期,第27—28页。
④ 有关中古道教强调经师的问题,见白照杰:《道法外传与经需师受——兼论中古道教崩溃之原因》,《道学研究》2015年第1期,第13—25页;张鹏:《中古道教"三师"考》,《中国本土宗教研究》2019年总第2辑,第95—110页。

国古代道士墓志的一个普遍特点就是"注重师承关系"。① 从《李洞真墓志》志文以及前揭雷闻的研究来看，李洞真拥有非常高贵的师承，先后两位传法师均是当时道教界身份显赫的高道。然而，目前有关唐代法位制度的考察，认为当时的宫观道士需要相对严格地遵循法位制度逐级递升，从获得正一经箓（即盟威）开始，还要经历高玄经箓、洞玄经箓等次第的传授，而后才可接受高级的大洞经箓甚至毕道箓。仅就《李洞真墓志》对志主传法经历的描述来看，李洞真初参盟威经箓，"次"（不是"终"）就得受最高等级的毕箓，中间几个层级并未得到提及。有关于此，雷闻给出一个较有可能的解释，怀疑授予李洞真洞玄等经箓的道士不如吴善经、刘从政二人那么炙手可热，故略去不录。② 然而，这一推测恐怕在道理上未必那么通畅。一般而言，唐代道教极重师承，师作为弟子与仙真的中介，拥有教义规定的神圣地位。因此，即便传授李洞真中等经法的师傅并不出名，也不应将之略去不谈。或许，有可能产生如此现象的原因是李洞真的这位师傅犯下某种滔天过错，成为需要避讳和遗忘的对象。然而，以上解释都只是我们为这则奇怪记述赋予的周曲之词，事实是否如此显然还需寻找更确凿的证据。

除传法经历本身有些特殊外，令笔者不解的还有有关毕箓的

---

① 杨向奎：《中国古代墓志义理研究》，北京：中国社会科学出版社，2018年，第130—132页。
② 雷闻：《新见〈李洞真墓志〉与中晚唐长安的咸宜观》，《隋唐辽宋金元史论丛》2019年总第9辑，第127页。雷闻文中还推测李洞真是大洞经箓与毕箓一同得受，这一合受现象在唐代很可能确实存在，但《李洞真墓志》中对此并无实际表现。若仅以墓志记载为准，则李洞真第二次受经箓就直参毕道，则更为惊人！

用词。相关用词出现两次,分别在序文和铭文中,即所谓"上清交带等毕箓"和"三清之紫纹"。毕道法位是中古法位制度中最高等级的法位,其本身来源于上清道的"回车毕道箓",如《上清曲素诀辞箓》记载:"上清紫纹交带箓,一曰回车交带,亦谓毕道券,又云元始大券"。① 根据相关经书所述,得受此箓者需"回车"山林,安然隐栖,等待最终的仙真接引。② 署名金明七真的《奉道科戒》是南北朝末至初唐产生的重要道教典籍,对唐代道教法位制度的最终形成产生莫大影响。此书记载称,最高等级的上清玄都大洞三景弟子、无上三洞法师所需得授的经法要素中包括,"《上清经》总一百五十卷、上清太素交带、上清玄都交带、上清白纹交带、上清紫纹交带(一曰回车交带,亦谓毕道券,又名元始大券)"。③ 得知这些情况后,便可发现"上清交带等毕箓"的说法有些奇怪。"毕箓"实际可以有广狭两种所指,最狭窄的所指应该就是毕道法位经法要素中最后那项"上清紫纹交带",但如果使用这一意涵,则《李洞真墓志》中"等毕箓"的语言显然很不顺畅,这句话将变成"上清交带等上清紫纹交带"。而如果"毕箓"是指最高等级法位所需传授的上述所有经法要素的总称,"上清交带等毕箓"的语言方才差可得通。然而,铭文对"紫纹"的强调,似乎否定了序文"毕箓"对应宽泛意涵的可能。此外,铭文称李洞真"授三清之紫纹"。"三清"与"上清"是完全不同的概念,根据前述对回车毕道箓的介绍,并从检索

---

① 见《道藏》册 34,第 176a 页。
② 有关"回车毕道箓"的研究,见白照杰:《道教"回车毕道箓"之初步考察》(待刊)。
③ 《洞玄灵宝三洞奉道科戒营始》,见《道藏》册 24,第 760a 页。

《道藏》等资料库的结果来看,自来"紫纹"只与"上清"相连,专指毕道券,而并不与"三清"相配。因此,《李洞真墓志》中的"三清之紫纹"看上去也不太正常。

(3)"一岁中大化"

如果说《李洞真墓志》对李洞真的家族情况毫无着墨,可以解释为李洞真的弟子和撰写者、书者对此都不甚了解,那么这方墓志对李洞真生平功绩的描述几乎同样简略恐怕就需要另外寻找答案了。就墓志本身来看,李洞真的功绩只有一项,即"师以教齐其人,一岁中大化,虽贵戚近属,无敢不率"。这句话粗看上去并无问题,但如果我们没有看到墓志首题,不知道李洞真是咸宜观的"观主",那么对这句话的理解便将非常困难。从李洞真的这一功绩出发,这篇墓志的另一个疑问也随之浮现——李洞真的最高成就就是当上咸宜观的观主,但墓志正文中对这一点完全没有提及! 而正是因为没有提及李洞真何时、因何因缘成为观主,故"一岁中大化"的"一岁"也便无法落实到具体年份。然而,有关李洞真何时成为观主这样的事情,对于李洞真弟子以及从十几年前就开始担任左街道门威仪的郗玄表(墓志书者,详见后文)而言,都不应该是秘密。事实上,唐代朝廷贯彻道籍制度,道士的户籍隶属道观,籍帐之上对道士基本情况记载清楚详细,不知李洞真担任咸宜观观主时间的情况很难发生。[1] 有鉴于此,"殿中侍御史内供奉王珩"[2]在这篇

---

[1] 有关道籍制度的研究综述和基本介绍,见白照杰:《整合及制度化:唐前期道教研究》,上海:格致出版社,2018年,第143—151页。

[2] 前揭雷闻论文即已指出,有关王珩此人目前查不到任何材料,情况不得而知。

非常短小的文章中遗留下如是问题,实在令人有些不解。与此同时,这篇墓志对志主李洞真的记述通篇都过于简略,甚至对她的生年、年寿等基本情况都没有述及,也令人不明所以。

(4) 两个"而"以及刻字人

观察录文和拓片,都不难发现《李洞真墓志》的铭文部分存在一个非常明显的"错误"。墓志的倒数第三行最后一字为"而",倒数第二行第一字也是"而",这一句于是成为"徒悲感而而不已,哀此别而长分"。这显然是一个非常明显的语言错误,墓志中出现错别字、衍字、漏字的情况并非没有先例,但相对而言,如此明显的错误毕竟并不多见。事实上,较为严格的唐代墓志铭制作程序中,在刻写初步完成后,常常还会有专门的检校环节,一般较为明显的错误均可得到纠正——衍字可磨去,错字等可磨平重刻,而漏字则可补刻小字于行间。① 若《李洞真墓志》经历检校,当不至有此失漏。考虑到这方墓志的撰者、书者,甚至"刻字人"均是具备一定社会地位和素养的专业人士,即使这方墓志最终没有经历专门的检校,恐怕也很难出现此类问题。事实上,在这方面墓志中,"而"字的重出不仅是一个衍字那么简单的问题,这个错误甚至改变了整篇墓志的布局。从拓片上便可发现,最后一行的铭文只有 2 个字,倒数第二行最后 4 个字写得很宽疏(约占 5 个字的空间),整行只有 19 字,而这篇墓志满行为 20 字。因此,若未衍"而",且倒数第二行依常规写 20 字,则这方墓志的铭文恰好结束于倒数第二行,最后一

---

① 关于墓志制作检校环节的情况,见孟国栋:《写本·刻本·拓本——唐代墓志的发生、篆刻与流传》,《中国文学研究》2019 年总第 32 辑,第 64—66 页。

行当仅有刻工题名。显然,这将是更为合理和美观的布局。

"刻字人"之所以加引号,是因为刻字的"尹仲儒"也可能存在问题。前揭雷闻论文已指出晚唐"尹氏"可能是类似于天水邵氏等著名的刻工家族,"尹仲儒"可能是官方刻工尹仲偘的"兄弟或从兄弟"。① 有关出身天水的几个刻工家族,程章灿已有讨论。在程章灿整理的资料中,唐代石刻刻工中"尹"姓者唯有尹仲偘和尹鉌二人。其中尹仲偘有大中十四年(860年)《李敬实墓志》(署镌玉册官)、咸通十四年(873年)《贾洮墓志》(仅署名);尹鉌则有广明元年(880年)《陈讽墓志》传世,署玉册官。② 这几方墓志与《李洞真墓志》在时间上都比较接近,而"尹仲儒"这个名字与尹仲偘看上去更是关系切近。但在现存尹仲偘刻石中,未发现他是否"天水"人氏的任何信息,如果《李洞真墓志》确实可靠,那么无疑可以再"发现"一个天水刻工家族。然而,这里依旧存在疑点。"仲"一般是表示排行的用词,如孔仲尼等,如果"尹仲儒"与尹仲偘确实出身同一家庭,恐怕名字都叫"仲"的可能性并不大。至于二者是不是同一家族、在各自小家庭中均排行第二的"从兄弟",尽管并不能完全排除这一可能,但同时也没有任何证据证实这一猜想。就目前所见,笔者多少有些怀疑"尹仲儒"是根据尹仲偘创造出的名字,"起名者"可能忽视了"仲"这个字的特殊含义而产生疏漏。

---

① 雷闻:《新见〈李洞真墓志〉与中晚唐长安的咸宜观》,《隋唐辽宋金元史论丛》2019年总第9辑,第125页。

② 程章灿:《石刻刻工研究》,上海:上海古籍出版社,2008年,第91页。
此外,近年又有署尹仲偘刻字的《唐故扶风万府君夫人赵郡李氏墓志》出现,前揭雷闻文中最早提及此志,且有个人收藏。笔者查"孔夫子旧书网",似仅见一洛阳卖家,"上书时间"为2019年10月4日。此志内容看上去信息量很大,但尚未见专门讨论。

（5）"懿淑"

《李洞真墓志》铭文部分的一个用词，也令笔者感到不解。"懿淑纪于幽坟"中的"懿淑"二字，自然是形容端庄贤惠的用词，但这个词基本只用来描述已婚妇女的"妇德"。唐代墓志中使用这一词语的例子较为常见，如白居易所撰《元稹墓志》中称元稹"前夫人京兆韦氏，懿淑有闻，无禄早世"；①吴降（822年进士）为亡妻所撰《唐李绍仁墓志》，称"夫人生禀懿淑，性根仁孝"；②《大唐故韦君夫人胡氏墓志铭》赞美胡氏"聿生懿淑"；③等等。就笔者检索几个墓志、金石数据库的所见来看，"懿淑"一词在唐代墓志中的赞美对象确实都是已婚妇女。返回头来看《李洞真墓志》，志文说李洞真十五岁时正式成为道士进入道观，此后没有任何一字提及其曾婚配和履行家庭责任，④因此，专门用来赞美妇德的"懿淑"二字放在李洞真身上便显得非常别扭。表述别扭的源头当然来源于墓志的撰写者"王珩"，作为"殿中侍御史内供奉"的他，在"懿淑"使用较为频繁、含义较为明确的时代中仍犯下这样的低级失误，看上去也显得

---

① 白居易：《唐故武昌军节度处置等使、正议大夫、检校户部尚书、鄂州刺史兼御史大夫、赐紫金鱼袋、赠尚书右仆射、河南元公墓志铭并序》，见顾学颉：《白居易集》卷70，北京：中华书局，1979年，第1468页。

② 《唐李绍仁墓志》拓片等信息原载西安市长安博物馆编：《长安新出墓志》，北京：文物出版社，2011年。本文参考浙江大学图书馆古籍碑帖研究与保护中心"中古历代墓志数据库"成果，http://csid.zju.edu.cn/tomb/stone/detail?id=40288b95677977d00168547139100aac&rubbingId=40288b95677977d001685471391a0aad。

③ 《大唐故韦君夫人胡氏墓志铭并序》，见周绍良主编：《唐代墓志汇编续集》，上海：上海古籍出版社，2001年，第649页。

④ 唐代女道士中有不少确曾婚配并完成其家庭责任，对于这些人而言，"懿淑"的赞美并不构成问题。有关唐代女道士履行家庭责任的问题，见 Jia Jinhua, *Gender, Power, and Talent: the Journey of Daoist Priestesses in Tang China*, New York: Columbia University Press, 2018, 66-74。

有些难以理解。

除以上疑问外，《李洞真墓志》的志文里还存在其他几个处于两可之间的小问题。如"束发授道，默自契玄"中的"束发"，一般是用来表述男子十五岁的用词，女子十五岁则使用及笄。李洞真身为女子而使用"束发"，雷闻推测这里的用词特殊可能有女子成为道士后可以戴冠（故称"女冠"）的原因。但如果"束发"与"戴道冠"联系起来，则任何年龄段的女子在成为道士时都可使用这一词语，"束发"由此成为一般性的动词。因此，"束发"到底是不是一个既表现年龄，同时又隐含"性别意识觉醒"的"双关语"，似乎仍有讨论空间。

2.《李洞真墓志》书体之疑

志文内容外，《李洞真墓志》在书体方面也有些奇特。首先，这篇墓志的整体布局充满不和谐。除前文已点出的衍"而"产生的布局变动外，还表现在某几行的字数并非 20 字，错落不齐的情况经常发生，而最底横行的字尤显憋屈，"薄""天""之"等几个字明显要较其他字扁小（图 23）。若果真墓志撰写和刊刻确实出自比较成熟的书法家和刻工之手，这样的情况恐怕也不容易发生。

图 23　《李洞真墓志》拓片局部（底行）

既论书体，则有必要追溯作品的写、刻者。有关《李洞真墓志》刻工"尹仲儒"的问题，前文已有所涉及，这里继续来看书者郗玄表。郗玄表此人在传世文献中出现过,巴雷特(T. H. Barrett)等海内外学者多年前即曾注意到此人,[1]刘林魁推测此人曾参与唐文宗前后的降诞节论辩。[2] 近来管俊伟撰文讨论此人,认为郗玄表所在的郗氏家族是中唐长安著名道教世家,郗玄表本人则与中后唐的一些政治人物和政治事件扯在一起,甘露之变(835年)后便可能受政治影响而退居二线。[3]《李洞真墓志》的出现似乎否定了管俊伟有关郗玄表晚年蛰伏的推测——根据题署所示,为这位咸宜观观主撰写墓志时,郗玄表依旧是左街道门威仪。然而,《李洞真墓志》的书者是否真的是郗玄表呢?有关这一问题,我们非常幸运地有另一方郗玄表撰写的墓志可供对比。这方墓志就是《唐大明宫玉晨观故上清大洞三景弟子东岳青帝真人田法师玄室铭》(图24,后简称《田元素墓志》)。

这里的田法师就是田元素,卒于大和三年(829年)。墓志志文为其从母宋若宪(卒于835年)所撰,"太清宫内供奉三教讲论大德兼左街道门威仪赐紫郗玄表书"。[4] 这方墓志已获广泛认可,以之为标准可与《李洞真墓志》的布局和书体进行对比。先来看整体特征。从图24可见,《田元素墓志》的内容较《李洞真

---

[1] 巴雷特:《安史之乱到晚唐的道教与政治》,《宗教学研究》2011年第4期,第29页。

[2] 刘林魁:《唐五代皇帝诞节三教讲论道士考》,《宗教学研究》2019年第2期,第30页。

[3] 管俊伟:《从兴唐观到玄真观:中晚唐长安一个道教师门的沉浮》,《中国社会历史评论》2017年第19卷,第135—150页。

[4]《田元素墓志》录文见周绍良主编:《唐代墓志汇编续集》,上海:上海古籍出版社,2001年,第892—893页。拓片见王仁波主编:《隋唐五代墓志汇编·陕西卷》第4册,天津:天津古籍出版社,1991年,第103页。

第五章　新见《咸宜观李洞真墓志》及《三洞观冯太虚墓志》再审　135

图 24　《田元素墓志》拓片

墓志》丰富得多，整体布局也要优美很多，每行字数也更稳定，单字大小统一，没有出现类似《李洞真墓志》那样的底行瘪仄等情况。接着来对比单字，以下从两方墓志拓片中分别截出若干相同文字来做对比。为方便对比，下面将二者字形拉之类似大小。先列《田元素墓志》中提出之文字，后列《李洞真墓志》中对应文字。

对比组 2

对比组 3
（为铭文前的"曰"字）

对比组 4

对比组 1

对比组 5（右两字均出《李洞真墓志》）

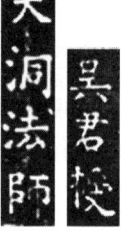

对比组 7

对比组 6（右两行均出《李洞真墓志》）

对比组 8

类似的文字对比还可继续开列,但至此已可得出若干结论。首先,必须承认的是,两方墓志在很多文字的书法上确实有类似之处,如"曰""之""郗玄表"等。其次,二者之间也存在不少明显的差别,而这些差别除表现在用笔、结字等之外,其实更是整体"风格"的具体呈现。简单来讲,《田元素墓志》的书法整体端庄自然,而《李洞真墓志》的书法则显得过于拘谨呆板,缺少美感。从两方墓志的书写年代来看,《田元素墓志》写于大和三年(829年),《李洞真墓志》写于会昌二年(842年),何以郗玄表的书法水平十数年间不进反退?此外,在以上字形对比中,还可以发现一个相同的人物,即"吴君"。两方墓志中的吴君都指吴善经,"三洞法主"是比"大洞法师"更为尊贵的称呼,为何更早的《田元素墓志》中提及此人使用更高尊称,而在更晚的《李洞真墓志》中称谓则回缩为一般的"大洞法师"呢?

《李洞真墓志》中还有一处书体较其他文字明显增大的现象,即李洞真卒年会昌"二年三月一日"六字。事实上,尽管这六个字的过大加重了墓志整体的不和谐,但在某种程度上反而有可能成为证明此方墓志确属真品的依据。例如可将此现象解释为,"王珩"和郗玄表在撰、书此墓志时,不清楚李洞真的羽化时间,故特意留出空白以待填写。而李洞真羽化日期的年月日恰好都是单字(二、三、一),以至于留空太多,最终为占满字格而被迫大写。然而,这一合理猜测同样需要面对以下质疑。首先,"离其俗而志于故"的"王珩",为何竟然连李洞真卒年都不清楚呢?如果说不清楚李洞真羽化的月、日尚有情可原,但卒于"二年"这样的事情或许并不能成为难以确定的问题。然而，从拓片来看，"二年"两个字已经开始大出一号。其次，更为难解的问题是，如果不知道李洞真确切的羽化日期，那么如何能确定李洞真的弟子是在"后廿日"为李洞真举行法葬？从拓片可以看到，"后廿日"三字的大小并没发生奇特变化，若与"二年三月一日"一样先留空待填，则"廿"之所在恐怕也要预先留出两个空格才合适。反推之，"后廿日"既大小正常，则当是一早写定，如是则更当知悉李洞真羽化日期。

最后，有关《李洞真墓志》需要进一步讨论的是收藏于浙江大学的几方"彩绘"《李洞真镇墓石》的问题。雷闻在文章中提到，"道教与道术"微信公众号2018年4月2日刊出消息，称浙江大学博物馆入藏了四方镇墓石，其中包括中央镇墓石（底色涂为黄，真文、盖全）、东方镇墓石盖、南方镇墓石（底色涂为红色，无盖），共计四块，方形，边长40厘米左右。笔者2020年5月18日按文章所给出的链接检索，发现目前网上已不见此文原文。但由其他转引原消息的网络信息来看，①此事确曾发生，只是相应图片已无法浏览。雷闻录出此套南方镇墓石（见图25）敕告文部分文字，为：

元始符命，告下南方無極世界土府神鄉諸靈〔官〕：今有歿故三洞弟子李洞真，滅度五仙……②

---

① 《浙江大学藏彩绘道教云篆镇墓文》，http://www.pinlue.com/manhua/455958974533.html。
② 雷闻：《新见〈李洞真墓志〉与中晚唐长安的咸宜观》，《隋唐辽宋金元史论丛》2019年总第9辑，第128页。

第五章 新见《咸宜观李洞真墓志》及《三洞观冯太虚墓志》再审 139

图 25 浙江大学入藏的"彩绘李洞真南方镇墓石"①

敕告文中恰好提及"李洞真",且镇墓石与李洞真墓志均为40厘米大小的正方石材。又《李洞真墓志》中明确称李洞真的两位弟子,为师傅"备本教五练法"。两相结合,似可互相论证彼此均为真品不虚。但有关此事,笔者觉得目前或许还当慎重。首先,如果李洞真墓志与几方镇墓石约同时发现,是什么环境和原因造成它们

---

① 引自前揭雷闻论文。

的分别流传,而原出土地又具体在哪里呢？其次,更重要的是,"李洞真镇墓石"与已经发现的其他五炼镇墓石存在明显不同。以著名的李义珪镇墓石为例,①一般的真文镇墓石均为刻写,而浙江大学收藏的"李洞真镇墓石"则是彩绘,并依据方位而涂以与五行相配的不同颜色。这样形式的五炼镇墓石笔者此前似未见过,为何选择"彩绘"而不选择更为常见的"刻字"是一个有待解答的问题。雷闻的推测是李洞真从羽化到入葬只有 20 天时间,因此使用彩绘方式的目的在于节省时间,"从南方敕告文的脱字现象,也反映出这次葬事活动的匆忙"。但若真的时间紧急,则五方镇墓石的雕刻可以分别进行,而不必委之一人,因此所需时间恐怕也并不会较刻一方《李洞真墓志》为多。进一步来讲,五炼葬法并非道士葬仪所必需,使用这一葬仪与仓促入葬之间本身就存在不易解说的矛盾。更令人奇怪的是,目前发现的其他五炼镇墓石,并没有依据不同方位而使用"特殊颜色",如果李洞真的弟子"辅超仙""韦可仙"等人确实因时间紧急而选择一切从简,那么最符合当时习惯的做法可能是仅以墨书或朱书将天文篆字等信息直接书于石上（略去凿刻环节）,而未必会费心设计出一套彩绘版本。

二、《三洞观冯太虚墓志》

约于 2016 年,浙江大学图书馆藏古籍碑帖研究与保护中心购

---

① 见胡戟、荣新江主编:《大唐西市博物馆藏墓志》,北京:北京大学出版社,2012年,第 1032—1037 页。

第五章　新见《咸宜观李洞真墓志》及《三洞观冯太虚墓志》再审　141

入一幅唐代女道士墓志拓片，长宽均为 37 厘米，题为《大唐三洞观冯练师墓志铭并序》。①此方拓片相关信息及照片（图 26）均已录入浙江大学"中国历代墓志数据库"，可供参考。②

据笔者检索，目前并无专门文章对此方墓志进行详细考证，甚至使用此方墓志材料的研究也不多见，可推测此《冯太虚墓志》也当是近年新见的一方材料。这份拓片总体来看保存完好，书法精美，有明显的王体特征，内容也较为重要，可补充唐代三洞女冠观的历史信息。但由于这方墓志同样来历不明，因此在正式成为可供学界广泛使用的材料之前，也有必要首先回答志文中存在的几个疑问。

为方便指出《冯太虚墓志》中笔者不太理解的几个问题，以下先给出录文：

大唐三洞觀馮練師墓志銘并序/
練師諱太虛，京兆人也。馮伯之後，世爲周佐，列于春/秋，洎□□唐，蔚乎代史。祖操，少慕希夷，考盤林藪。優/以□□，□以保終，明德貽孫，誕鍾師父。父表，纘祖不/墜，情遠世紛。夫人楊氏，師之母也。柔麗淑雅，成家睦/親。降在我師，秀冠于俗，金骨挺世，玉顏絶時。年在綺/童，好尚仙道。孤灑尊室，吟詠洞章。志雖去凡，業未師/授。乃詣三洞觀聞練師誦

---

① 见韩松涛：《浙江大学图书馆新藏墓志拓片内容与专题概述》，《浙江大学图书馆古籍碑帖研究与保护中心简报》，2016 年 10 月试刊号总第 9 期，第 4 页。此次购入拓片整体介绍，见 1—7 页。

② http://csid.zju.edu.cn/tomb/stone/detail?id=40288b9569fda3ab016a57b2fd4000e1&rubbingId=40288b9569fda3ab016a57b2fd4a00e2。

图 26 《冯太虚墓志》拓片

五千、傳十戒,數年學成,歲/已笄矣。屬中宗昇位,有詔度人。師德光躬,行冠於/衆,名聞鳳晨,體掛蛻裳。自入仙門,儀爲真軌。金簡/玉字秘在上宫,青絲玉環未傳下界。洒具龍策趙法/主,授三清之法,七日礼畢。千朝長省,燈不闕於昏明,/稽謝豈疲於朝夕。年登大衍,夢遇仙官,執手謂言:"子/功成矣,羽駕將至,願辭世焉。"以開元廿七年龍集己/卯季夏廿五日,假寐西室,魂歸南宫。啟足狀形,體弱/無骨。謹案仙史,以

爲登真。其於孟秋六日，殯於馬祖，/礼也。是日素車啟引，丹旐晨飛。弟子逵泣血悲矣，杖/以扶形。恐深谷爲陵，乃立銘曰：/

道成于身，去而上仙。遺形解骨，松柏平田。弃世從佁，/□凡體玄。疊疊丘墓，誰哥千年。開元廿七太歲己卯六月壬戌朔六日景申建立

三洞观是唐代长安比较重要的女冠观之一，《唐会要》记载称："三洞观，醴泉坊。本灵应道士观，开皇七年立。贞观二十三年，朱崇坊移换于此。"① 这段表述有点复杂，看上去意思是说三洞女冠观本来位于朱崇坊，贞观二十三年（649 年）时移到原灵应观的位置，而灵应观则最初建于开皇七年（587 年）。根据《冯太虚墓志》所述，冯练师名太虚，祖父冯操，父冯表，母杨氏，练师父祖均为离俗高尚之士。冯太虚年幼好道，跟随三洞观间练师受学《道德经》、十戒。及笄之年（15 岁），恰逢中宗（683—684 年、705—710 年在位）登基，获度入道。按照后文所述冯太虚卒年和年寿计算，这里所说的中宗升位是指中宗第二次登基（705 年）。正式入道的冯太虚行为世范，受人尊敬。后又从赵法主授"三清之法"。冯太虚年登五十（大衍之数即为五十），梦遇仙真接引，既而辞世，死状奇特，时在开元二十七年（739 年），可推冯太虚约生于 689 年。练师死后，弟子举丧，葬之于马祖原。此即《冯太虚墓志》所述志主冯太虚

---

① 王溥：《唐会要》卷 50，北京：中华书局，1955 年，第 876 页。

的大致经历。

唐代长安三洞观有若干记载传世,目前已有不少学者在论著中有所涉及,但以此观为主题的研究似不多见,而以三洞观道士为对象的讨论则更为罕闻。笔者所见的唯一涉及"三洞观冯炼师"的研究,恰是对另外一方新见三洞观道士墓志的考证。《文化艺术报》2019年4月22日"书法艺术"栏刊出一篇介绍性文字,名为《唐〈三洞观田法炬墓志〉》,文中给出拓片照片,盛赞其书法。① 这篇文章中转引另一专门研究此墓志的论文,即西安市鄠邑区文物管理所所长王亚周的《唐〈三洞观田法炬墓志〉考略》。笔者按图索骥,虽未找到王亚周文章原本刊发的杂志,但此文在网上有全文转载,亦足观览之需。② 文中,王亚周对这方墓志的征集过程进行详细说明,并对墓志进行录文,后又对志文中的一些具体信息进行初步考证。在文末部分,王亚周引用《冯太虚墓志》来补充解读这方看上去更加可靠的《田法炬墓志》。可见,《冯太虚墓志》已开始成为学术资料供学者使用。然而,此时尚有一个根本性问题没有解决。虽然这方墓志拓片凭借浙江大学图书馆收购成为"官方藏品",但其来源仍不清晰。来源不清,则有必要首先对其真伪做以鉴别,但这个必不可少的步骤却常常被有意无意地忽略。就这篇《冯练师墓志》而言,至少目前仍有以下几个疑问有待回应。

第一,《冯太虚墓志》中有关冯太虚死亡和丧葬的时间线索非

---

① 《唐〈三洞观田法炬墓志〉》,http://mini.eastday.com/a/180512002948994.html?qid=02263。

② 例如以下网址:http://mini.eastday.com/a/180512002948994.html?qid=02263。

常乱,其中存在明显的干支等错误。首先来看最明显的尾题系年。"开元廿七太岁己卯六月壬戌朔六日景辰建立",查陈垣《二十史朔闰表》可知开元二十七年干支确为己卯,当年并无闰月,其年六月朔日(初一)干支确为壬戌,①以此而推则六日干支当为丁卯,而绝不会是景申(即丙申,唐避李氏先祖李昞讳改丙为景)。事实上,最邻近的两次景申,分别是当年五月六日和七月五日。与建志干支有误相伴的,是有关冯太虚丧事的时间顺序。墓志记载,冯太虚卒于"季夏廿五日",即六月二十五日。殡葬马祖原的时间是"孟秋六日",即七月六日。建墓志的时间则在六月六日。三者次序一如下表:

卒	六月二十五日
葬	七月六日
建志	六月六日

这个时间线索令人匪夷所思！墓志竟然是在冯太虚死前近20天的时间就已建好！预造墓志并非绝无可能,但六月六日建好的墓志中,不但预言了后来冯太虚的仙梦和死后身体摆出的特殊造型,更是声情并茂地描写了七月六日出殡时"素车启引,丹旐晨飞"的盛大场景,这就实在太过匪夷所思了！

第二,《冯太虚墓志》中有几处语言不易理解。如"孤洒尊室",这四个字拆开来每个字都很常见,但合在一起到底是什么意思却

---

① 陈垣：《二十史朔闰表》,合肥：安徽大学出版社,2009年,第95页。

一时很难说清。联系上下文"好尚仙道""吟咏洞章"来看,这一句似乎是想表达冯太虚远离凡俗,不与世交,一心念道的意思,然而这样的语言却有些古怪。查"孤洒"一词在古籍中的用例,基本都做"单独洒播某物"之意,如兴和三年(542年)的《鲁孔子庙碑》称:"岂直灵津孤洒、虚光独散者哉?"①以此而论,"孤洒尊室"的字面意思就更难通畅。"赵法主"传授冯太虚的"三清之法"同样也有些奇怪。就笔者对唐代法位制度和道法传授的了解来看,传授"正一之法""上清大法"的说法确有先例,②如权德舆为《宗玄先生文集》所写的《序》中,称吴筠(卒于778年)赴嵩山"冯尊师齐整受正一之法。初梁贞白陶君,以此道授升玄王君,王君授体玄潘君,潘君授冯君。自陶君至于先生,凡五代矣";③晚唐陆甚夷所写《应夷节传》称:"以上清大法,自句曲陶真人传升玄王真人,王传体玄潘真人,潘传贞一司马真人,司马传南岳薛天师季昌,薛传衡山田先生良逸,田传天台栖瑶冯征君惟良,冯传先生。"④而所谓"授三清之法"的说法,在目前常见唐代或更早材料中却似乎从未出现。事实上,正如前文所述,唐代道士授受经法,多依法位制度而行,所谓

---

① 严可均辑:《全上古三代秦汉三国六朝文》,北京:中华书局,1958年,全后魏文卷58,第3807a页。

② 关于唐代的"正一之法""上清之法"的问题实际相当复杂,其中关系到唐代"上清道"教团的旗帜重张等历史现象。有关这些问题学界此前已有关注,但所得观点多可商榷。相关综述和笔者的新看法,见白照杰:《我心归处是故乡——唐代"上清道"的身份觉醒与法脉重建》(待刊)。

③ 权德舆:《宗玄先生文集序》,见《道藏》册23,第653a页。

④ 见杜光庭:《洞玄灵宝三师记》,《道藏》册6,第752c页。这个文本的形成过程有些复杂,其中《应夷节传》为杜光庭师弟陆甚夷所作;田虚应和田良逸被误为一人,实是两个不同人物。相关讨论,见白照杰:《洞玄灵宝三师》考》(待刊),最初在2019年10月于上海社会科学院"尚思读书会"分四次宣讲。

"三清之法"并不能跟法位制度中任何一个等级直接对应。而若依《道教义枢》等中古道教典籍将"三清"视作洞真(玉清)、洞玄(上清)、洞神(太清)等"三洞"的代称,①或仅将"三清之法"视作模糊的概述性语言,虽则庶几可通,但在时代较早的材料中却也不容易发现其他用例。

第三,《冯太虚墓志》中对几样道教法物的描述也并不正常。先来看"金简玉字秘在上宫,青丝玉环未传下界"一句。了解道教的人对这样的表述不会陌生,这一句中的"金简玉字"代指道教经书。中古道教常认为道经有神圣的源头,或是天文玉字化现后的转写,或原本藏于天宫。因此,在相应观念中道经本身极为宝贵,为保证尊经不落入妄人之手,即使已在人间传播的道经亦不可随意传授,否则师徒二人便都要承担神灵的考罚,责及七祖。② 因此,"金简玉字秘在上宫"半句符合情境,并无问题,有问题的是后半句。"未传下界"的"青丝"和"玉环"到底是什么呢?结合上半句讲授道经传授的问题,可推此二物当与授受经书有关。而与经书传授有关的青丝和玉环,实际就是两种"法信"。中古道教认为道

---

① 见王宗昱:《〈道教义枢〉校勘》卷2,收其《〈道教义枢〉研究》,上海:上海文化出版社,2001年,第304—309页。
② 有关中国道教信仰中经书神圣起源的观念,尤其"天文"化现成就经书的观念,参吕鹏志:《早期灵宝经的天书观》,收郭武主编:《道教教义与现代社会国际学术研讨会论文集》,上海:上海古籍出版社,2003年,第571—597页;王承文:《灵宝"天文"的宗教神学渊源及其在中古道教经教体系中的重大意义》,收其《敦煌古灵宝经与晋唐道教》,北京:中华书局,2002年,第740—789页;谢世维:《天界之文:魏晋南北朝灵宝经典研究》,台北:台湾商务印书馆,2010年,第1—124、253—292页;谢聪辉:《南宋中期以前传统道经出世的典型与特质》,收其《新天帝之命:玉皇、梓潼与飞鸾》,台北:台湾商务印书馆,2013年,第79—96页;等等。由此信仰引起的道经秘传问题的分析,见白照杰:《道法外传与经需师受》,《道学研究》2015年第1期,第13—25页。

经珍贵,故弟子得受经书时便需缴纳一定量的法信(财物)充当镇坛和束脩之礼等,以表明重道轻财的信念。如唐代张万福《传授三洞经戒法箓略说》便解释得很清楚:

> 所以末代传道,皆须共立盟誓也。……夫神道无形,天理辽旷,幽昧不测,言议莫知。若能精至,便即通感,所以令其赆信,用质于心也。心信则轻财,财轻乃贵道,贱财则神明降接,赆命可延,命久年长,神仙可得。①

在张万福的这部著作中,开列了数十种用来"交换"道经的法信,并注解这些法信各自的象征意义和用途,其中就有青丝和玉环。张万福称,青丝色如天空,表人如天性,"慈育苍生";玉环(以及金环)则取圆象,表现外则不窒,内则虚心等意思,代表修道者圆融空灵。② 青丝和玉环在更早的道经中便时常出现,相关材料不难查找,此不赘引。③ 知悉青丝和玉环的所指后,问题便又来了。既然这两样东西是道士传法时用来交换经书的法信财物,显然是世间可得的一些物品——即使较为贵重,那么,如何能说它们"未传下界"呢?墓志中冯太虚"乃具龙箓"从"赵法主"受法的说法也不是

---

① 张万福:《传授三洞经戒法箓略说》,《道藏》册 32,第 196a—b 页。
② 张万福:《传授三洞经戒法箓略说》,《道藏》册 32,第 194c 页。需要注意,不同经典对同一种法信所代表的意涵有时会做出不同解释。
③ 有关中古道教法信及一应观念的整体讨论,见白照杰:《效信盟天——晋唐道教传法法信研究》(待刊),最初宣读于 2018 年 10 月上海财神庙承办、华东师范大学明道道教文化研究所协办的"财神文化与新时代"研讨会;盖建民、王昊:《上清派"法物"之道教义涵研究》,《湖南大学学报》2019 年第 6 期,第 107—112 页。

很好理解。"筞"是"策"的异体字,"龙策"就是"龙简"。有关中国古代投龙简及相应仪式,随着龙简器物本身的考古发现而逐渐引起学界关注。从沙畹(Edouard Chavannes)以来,①经过近百年的积累,研究成果已经比较丰富。最近较为综合的讨论和新的看法,可参考易宏等人的文章。② 简单地讲,投龙简就是将写有祈祷文字的简策投入山谷河流之中,简策与龙形器物绑在一起,由龙将之传送各路神仙,以表达诉求,祈告佑护。这一做法在道教传法受度仪式中也会使用,如陆修静(406—477年)编纂的《太上洞玄灵宝受度仪》中称,在传授仪式的最后阶段,弟子需要投简,简策上书"乞削罪录,勒上太玄,请诣中宫,投简记名,金纽自信,金龙驿传"等内容,简式和投放地点为"朱书银简,青纸裹之,青丝缠纽九支,金龙一枚,埋所住中宫"。③ 根据以上介绍,可大概了解龙简在受度仪式中的使用方法。返回头看《冯练师墓志》"洒具龙筞赵法主授三清之法"的表述,不论句读是点在"龙筞"二字之后(洒具龙筞,赵法主授三清之法),还是标在"法主"之后(洒具龙筞赵法主,授三清之法),这里对"龙筞"使用方式都更像是传法之前交给"赵法主"的一种物品。为何要强调受法前要向法师提交传法仪式最后环节

---

① Edouard Chavannes, "Le jet des dragons," *Mémoires concernant l'Asie Orientale* 3, Paris, 1919.
② 易宏:《金龙驿传,上达九天——道教投龙简仪源流略考》,《本土宗教研究》2018年总第1辑,第132—173页;吕博:《本命与降诞:唐代道教"投龙简"再读》,《世界宗教研究》2019年第2期,第91—101页;谢一峰:《唐宋间国家投龙仪之变迁》,《宋史研究论丛》2015年总第16辑,第228—246页;王育成:《考古所见道教简牍考述》,《考古学报》2003年第4期,第483—510页;刘昭瑞:《秦祷病玉简、望祭与道教投龙仪》,《四川文物》2005年第2期,第44—47、69页;等等。
③ 陆修静:《太上洞玄灵宝受度仪》,《道藏》册9,第857b页。

使用的模板文章（龙简内容有具体规定，一般仅需填入投龙者个人姓名、籍贯等信息即可），一时间也令人难想明白。这是否有可能是误将"龙简"理解为一般性的"名刺"（拜访他人时所提交的自我介绍）而造成的结果呢？

第四，《冯太虚墓志》中出现的几个人物的情况过于模糊。传授冯太虚道法的"间练师"和"赵法主"在现有材料中都没能发现对应人物。一位"练师"被历史淹没时有发生，无足为怪，但"法主"则并非常人可比。在唐代道教而言，被称为"法主"者唯寥寥二三人而已，例如前文提到的吴法主（吴善经），以及初唐时期地位最高的道士王远知。[①] 被尊为"法主"之人要在传法方面作出很大贡献，社会活动能力很强，非一般"尊师""炼师"可比。"赵法主"既然有"法主"之称，则当具备较大社会影响力，但在现有材料中却并未发现他/她的身影。重要历史人物因各种原因而湮没无闻的情况并不罕见，以上对"间练师"和"赵法主"的疑虑颇有过分苛求之嫌，但与两位尊师有姓无名类似，墓志中出现的另一位人物则是有名无姓，此人就是为冯太虚立铭的"弟子逵"。晚辈、弟子在尊师的墓志中写全名并不构成任何方面的问题，这里舍去姓氏的做法多少有些令人不解。可见，《冯太虚墓志》中除了原本就远离世俗、默默无

---

① 王远知弟子王轨的墓碑等材料中即称前者为"法主"，见于敬之：《王洪范碑》，陈垣编纂，陈智超、曾庆瑛校补：《道家金石略》，北京：文物出版社，1988年，第58—60页。另有王远知立观碑可一并参考，见江旻：《唐国师升真先生王法主真人立观碑》，见《道家金石略》，第51—54页。有关王远知的生平，见吉川忠夫：《王远知传》，《东方学报》1990年第62号，第84—86页；王轨的情况，见白照杰：《华阳有道，勒铭丰碑：〈王洪范碑〉与茅山道士王轨详考》，《中国道教》2020年第2期，第45—52页；此文独立发表时颇有删节，本书附录所收为完整版。

闻的冯太虚家长外,与冯太虚同时代且有交集的其他三个人物也都是姓名不全,事迹不详。这一现象导致暂时很难通过人物关系找到可与此墓志互相印证的材料,来辅证此志的真实性。

综上,尽管《冯太虚墓志》志文整体比较流畅,书法又格外精美,但目前有关此志真伪仍有商榷之必要。在将之当作史料和书法碑帖使用之前,恐怕还是要先对上述疑问做出正面回应。

三、小　结

以上笔者对近年新出现但来源不明的《李洞真墓志》和《冯太虚墓志》进行简要讨论,这两方材料均自述为唐代女道士墓志,原石或拓片先后为著名博物馆购买收藏,已成为带有一定"官方身份"和权威判定的史料,进而成为构建唐代道教史的重要素材。然而,这一切都不足以消弭对此二志(及五炼镇墓石)根本属性的怀疑。判断材料是否确凿的根本并不在于其是馆藏还是在民间流传,而在于对材料源头的追溯和对材料本身是否"合理"的考察。事实上,即使最权威的博物馆也很难完全避免误收赝品的过失。1994年,中国历史博物馆和故宫博物院便双双误收了大量洛阳北邙山南石山村村民高某某制作的"北魏陶俑",[①]此类案例层出不穷,始末源流不便穷诘。

因此,尽管本章具体指出《李洞真墓志》《冯练师墓志》存在的

---

① 吴树:《谁在收藏中国》,太原:山西人民出版社,2008年,第125—129页。

各种疑问,但却并不一定坚持这些材料均系赝造的判断,而仅仅是站在道教研究的立场上,阐明个人的疑问不解,以此求教方家。同时,笔者还希望借此机会提出倡议,希望学界能够重审近年"民间新见"道教金石材料(包括已成为博物馆藏品者)。呼吁将新见材料作为确凿史料使用之前,增加专门的考证辨析环节,以降低误用材料所可能造成的恶劣后果。

第六章　贵妃之师《田僙墓志》献疑

《大唐故田尊师墓志铭》(后文简称《田僙墓志》)是新近发现的有关唐代道教的"最重要"碑石之一。据称志石、志盖皆存,志石正方,边长62厘米,上有文字32行,满行32字。墓志称,志主田僙(693—747年)活跃于唐中宗至玄宗时期,参与玄宗朝最重要的几个国家崇道事件,获得玄宗皇帝的高度信任。此墓志首先经雷闻和牛敬飞两位教授录文和研究,二人成果几乎同时在国内重要文史刊物上刊出,彼此分析可互相参照。① 两位学者及其文章在学界的影响力使这方墓志很快在中日道教研究领域引起重视,成为圈里私下交流的重要谈资。然而,尽管笔者对两位前辈学者的学问和贡献向来极度敬仰,但有关此墓志的情况却怀有一些不成熟的其他意见。

概言之,笔者对《田僙墓志》的真实性不无疑虑。根据雷闻和牛敬飞论文中的记述,此方墓志显然并非专业考古发掘的产物。

---

① 雷闻:《贵妃之师:新出〈景龙观威仪田僙墓志〉所见盛唐道教》,《中华文史论丛》2019年第1期,第325—348页;牛敬飞:《从新出高道田僙墓志看唐玄宗的崇道活动》,《文献》2019年第2期,第54—62页。

二人文章中称此墓志"近期西安出土"①或"据称原石出土于西安",②其中牛敬飞点明墓志"现由私人收藏",偶然机缘下获得拓片,雷闻的拓片则是在 2017 年时经毛阳光帮助而获得。墓志称志

---

① 牛敬飞:《从新出高道田僙墓志看唐玄宗的崇道活动》,《文献》2019 年第 2 期,第 54 页。
② 雷闻:《贵妃之师:新出〈景龙观威仪田僙墓志〉所见盛唐道教》,《中华文史论丛》2019 年第 1 期,第 326 页。

第六章　贵妃之师《田償墓志》献疑　155

图 27　《田償墓志》及志盖拓片①

主田償"窆于细柳原",而细柳原位于长安"县西南三十三里",②则此志石本该于西安发现。雷闻强调"据称原石出土于西安",则恐目前志石已移于他方。近来"孔夫子网"碑铭拓片出售情况似乎印证了这一猜测。笔者于 2019 年 8 月 14 日检索此网站,发现目前已经有两家网店在出售《田償墓志》,店家注册地均为河南省南阳市。③

---

①　引自雷闻论文。
②　宋敏求撰,毕沅校正:《长安志》,收《中国方志丛书》卷 12,台北:成文出版社,1970 年,第 286 页(原书页 12)。
③　http://search.kongfz.com/product_result/?key=田償&_stpmt=eyJzZWFyY2hfdHlwZSI6ImFjdGl2ZSJ9。《田償墓志》拓片目前在两个不同店家分别售价 798 元和 898 元。值得注意的是,在两位先生的文章发表前,"孔夫子旧书网"上并无此墓志拓片出售。雷闻文章中称获得拓片的时间是 2017 年,则此拓片至少在过去两年的时间里已为人所知,但却并未被摆上货架。

因此,尽管两位先生并未透露墓志所在和获得墓志的具体途径,但这方据称出土于西安而目前很可能保存于河南的墓志,在来源和流传上存在先天的疑问,是非真伪尤需详辨,不可贸然轻信。具体到墓志所述内容,也有一些惹人怀疑之处,以下一一列述,求教方家。

一、《田價墓志》志文的若干疑问

《田價墓志》拓片异常清晰,雷闻和牛敬飞分别录文,此结合二人成果(主要调整句读标点),不辞繁冗全文转述墓志内容,以方便对具体问题展开辨析。

唐景龍觀威儀檢校修功德使田尊師墓誌銘并序/
尊師諱價,字道立,京兆人也。其先有嬀之裔,太嶽之後,食菜命氏,以陳爲田。《春秋傳》/曰:"陳公子敬仲卿齊",然則周人以《易》獻觀國之繇。懿氏占曰:"獲于飛象者,慶叶八代,/光爲七雄。"及劉項西入,猶君王南面。會漢徙王族,今居京師。曾祖諱元豐,事周,光禄/勳。鼎遷于隋,爲晉王記室。發揮百行,籍甚兩朝。祖諱成實,有隋之徵君也,白賁無咎,/紫芝成曲。父諱哲,器蘊才略,道兼出處,曾奮玉劍,西涉青海,謀發一鼓,日取三捷,何/其壯也!及逃賞不受,遺名就閑,拜上柱國,未敢聞命,何其清也!尊師天假醇精,生爲/世楷,德宇深聳,傑出一時,風靈爽秀,光照千里,誓執心寥天,師友造化。中宗嘉之,/命爲道士,住景龍觀。以尊師摽格高峻,皆向風推服,遂薦爲監齋,又昇爲大德。於是/詞達窈冥,聲塞宇宙。上以《五岳真君圖》西母受漢,世未之聞焉,期作廟圖形,創興/大典,發中岳之旨,受于尊師,俾尚書郎韋陟爲之介。既還報命,蒙束帛之錫,申命/令,奉龍璧,東醮于岱。廿四載正月上元,上乃沐正水之五香,清層宮之一室,崇校/戒也。命爲高功大法師,其容止詳閑,進退審度,上指之曰:"仙家秀也。"昔漢帝美/尊師之先曰:"堂堂乎張,京兆田郎。"今古不替,爰錫以銀器,雜繒副焉。廿七載,/詔往真源祖廟修齋醮,太常卿韋滔、內常侍陳忠盛副以從事。實多靈應,書諸國/史。廿九載,上夢烈祖,尊師承詔旁求,審得厥像,又賜紫裳、束帛。時齋慶/鴻休,敕尊師表歎,若鼓鍾于宮,琳瑯振響,詞瞻韻逸,載聞于天,又賜束帛。因下/詔曰:"朕幽求山下,乃遇真容,卿敷暢樓前,深明道要。朝來齋慶,爲慰良深。"是歲,/度弟子田恭。尊師辭讓,墨詔答曰:"尊師道衆領袖,玄宗津梁,至於門人,皆伏/膺/高業,故編名紫府,用嗣清真。"又敕修本命功德,并檢校太玄觀功德使,副恒王,爲/上座。初謝不敏,墨詔答曰:"玉京齋慶,瑤壇紀綱,資道門之舊德,成真宗之新/學。宜來往檢校,勿事謙撝。"又命爲貴妃授三皇寶籙師,妃實勤敬,道高故也。冬十月,/上幸溫泉,尊師扈從,因遇疾杜門。上久不見尊師,怊然若无所与樂也。降中使致/問,勒名醫視藥。尊師禮謝曰:"臣素求度世,今將蠻蠻,何答天慈!"默而涕下。六載春/正月戊子,上有事於圓丘,尊師曰:"吾同太史公滯洛之恨也!"己丑,沐浴焚香,口/授辭表,曰:"臣聞存没者,晝夜也,何所欣感?於臣則不然,遇大道聖君,不得久事;有/九十五老母,不獲送終。追尋二事,實難瞑目,負愧宿願,無詞叩謝,但飲氣太陰之下,/結草無何之鄉,不勝戀戀至深,謹拖紳奉辭以聞。"皇上省表嗟悼,中使弔焉,贈絹/五十疋,餝終之惠也。翊日大斂,舉衿就棺,若無有物,得真仙尸解矣。尊師時載五十/有五,遷化于觀。逾月已酉,窆于細柳原,礼也。嗚呼!雲笙遙遙,瞻望不逮,刊廼幽石,永/示下泉。銘曰:世本有嬀,名揚盛時。一扃泉戶,水逝風悲。/
敕道門使翰林供奉興唐觀主撰

下面分人物、叙事语言、名物事件三个方面,列述本人对《田僙墓志》的疑问。

1. 人物之疑

此墓志中出现的人物不少,除田僙外还有中宗、玄宗、恒王、田僙先祖、田恭、杨贵妃、韦陟、韦滔、陈忠盛、兴唐观主等。雷闻和牛敬飞的论文对其中大多数人物进行考证,给出这些人在常见史料中的相关记载,发现基本能够与墓志所述相呼应。然而,笔者感觉以下几人恐怕还有疑问。

第一,田僙。墓志中无田僙师承记载,并无其道法修学经历。有关墓志中缺少对田僙师承法脉关注的问题,牛敬飞在文章中即已指出。事实上,唐代道士(尤其核心统治地区)须遵循朝廷鼓励的法位递升制度,不断提高法位阶次,获得更多经戒法箓要素。这一情况在已见唐代道士墓志中已得到反复印证。① 为道士传授经法者，即可算作道士之"师"。故不论如何，盛唐长安的显赫道士都当获得高等法位，因此必然师承有自。在记述中将某个人物改造甚至"抹除"的情况在唐代道教界不乏其事，但这些情况一般发生在道士因犯大罪而被正法之后，如申泰芝、②史崇玄等。③ 但一者此现象并不常见，二者此类道士的弟子恐怕也会受到牵连而与政治无缘，但从墓志所述田僓达到的政治高度来看，其师当不致如此。因此，以唐代道士墓志常例而论，《田僓墓志》不载志主师承便有些古怪。考虑到墓志中，田僓自中宗时期入道至玄宗时期修中岳真君祠间二十多年时间里的记载几为空白（仅一句当监斋、升大德，此亦有问题，见下文），故本可充实其间的法位递升经历却完全缺失，便同样显得非常别扭。又墓志虽述田僓先祖事迹，雷闻经一番考证发现，常见史料中均无这些人物的记载，故以田僓家族为"普通的关中本地家庭"，史料不载亦属正常做以解释。然其家族不显，似与法脉不详存在相通的叙事目的，即故意模糊田僓的"来源"或与更早人物的关系。此外，如果田僓确如其墓志中所述那么重要，则他在现存道教内、外记载中完全不见影踪的情况本身就很诡异。

---

① 有关唐代法位制度的问题，中、日、西学界均已有不少讨论。有关综述和最近的研究，见白照杰：《唐前期（618—755）法位制度厘正》，《宗教学研究》2017 年第 1 期，第 63—79 页。

② 雷闻：《从"妖人"到仙翁——正史与地方史志中的盛唐道士申泰芝》，《中国史研究》2018 年第 2 期，第 135—156 页。

③ 白照杰：《烟花易冷——周唐鼎革中的太清观主史崇玄》，《中国俗文化研究》2018 年第 26 辑，第 157—165 页。

第二，田恭。作为田偘的弟子，田恭在已知的其他史料中不见踪影，而他的受度经历也不符合目前的一些认识。唐代奉行官度制度，只有隶属道观、名登官方道籍后，才能成为正式道士，仅习道法者并不能拥有这一称号和身份。① 这一点在唐代道士尹文操和邓思瓘的身上便表现的比较明显，二人皆有墓志传世，志中言二人很早就开始修道，但被目为"方士"，直到官度入道后方成为正式道士。② 因此，凡是希望以道士为志业者，均需经历官度。《田偘墓志》称："度弟子田恭。尊师辞让。"然而，田恭作为"著名高道"田偘的弟子，成为道士应该是分所当然、只在早晚的事情，故田偘并无推辞的理由和必要。又墓志语言上似也存在问题，其称："是岁，度弟子田恭。"当度某人为道士时，朝廷无法获悉谁人应当受度，正常逻辑是由道观提出受度人名单。如果田偘是景龙观大德，则必能干涉景龙观所上交之名单，若其不愿弟子成为道士，自可一早划去。既提交田恭受度申请，复又推辞，于理似也不合。

第三，兴唐观主。在墓志所牵扯的各色人物中，以撰写志文的"道门使翰林供奉兴唐观主"最为神秘莫测。这位兴唐观主能够担任道门使并无奇怪；③而其能够兼任翰林供奉，因有吴筠、王

---

① 白照杰：《唐前期道士身份研究》，《宏德学刊》2017年第7辑，第70—81页。
② 员半千：《尹尊师碑》，见陈垣编纂，陈智超、曾庆瑛校补：《道家金石略》，北京：文物出版社，1988年，第102—103页；李邕：《唐东京福唐观邓天师碣》，见《道家金石略》，第125—126页。
③ 道门使即道门威仪使之略称，见陈国灿、刘健明编著：《〈全唐文〉职官丛考》，武汉：武汉大学出版社，1997年，第256—259页。周奇研究指出，最晚开元二十一年(733年)开始"道门威仪"成为"使职"，从此方有道门威仪使之称。见周奇：《道门威仪考》，《史林》2008年第6期，第112页。

第六章 贵妃之师《田僓墓志》献疑

瑞静的例子,①故虽较罕见,但目前也可接受。然墓志撰者详述自身职署而不具名的情况则极不寻常,②尤其是在自称奉"敕"撰写的墓志里便显得格外诡异。有关于此,恐怕很难获得合理解释。

第四,前述三点有关《田僓墓志》所涉人物的问题,与另一个重要现象相伴随,即墓志并未提及田僓与同时代其他道士之间存在联系。然而,在田僓活跃的时代,不论是长安还是景龙观都存在多位重要道士,他们在玄宗的国家崇道活动中同样扮演着重要角色,其中以司马承祯最为关键。正如学界所熟知的那样,开元初年司马承祯曾入住景龙观(与田僓同观),而开元十九年(731年)前后开始建造的五岳真君祠正是司马承祯倡议下的崇道活动。③ 墓志中记载田僓参加的重要活动之一就是五岳真君祠系统中的中岳真君祠建设。故《田僓墓志》中完全不见这位项目总工程师的身影,也多少显得有些奇怪。

不难发现,尽管《田僓墓志》在讲述田僓与著名朝中人物的关系时言之凿凿,但田僓自身及其在道教内部的人物关系却有些模糊且不合情理。

---

① 唐代吴筠所撰《简寂先生陆君碑》称"中岳道士翰林供奉吴筠文并书",见陈舜俞:《庐山记》卷五,民国殷礼在斯丛书影元禄本。"翰林供奉道士王瑞静"之名见于《岱岳观碑》,见陈垣编,陈智超、曾庆瑛校补:《道家金石略》,北京:文物出版社,1988年,第156页。
② 根据拓片和录文所示,"敕道门使翰林供奉兴唐观主撰"一句,可知不存在因石刻残损或拓片不清导致人名缺失情况发生的可能。
③ 雷闻:《五岳真君祠与唐代国家祭祀》,收荣新江主编:《唐代宗教信仰与社会》,上海:上海辞书出版社,2003年,第35—83页;牛敬飞:《五岳祭祀演变考论》,博士论文,清华大学,2012年,第115—120、131—148、148—156页。

2. 叙事语言之疑

《田償墓志》在叙事语言方面整体符合唐文风格,但在以下几个细节上却也出现各种问题。

第一,"以尊师摽格高峻,皆向风推服,遂荐为监斋,又升为大德。"这句话前一句讲中宗度田償为景龙观道士。墓志称田償出生于693年,则他只能在中宗第二次在位时(705—710年)受度;又其所入景龙观为年号道观,则其入道时间必然在创建此道观的景龙年间(707—710年)。倘以此句顺接前文,则主语当与前句保持统一,即均为中宗。由此就会得出田償在中宗年间即当上监斋、大德的结论。但以不到17岁的年龄,在入道观三年之间即成为耆宿领袖,显然不可能。而如果将这句话与紧接着的下文联系起来,将田償担任道观领袖的时间卡在建五岳真君祠的开元十九年(731年),尽管年龄(三十多岁)相对合理,但缺少主语的问题仍无法解决。对比下文不厌其烦地以"上"指称玄宗,则这句话缺少"(今)上"的主语转折便有些突兀。

第二,缺少开元、天宝年号。天宝二年(743年)改年为载,在天宝二载至十五载(756年)之间撰写的墓志碑铭,以"载"称旧历年数的情况并不罕见。这一点随手翻查《唐代墓志汇编》便可确认,如撰写于天宝四载(745年)的《张肃珪墓志》即有"开元四载"(716年)之语。① 然为避免年代混淆,当文章中出现多个年号时,

---

① 王寰:《大唐故上谷郡司功参军张府君墓志铭并序》,收周绍良主编:《唐代墓志汇编》,上海:上海古籍出版社,1992年,第1574页。

一般都会在年数之前加上年号。反观《田僧墓志》,"廿四载""廿七载""廿九载",均无开元之号;"六载"又无天宝之名。而墓志之作,埋于九泉,寄希千秋万世,志文为在古往今来中"定位"自身,必详书年号等时间要素。此志在玄宗年号上的缺失,殊不可解。

第三,"冬十月。"与第二点一样,志文"上幸温泉"的"冬十月"也未与年号相连,所指含混。如与上文衔接,则当为开元二十九年(741年)十月;但下文紧接着即称田僧重病而无法参加来年早春的祭天活动,且于同年(六载)羽化,则此"冬十月"最可能系为天宝五载(746年)。如此,不系年号的"冬十月",又是一则典型而低级的"文病"。

第四,"太史公滞洛之恨。"墓志称田僧因病无法参加天宝六载(747年)圆丘祭天,自比同于"太史公滞洛之恨"。此模拟尽管并非绝无可能,但也有些不契。众所周知,令司马谈引以为终生大憾的是不能参加"封禅"。① 封禅活动远非常例,百年难遇;然大唐长安圆丘之祭年年如是,以田僧的身份地位恐怕早有机缘参与其间。一次不往"叹"或有之,但与太史公之"恨"的强烈程度则去之甚远——除非以田僧极好功名声威勉强解释。

第五,"遇大道圣君不得久视,有九十五老母不获送终"。此语"大道圣君"与"九十五老母"不对称,多一"五"字。更为重要的是,在老母健在时候,子女不当言"不获送终"。以"不获送终"检索"基本古籍"可知唯有清代李颙《二曲集》中使用此语,但亦非出自于女

---

① 司马迁:《史记》卷130(点校二十四史修订本),北京:中华书局,2013年,《太史公自序》,第4000—4001页。

亲口言语。① 由于"不获送终"言语冒犯，正常情况下一般会说"不获尽孝"。

第六，田僙羽化书写语序混乱，②且用词略有不当。墓志记载田僙死亡的话语基本可分为三个层次：

（A）皇上省表嗟悼，中使吊焉，赗绢五十疋，饬终之惠也。

（B）翊日大敛，举衿就棺，若无有物，得真仙尸解矣。

（C）尊师时载五十有五，迁化于观。

不难发现，(C)句正式话及田僙死亡，(A)(B)两句在时间逻辑上都应当排在(C)句之后——只有田僙已经去世，玄宗方能派中使吊唁，而次日才可大殓。故(C)句理应放在田僙托人上表之后和(A)句之前。又这段话中，对玄宗的称呼未延续墓志前文体例的"上"，而改用"皇上"；"时载"的说法并不专指卒年，更普遍的表示卒年的墓志说法是"春秋"或"享年"。

第七，铭文太短而奇劣。墓志铭文与序文当保持文风一致，且典型的铭文与序文之间常存在呼应关系，一般会简要复述序文提及的志主重要事迹。《田僙墓志》序文盛赞高道煊赫地位，而铭文唯有四句，且文字极端简略，意思几乎只是"此人姓田，令人惋惜"，

---

① 书中记载，蔡启临死而父母尚在，故嘱咐家人以孝服葬己，"以己不获送终故也"。见李颙：《二曲集》卷17，清康熙三十三年刻后印本，收"爱如生·中国基本古籍库"。

② 这一点并第五点，经复旦大学许蔚教授提醒，由衷感谢！

实与序文难以搭配,尤其是考虑到《田僙墓志》是奉敕之作。此铭文给人之印象,仿佛是撰者在草草应付,以求少言而寡错。

第八,《田僙墓志》中存在的别字、怪话等。"韦滔",经两位前辈考证,即"韦绦"。"命为贵妃授三皇宝录师",语句稍有不通,正常当为"命为贵妃授三皇宝录"或"又命为贵妃师,授三皇宝录"。墓志中提及的懿氏占词为"获于飞象者,庆叶八代,光为七雄"。事见《左传》,原本占词为:"凤凰于飞,和鸣锵锵。有妫之后,将育于姜。五世其昌,并于正卿。八世之后,莫之与京。"① 田氏代齐而为七雄,墓志对《左传》所载占词的改造似可接受,但以"飞象"(飞翔的形象?)指凤凰既不常见,亦不合理。"飞象"本不止凤凰一种,"凤凰"既是瑞兽又合乎原典,何必舍却精准祥瑞而使用模糊语言?墓志中,田僙自称死亡为"今将变变",语言特别,检索多个古籍库而未见。"敕道门使翰林供奉兴唐观主撰",系皇帝口吻的"敕某人做某事",正常自署其名时当不会如此。

以上指出的叙事语言上的问题,都可以"撰者"水平有限来做解释。然而,《田僙墓志》落款是"敕道门使翰林供奉兴唐观主撰",即使考虑到成为翰林供奉之技艺并不限于文辞一科,但玄宗"敕"某人撰写文章,也必然会考虑其人的文学造诣深浅。退一步讲,即使玄宗仅因撰写人在道教内部的崇高地位而令其为田僙撰文,这篇作为奉敕而撰,且专为当代炙手可热的高道而写的重要墓志也很可能会经过其他文学之士(甚至玄宗本人)的阅读和指点,尤其

---

① 左丘明撰,孔颖达疏:《春秋左传正义》卷 9,北京:北京大学出版社,2000 年,第 306b—307b 页。

是当"撰者"文学水平一般时。如是,便很难解释为何这篇墓志还会出现上述语言问题。

3. 名物事件之疑

《田僨墓志》中提及的几个名物、事件可能也存在一些有待解释的疑问。

第一,"荐为监斋,又升为大德。"监斋是唐代道观所置三纲中的一种。《唐六典》称:"凡天下观三纲及京都大德,皆取其道德高妙、为众所推者补充,上尚书祠部。"① 所谓三纲者,分别指上座、观主、监斋;② 而所谓"大德"有可能是朝廷赐予僧道的"荣誉称号",获此荣誉者在唐代道观中也具有很高地位。③ "荐为监斋"之语,符合唐代道观三纲的推选任命制度;但"升为大德"则存在问题。作为荣誉称号的大德,与作为职务的"监斋"不属于同一个组织系统,二者之间不存在"升降"关系,担任监斋同时也可以成为大德。此句或只能以并列语序解之方能得通,即将从普通道士到大德的变化,视为"升"。

第二,"《五岳真君图》,西母授汉。"遍察《道藏》亦不见《五岳真君图》的蛛丝马迹。事实上,在《汉武帝内传》等流传甚广的著作中,西王母授予汉武帝的都是《五岳真形图》,而不是"真君图"。④ 唐代道教所接受的只有王母传汉武《真形图》的传说,这一点可

---

① 李林甫等:《唐六典》卷18,北京:中华书局,1992年,第505页。
② 长孙无忌等撰,刘俊文点校:《唐律疏议》卷6,北京:中华书局,1983年,第144页。
③ 孙昌武:《道教与唐代文学》,北京:人民文学出版社,2001年,第444—445页。
④ 《汉武帝内传》,收《道藏》册5。

以在文献中得到反复确认。张万福《传授三洞经戒法箓略说》中便引《五岳真形图序》,指此书曾为王母传于汉武帝;①杜光庭《墉城集仙录》中更是对传授经过详加描述。② 因此,《田償墓志》中出现王母受汉《五岳真君图》的说法本身就不容易成立。雷闻在文章中对此进行分析,称《五岳真君图》"很可能是《五岳真形图》之误",并认为此段墓志文字证明司马承祯建设五岳真君祠的文献基础之一就是《五岳真形图》,与当年推测相合。③ 然而,正如笔者已多次强调的那样,这篇墓志既然是自称"道门使翰林供奉兴唐观主"的人在奉敕的情况下撰写的文章,那么便很难想象会在如此关键而普及的书名上出现误"形"为"君"的错误,更何况二者字形并不接近。对墓志中这一记述的另一怀疑,源于对五岳真人人选的思考。有关司马承祯所选择的五岳真人到底是谁,目前尚不能得出结论。雷闻曾据司马承祯《天地宫府图》指出,"治"五岳的山图公子等五人很可能就是五岳真君。④ 然而根据乾符四年(887 年)《北岳真君叙圣兼再修庙记》的记载,北岳真君应该是太极真人徐来勒,⑤而

---

① 张万福:《传授三洞经戒法箓略说》,《道藏》册 32,第 189a 页。
② 杜光庭:《墉城集仙录》,见罗争鸣:《杜光庭记传十种辑校》卷 1,北京:中华书局,2013 年,第 581 页。
③ 雷闻:《贵妃之师:新出〈景龙观威仪田償墓志〉所见盛唐道教》,《中华文史论丛》2019 年第 1 期,第 332 页。雷闻所说的更早研究,指《五岳真君祠与唐代国家祭祀》,收荣新江主编:《唐代宗教信仰与社会》,上海:上海辞书出版社,2003 年,第 35—83 页;雷闻:《郊庙之外——隋唐国家祭祀与宗教》,北京:生活·读书·新知三联书店,2009 年,第 166—219 页。
④ 雷闻:《五岳真君祠与唐代国家祭祀》,收荣新江主编:《唐代宗教信仰与社会》,上海:上海辞书出版社,2003 年,第 54—56 页;《郊庙之外》,北京:生活·读书·新知三联书店,2009 年,第 196 页。
⑤ 陈垣:《道家金石略》,第 185—186 页。其书标点有误,原文"称姓徐讳来,勒顶太冥之冠",当为"称姓徐,讳来勒,顶太冥之冠"。

徐来勒并不是《天地宫府图》所开列的五岳真人之一。就笔者所见，徐来勒应该首先出现于东晋南朝上清和灵宝经书中，在经书降世的过程中扮演重要角色。根据南朝经书《上清众经诸真圣秘》等经书的说法，徐来勒"治括苍山，小宫在天台"。① 显然，在中古道门流行的经书中，徐来勒并不能与北岳恒山挂钩。笔者近来对司马承祯的研究则指出，这位著名的盛唐道士对"复兴"上清传统的事业非常感兴趣，做出了不少的"创造性工作"。② 其呈送玄宗的五岳真人，很可能又是他重新权衡后的一项"创造"。换言之，以徐来勒为例，笔者怀疑，不论司马承祯对圣山体系的认识是否来源于《五岳真形图》等更早的道教神圣地理文献，其所推出的五位真人都很可能并未遵循更早的记载，而是全新的创造。果真如此的话，便更不可能出现《田偡墓志》中所谓的"上以五岳真君图，西母受汉，世所未闻"的说法，因为即使五岳真君此时确实有图，也当是"新制"而非传承久远但"世未之闻"的旧典。

第三，两场不见于其他记载的重要斋醮活动。《田偡墓志》中提及了在东岳和亳州举办的两场斋醮活动。墓志记载称，田偡在办妥中岳真君庙的建设事宜后，随即"申命令，奉龙碧，东醮于岱"。这里的"申命令"似乎只可能指催促东岳真君庙的修建。然而，从目前的金石著录来看，《唐北岳真君碑》《唐南岳真君碑》均称建于开元二十年（732年），《唐华岳真君碑》称建于开元十九

---

① 《上清众经诸真圣秘》，收《道藏》册6，第786a页。
② 白照杰：《我心归处是故乡——唐代"上清道"的身份觉醒与法脉建构》（待刊）。

年(731年),①推测五岳真君祠的建设并不复杂,五地在一两年内完工的可能性比较大。因此是否有必要专门令田僓在修建中岳真君祠后再跑去泰山"申命令"便值得推敲。而如果田僓东赴泰山只是为了给玄宗投龙设醮,则此事最可能在著名的《岱岳观碑》上留下痕迹。《岱岳观碑》旧存于泰山脚下王母池西岱岳观遗址内,1982年12月移至岱庙东碑廊。此碑由两方体量一致的石材组成,两石合用碑首、碑座,故又被称为双束碑或鸳鸯碑。②此碑碑文分为多段,分别记载唐高宗、武后、中宗、睿宗、玄宗、代宗、德宗在泰山建斋设醮的活动,明清以来颇受重视。③然而,在这方专门记录唐皇泰山斋醮活动的碑刻上,却并无田僓此次醮祭的记载。另一个更值得怀疑的记述,是田僓在真源庙的斋醮。《田僓墓志》称,开元二十七年(739年),玄宗诏令田僓等人赴真源祖庙斋醮,期间"实多灵应,书诸国史"。这里的真源祖庙,即亳州紫微宫。唐高宗于乾封元年(666年)临幸亳州老子祠,追封老子为太上玄元皇帝,改当地县名为"真源"。④ 天宝二载(743年)玄宗下诏改谯郡紫微宫为太清宫,⑤开元

---

① 赵明诚:《金石录》卷6,北京:中华书局,1991年,第133、134页;雷闻对《唐华岳真君碑》做了详细考释,见《〈华岳真君碑〉考释》,收其《郊庙之外》,北京:生活·读书·新知三联书店,2009年,第347—361页。

② 米运昌:《泰山唐代双束碑与武则天》,《故宫博物馆馆刊》1986年第3期,第93—96页。

③ 此碑录文,见陈垣:《道家金石略》。陈垣的录文将碑铭打散为数段,按照年代先后排入此书。

④ 李治:《追尊玄元皇帝制》,见宋敏求等编:《唐大诏令集》卷78,北京:中华书局,2008年,第442页;司马光等:《资治通鉴》卷201,北京:中华书局,1996年,第6461页。

⑤ 刘昫等:《旧唐书》卷9,北京:中华书局,1975年,第216页。有关唐代太清宫的情况,见丁煌:《唐代太清宫制度考》,收其《汉唐道教论集》,北京:中华书局,2009年,第73—156页。

二十七年(739年)时"祖庙"当仍以紫微为名。作为祖庙的紫微宫是李唐朝廷崇道的最重要圣地,道门中人对其中的斋醮活动非常重视,尤其关注灵应现象的发生,如杜光庭《历代崇道记》和《道教灵验记》、贾善翔《犹龙传》、谢守灏《混元圣纪》等均给出紫微宫(含改名后的太清宫)的多个与老子有关的祥瑞事件,但其中却均不见与田儨此次斋醮相关的记载。① 杜光庭在《历代崇道记》中称"混元圣祖,每逢多难,皆有殊祥。唯彼明征,备书正史"。② 若田儨真源县之行确实出现很多祥瑞,并编赴史馆,那么为何杜光庭却完全没有采用这些记载呢?尽管以墓志所载的某些事情在已知史料中未获记载而对之进行怀疑,并非理所应当之事,但根据以上所述,两次重大仪式(尤其真源庙斋醮)在关注国家崇道活动的道教材料中完全不见踪影,确实会引人深思。

以上从三个方面对《田儨墓志》存在的疑问进行简要讨论,结合这些具体细节,返回头再看墓志的整体内容,可以发现尽管此篇墓志涉及盛唐时期极为重大的多个国家崇道事件,并提到杨贵妃等能够抓人眼球的人物,但墓志本身并没有给出"当下学界已有认识之外"的任何重要信息。墓志中不断出现的道教人物记述上的模糊性,则似乎是刻意避开了"当下学界认识不清"或"根本无从得知"的人物,如田儨、田恭、兴唐观主。概言之,这篇墓志简直就像是专门以当今学界的"认识"和"关注点"为依据而进行的创作。

---

① 杜光庭:《历代崇道记》,《道藏》册11;杜光庭:《道教灵验记》,《道藏》册10;贾善翔:《犹龙传》,《道藏》册18;谢守灏:《混元圣纪》,《道藏》册17。
② 杜光庭:《历代崇道记》,《道藏》册11,第6c页。

二、新见材料须经质疑方可成为史料

上述疑问有显有微，其中一些不无求全责备和过度怀疑之嫌。然而，尽管所述各个疑问单独而言总能以这样那样的解释为之开脱，但如此多的疑问出现在一篇并不太长的墓志文中，恐怕还是会引人怀疑墓志是否存在伪造的可能。新材料对于史学研究的意义早已是尽人皆知之事，但正如本书多次强调的那样，新见材料首先需要经受质疑方可成为"史料"。以《田偾墓志》而言，在此墓志出身暧昧的情况下，首先应对其真伪进行辨析，而后方可将之作为确凿史料，展开讨论。起手步骤的缺失，很可能导致后续研究丧失绝大部分的学术意义。

如果《田偾墓志》确系伪造，则雷闻和牛敬飞教授的研究也并非毫无价值。事实上，二人对此篇墓志所述内容的详细考证恰可揭示出问题的严重性。从其考证可见，《田偾墓志》中所涉及的政治人物和历史事件，多数都符合文献记载，并与学界近年的一些新认识相吻合。例如撰者令田偾在中宗年间成为景龙观道士，必然知悉景龙观始建于中宗时期，可推测其读过《景龙观钟铭》；①了解骊山温泉附近太玄观为恒王等王子参与建设，故可能参考了《册府元龟·帝王部·尚黄老》的记载；②而将《五岳真君图》与西王母、

---

① 可能也读过《长安志》有关景龙观在天宝十二载（752年）改为玄真观的段落，故正确地令田偾死于天宝六载（747年）。见宋敏求：《长安志》，收《中国方志丛书》卷8，台北：成文出版社，1970年，第178页（原书页2）。

② 王钦若等编纂，周勋初等校订：《册府元龟》卷53，南京：凤凰出版社，2006年，第563页。

汉武帝《五岳真形图》传说混而为一,或许就是继承雷闻《郊庙之外》中的推测! 倘真如此,则《田僙墓志》的撰写者必然是拥有一定才华的"圈里人",在此文的撰写上煞费苦心——既需搜集史料,梳理玄宗时代道教的整体情况,又需对当下学界的新观点有所了解以免被轻易辨伪,还需以生花妙笔和雕龙文心,创造出串联事件的核心人物田僙的形象。换言之,墓志撰写者无论如何都应当获得"内行"的荣誉称号。然而做到这一点或许也不如想象中那么困难,在以现有材料和既有研究为依据的情况下进行创作的难度,显然比倒推式的考证要低得多。然而,或许正是对"严谨性"的追求限制了撰写者的发挥,于是在涉及道教人物和目前并不普及的观点上便出现种种"不自信",最终导致对这些内容做以模糊化处理,以免未来出现轻易被证伪的可能。

通过两位教授的考证,笔者发现此墓志(若确为伪造)在布局方面具备强大的严谨性。耗费心血搞出如此周详审慎的故事布局,很可能不会只在《田僙墓志》中使用一次。事实上,如果《田僙墓志》真是伪造,而我们却又贸然接受其真实性,则在此方墓志的基础上恐怕又会伪造出以下几种道教碑铭:《田恭墓志铭》(田僙弟子);《中岳真君碑》(田僙负责建设的中岳真君祠碑[①]);《太玄观

[①] 雷闻发现陪同田僙赴中岳建祠的韦陟以文辞、书法名世,推测撰写《唐中岳真君祠碑》的应当就是此人(见《贵妃之师:新出〈景龙观威仪田僙墓志〉所见盛唐道教》,《中华文史论丛》2019 年第 1 期,第 333 页)。若《田僙墓志》作者在创作此段内容时考虑到这一点,恐怕韦陟确实会成为一位不错的人选。此外,《墨池编》中记载了一方《唐高岳真君碑》,录为萧诚书。此"高岳"可能就是"嵩岳",但此碑的创建时间不详,是最初建祠所立还是类似前文引及的华岳真君碑那样在重修时所立,无从得知。见朱长文:《墨池编》卷 6,收《景印文渊阁四库全书》册 812,台北:台湾商务印书馆,1986 年,第 891b 页(原书页 45)。

碑》(恒王等皇子参与建设,田儥在其中担任上座的道观)。兹事体大,不可不重。

三、小　　结

　　以上首先对《田儥墓志》志文中存在的疑问进行一一讨论,接着分析了墓志背后可能存在的严重问题。根据以往的经验而言,伪造道士墓志的情况非常罕见。这显然是因为与政治家、文学家相比,道士墓志不足以吸引足够广泛的关注度,在"市场"上并不吃香。伪造一方道士墓志,与伪造一方著名"俗人"墓志所耗成本类似,但收益则要远远落后。然而,随着道教史研究不断强调新材料的价值,以及道教碑铭材料的搜集整理工作的持续推进,伪造道教碑铭也开始拥有一定的市场吸引力。正如马克思那句经典名言所述,资本自最初便"从头到脚,每个毛孔都滴着血"。当道教碑铭、拓片进入市场成为资本时,它们也便不再只是纯洁的学术资源,而开始沾染上铜臭。不加质疑、毫无保留地接受可能存在问题的碑铭材料,并以之来重建历史,必然导致历史与虚构小说之间的沟壑被填平,致使学术研究的尊严受到严重伤害。

　　笔者并非碑石研究专家,于碑铭义例、碑石考古之学均未窥门径,但鉴于《田儥墓志》具有重大意义,如果其确为伪造而我等又将之作为史料接受,便可能出现整个领域遭到愚弄的严重后果。故不揣冒昧,妄发议论。文中所述,颇有吹毛求疵之嫌,议论、证据也未必全然可靠,还请读者朋友共决悬疑。

第七章　结论：梦幻泡影
——兼论对待新见道教史料之学术伦理

在前面几章有关具体问题讨论的基础上，最后对本书的主题做以简要概括。前文给出的新见道士墓志，除"陶弘景墓志"为民国时期伪造外，其余皆为近年出现，最初于坊间流传的唐代道士墓志。这些新见材料多具有以下几个特点：

第一，绝非出于正经考古发掘，出身和流传经历不详，所谓"考古学信息"（如果确系出土文物的话）根本无从辑考。这些道士墓志多自称埋藏于河南省（尤其洛阳地区），个别自称埋于陕西省（以西安附近为主），但实际的拓片卖家店铺多数开在河南洛阳等地。

第二，由于这些道士墓志出身于伪造或盗掘，因此墓志原石的收藏者、收藏地均不公开。除非贞石易手，被博物馆等单位收购洗白，否则外人基本只能见到拓片，不要说志石本身，就算志石照片也未必可以得见。而缺少石刻信息，无疑给墓志鉴定增添了一些困难。仅就碑石造伪行业的技术和成本来说，制造一张"合格的"拓片，比制造"合格的"墓志刻石要更加容易。

第三，本书所举的这些道士墓志，在新见道士墓志中具有一定代表性。这些墓志均表现出"重要材料"的特征,其价值呈现在内容和外在特征两个方面。内容方面,不少新见道士墓志强调志主本人身份不凡,或出身名门望族,或在著名道观中担任三纲高位,跻身一代高道的行列。这样的道士墓志自然具备补充甚至改写道教史研究的功能和价值。但与碑志的极端褒美不同,这些道士本人在传世和其他史料中往往不见丝毫雪泥鸿爪,不禁令人揣度为何如此著名而重要的道教人物,在道教内外的史料中均未留下历史痕迹。外在特征方面,这些新见道士墓志不少具备很高的书法造诣,不论行楷还是隶书,都可以充当法帖使用。书法水平深深地影响着墓志拓片的销售价格。除此之外,一些新见道士墓志还拥有更具道教特色的形态,其中以依据"五练生尸法"制作的五方天文镇墓石最为典型。这些镇墓石与墓志组成配套系统,比一般单方墓志更为难得,艺术性和市场价值自然也要更高。部分新见唐代道士墓志具有其中一方面重要意义,但综合两方面者亦不少见。

第四,志文本身或多或少存在疑问。与现有材料和观点无法吻合者自不待言,更为重要的是,个别新见道士墓志甚至与最新的研究成果非常吻合,但一追究起细节来却往往令人感到这样的吻合颇有"刻意"的味道。这一现象的出现,不免使人怀疑墓志的"撰写者"是否有可能参考了当下部分研究成果,继而专门创作出符合目前学术观点和旨趣的产品。换言之,这样的迎合方式,充分考虑到目标消费群的要求和需求,用心何其良苦。

这四个主要特点实际可以总结为一句话——部分新见道士墓

志既重要,又疑问重重。面对这样的新见材料,即使暂时放下学术伦理的问题不闻不问,亦不当将之视作可靠"史料"用于学术研究,其间至少要有个材料真伪的辨析过程。

　　就前几章的分析来看,如果书中所呈现的这些新见道士墓志(只要有半数、甚至三分之一)确实出自伪造,那么便不难得出一个大胆而惊人的结论,即:随着中外道教学界对道教史研究的推进和对诸如碑石等新材料的学术价值越来越重视,近年来,河南洛阳、陕西西安等地区有可能出现致力于伪造唐代道士墓志的团伙。这些团伙的造伪水平良莠不齐,手段低劣者很容易被自然淘汰,但从其制作出的劣质品(如《萧去尘墓方石文》)中亦可推求出造伪者在撰文、刻字时曾下过一番功夫。手段高超的制造者,首先要迈过刻石和书法技术方面的门槛,但正如众所周知的那样,中原等地伪造墓志是历史悠久、传承有序、工艺成熟的产业,在当代科技和知识的支持下,伪造墓志的刻石、书法、文章义例、做旧等方面早已不构成任何问题,①主要的难度仅集中于志文的撰写工作。

　　伪造碑志文有多种方式,最简单的方式就是改头换面某方真碑志,如《北魏比丘尼统青莲墓志》实际就是《慈庆墓志》的"变脸",伪造者仅改动了《慈庆墓志》中的几个名字。② 这类伪造碑志单看内容一般问题不明显,但一旦对比原本的真材料,是真是假就一目

---

① 伪刻墓志为取信于人,甚至常常不惜毁伤石刻,如伪刻《隋王通妻孙贵墓志》便专门敲为两段。由此亦可见造伪者之用心和决断。有关伪刻《隋王通妻孙贵墓志》的情况,见牛红广:《隋唐墓志伪刻辨析》,《文物鉴定与欣赏》2014 年第 4 期,第 31—33 页。

② 宫万松:《北魏墓志"变脸"案例——北魏比丘尼统青莲墓志识伪》,《中原文物》2016 年第 1 期,第 84—86 页。

了然。另有一种方式,是在现有传记的基础上,东拼西凑伪造新的碑志。这些所谓的现有传记,包括正史、碑刻等多种形式。如《张猛龙墓志》,实际就是依据著名的《张猛龙碑》制作出的材料,志文虽然多能与真碑应和,但假的毕竟真不了,毫无史料价值可言。① 此两类手段伪造出的碑志尽管可以在某个时间段里欺骗大众,但一旦发现其资料来源,问题自然迎刃而解。如《元伯阳墓志》《给事君夫人寒氏墓志》之类便如此,虽能骗得一时,终究骗不了一世。② 最后一种方式,难度最大,也最不容易成功,即完全"凭空"创作一方碑志。这一类造伪,本质上就是虚构出一个历史人物,并试图用合适的语言形式撰写他/她的墓志。然而虚构出的人物和硬造出的文本,容易因与历史记载不符而遭到辨伪,文中几乎没办法避免所有疑难。因此,从道理上讲,想要成功地虚构出符合"历史"的伪刻,就必须查考大量文献,并使用想象力在不同文献中牵连出某种联系,最后以创造的人物填补其中。还是以《萧去尘墓方石文》为例,便可看出这样的向壁虚构,实际也并不是彻底的"凭空"。为达到成功唬人的目的,基础的文献工作必不可少。因此,此类伪刻的优劣,端看撰文者的学识和想象力高度,两种技能结合越好,整理文献时越用心,自然便能创作出越"正确"的碑志文。这样的墓志

---

① 伪刻《张猛龙墓志》刚出现时曾被认为是北魏重要石刻,有学者称"此志书法雄伟俊秀,与碑(案:指《张猛龙碑》)相近。碑字多残此志未伤,诚至宝也"。见马宝山:《跋北魏张猛龙墓志铭》,《收藏家》2002 年第 5 期,第 23 页。但这方墓志确实是今人伪造无疑,有关于此已为学界公认,辨伪见周铮:《张猛龙墓志辨伪》,《收藏家》2002 年第 5 期,第 21—23 页。

② 见陈爽:《中古墓志研究三题》,《隋唐辽宋金元史论丛》2017 年总第 7 辑,第 20 页。

伪造方式较之前两种难度大很多,但由于是重新虚构的产物,因此如果造伪功夫下的深,那么也就可以避免被人发现模仿和抄袭的源头而遭到彻底辨伪。而正是由于此种造伪碑志文的方式有难度,因此撰写志文的作者担心给出信息太多会露出马脚,因此坚守"少说少错"的原则,尽量缩短志文内容,并刻意含糊其词,以试图降低出纰漏的可能。① 但与此同时,此类含糊的、缺少有效信息的伪造碑志,也会因缺少实际史料价值,而在拓片和志石的售价上大打折扣。不难想象的是,有野心且自视甚高的伪刻制造者必然会有更高的追求,创作能与其他文献吻合,同时又充满新内容、具备较高史料价值的文字。而能够创作出这样文字的人,自然便可被称为碑石造伪行业中的"高手"。

是否会真有"高手"参与造伪呢?前文举出的这些唐代道士碑志,泰半作伪痕迹并不算太明显,笔者的质疑很多时候更像是抱着阴谋论的先入之见,发出吹毛求疵的刺耳之声,因此即使笔者本人也不会固执地坚持本书的论点全然正确,而是期待能有其他学者对这些疑问做出合理解释。然《萧去尘墓方石文》的存在确实提醒我们当代伪造唐代道士墓志绝非不可想象的事情,而即使是其中的劣质品也必然是出自"内行"之手。于是,如果说前文指出的各种道士墓志确实存在疑问,那么我们便被迫要考虑这样一种可能,即在"志石"(包括石料、书法、雕刻、做旧等)制作技术已经很成熟

---

① 有关这种情况,本书前文有所提及,辛德勇教授讲座中也曾指出。见辛德勇2020年1月11日于三联韬奋书店举办之讲座《由"打虎武松"看"日本国朝臣备"的真假》,https://www.sohu.com/a/366644413_807827。

的背景下,①造伪者("内行")的学养有可能不断提高,渐渐可以创作出越来越周详、越来越符合当下学界观念和学术需要的唐代道士碑志,而对这些新见材料的辨析也将变得越来越困难。换言之,依目前情况来看,没有任何理由断然拒绝有"高手"参与其事的可能性。尽管我们对当前制造唐代道士墓志的这些"高手"的真实身份毫不知悉,既不知道他们是不是不良学者,也不知道他们是不是从普通"内行"逐渐成长为"高手"的编外人士,但历史上高人作伪却并不是前所未见的事情,其造伪原因有时也并不都是为了追求利益。如据宫万松指出,有一《北魏瑶光寺尼慈云墓志》边款写着"一二八之变,国府迁洛,见市上出土及伪造者甚多,因戏作此石。民国廿一年吴兴周觉书丹,宋香舟撰文"。②《慈云墓志》的这段边款非常有趣,周觉、宋香舟的这次造伪显然并不是为了欺骗,而是对当时洛阳一代石刻赝品横行的戏谑和控诉,他们的造伪由此反而成为辨伪的警铃。然而,为追求名闻利养而造伪的高手也不乏

---

① 有关这些伪造墓志的成熟技术和流传之广,单颖文的文章《新出墓志知多少》是非常值得细读的材料。文章中采访某位自20世纪80年代就开始收藏墓志的民间人士,其人称伪造墓志非常常见,不少已为民营机构、公立博物馆当作真品收藏。文中记述的这段内容非常重要:"近年来,洛阳地区墓志制作水平愈来愈高,许多翻刻墓志都是用真志拓片摹刻,手工制作,人工做旧,有些翻刻品甚至使用过去的石头,辨识越来越困难。'现在的一些假志已经达到90%以上的高仿程度了。'一名文物商人告诉记者,在河南,偃师、孟津、伊川是三大墓志造假'重镇'。据说三地造假商井水不犯河水,分工明确……'有市场,就有造假'。齐渊说,现在已经到了墓志'新发现'的第二阶段,也就是'没得挖了就得靠造假'。20世纪80年代河南、陕西还有宝藏,那时的造假成本远高于'动几下洛阳铲',现在已不可同日而语。如今一块墓志的造假成本在万元左右,到了市场上就是几十上百万地卖。'把假货当真货卖,才能在价格上让别人相信这是真的。'"见《文汇报・文汇学人》2015年7月10日。
② 宫万松:《北魏墓志"变脸"案例——北魏比丘尼统青莲墓志识伪》,《中原文物》2016年第1期,第86页。

其人,最为人所熟知的"佳话"当属书画行业的张大千。张大千尤其擅长模仿石涛(1642—约1707年)画作,多次以自绘仿品冒充真品出售,赚取银圆无数。由于张大千书画水平极高,故很多仿作长期被作为真品收藏在包括故宫博物院、香港艺术馆、台北故宫博物馆、华盛顿弗利尔美术馆、纽约大都会博物馆、伦敦大英博物馆等在内的多家官方博物馆中。是以张大千自诩"画界第一造假高手",徐悲鸿亦赞其为"五百年来画界造假第一高手",实在实至名归。[①] 书画界既有张大千,包括碑石在内的其他制伪行业中当然也很可能有像样的高手坐镇,只是这些高手不如张大千豁达,各个深谙韬光养晦之道,但著名的石刻造伪高手亦有个别为人所知。如曾受聘为国立北平图书馆采访员、故宫博物馆考古调查员的郭玉堂(1888—1957年),常年在家乡洛阳一带收购贩卖碑志、拓片,曾出版《洛阳出土石刻时地记》一书,晚年将收藏献给国家,为碑志文物的保存作出很大贡献。但业界也有人以"近代墓志作伪第一高手"来评价他,称"其时洛阳出土了大量的墓志,如南北朝的《元倪》《石夫人》《元显魏》等,但大凡出土的他是大量翻刻、伪刻,他功力很好、刀法熟练。伪刻墓志多为需要而杜撰,再谎称某日某地出土,蒙了不少行家"。[②]

[①] 有关张大千制造赝品书画出售获利及这些书画在部分著名博物馆的收藏情况,目前已有不少资料可以参考,如潘深亮:《张大千书画辨伪面面观》,《收藏家》1995年第4期,第13—17页;徐国喜:《张大千"伪古画"之管窥》,《中国文艺家》2018年第7期,第5页;肖燕翼:《张大千伪作石涛绘画两例的辨识》,《美术观察》1996年第9期,第56、65—66页。

[②] 李路平:《〈鲁潜墓志〉河南伪造》,《书法世界》2010年9月总第141期,第26页。

第七章 结论：梦幻泡影

仅就撰写碑志内容而言，重头伪造一方道士墓志，所需难度似乎要较虚构其他碑志小一些。究其原因不外乎以下几点。第一，一般的历史学、文献学学者不太关注道教，道教知识储备存在较大缺陷；同时，道教学者多数在历史学、文献学上的造诣有所欠缺。换言之，能够辨识伪刻道教碑志的人相对较少（尽管并非没有）。第二，有关历史上著名道士的记载，现有文献因"儒家本位"等原因，常出现缺环。一些重要的道教人物、事件、宫观，缺少详细记载甚至毫无文献遗迹的现象，并不罕见。在此情况下，出现什么样的道教材料，都不易被判定为伪造，而更可能被认为是补写和纠正既有历史记述的证据。这一观念本身并不算错，但却可以被用来作为"证伪成真"的托词。第三，道教研究毕竟不像一般的历史、文献研究拥有上千年的历程，道教方面的很多历史细节至今都还没有被很好地描述出来。因此，依靠细节情况来对道教碑志进行辨伪，便存在不小的困难。而如果特殊细节无法成为辨伪证据，同时还可能会被认为是新发现的金石义例，那么造伪难度自然可以进一步降低。鉴于以上三个原因，伪造道教碑志对"高手"的门槛要求恐怕较一般碑志为低。当然，想要伪造出石刻精美、内容丰富、契合历史记载的道教碑志，依旧非有毅力和才智者不能胜任。但这样的人才，正如上文所说，从不缺少。

由于道教碑志造伪技术在物质形态上相对比较成熟，因此对新见道教碑志是真是赝的判断，目前还是要更倚重对碑志内容本身的观察和分析。如本书前几章的讨论，尽管结合了书法、字形等要素，但最关注的依旧是志文内容是否合理。换言之，寻找材料叙述的不合理之处,成为论证真伪的关键——同理,驳斥本书中论断的方法自然也就是将找出的各种不合理做以合理性解读。除前面几章举出的例子外,实际还有一些新见唐代道士墓志或多或少存在疑问,这里不妨再简单举两个例子。2009年大唐西市博物馆购入的《蔡逸墓志》(图28①),表面上看问题不大,志石四周花纹雕刻

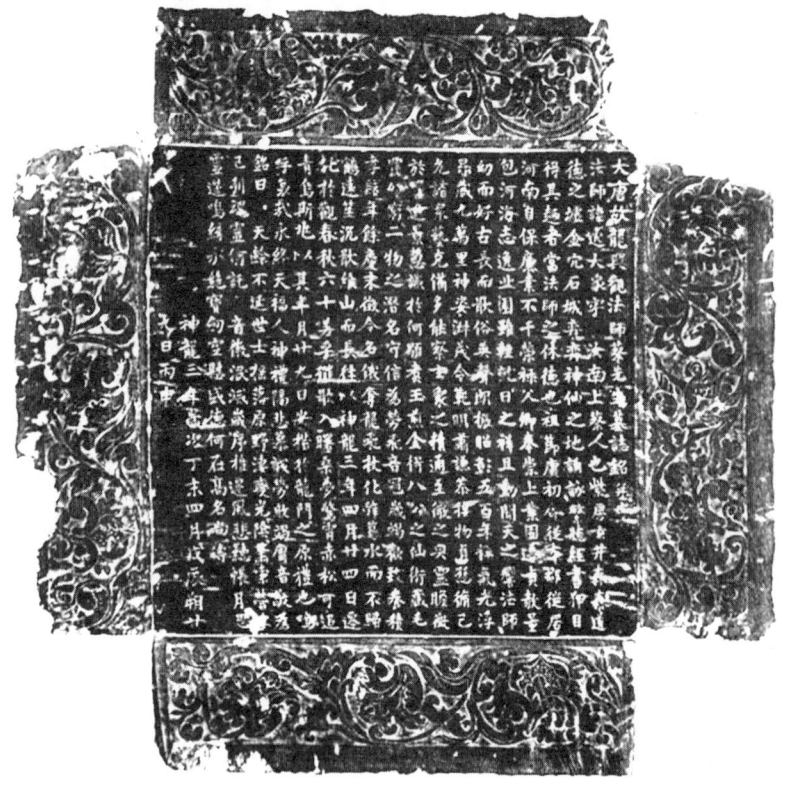

图 28 《蔡逸墓志》

① 图片引自胡戟、荣新江主编:《大唐西市博物馆藏墓志》册中,北京:北京大学出版社,2012年,第154页。

尤其精美。但其中也有疑问，除并非考古发掘，出身不详、考古信息完全不清楚外，最明显的疑问在于墓志最后的建造时间为"廿九日丙申"。"丙"为唐讳，当避而未避，不合规制。这一点当然可以解释为彼时避讳尚不严格的结果，但既然发现避讳存在问题，那么就应当先对这方墓志进行比较精审的考察，之后再决定是否将之作为真品收购和作为可靠史料用于唐代道教历史和文化的研究。

最近，得孙齐兄告知，2020年上半年新出现一《广玄先生庙徐尊师墓志》（图29），志文就很不正常。笔者再查"孔夫子旧书网"，获悉《徐尊师墓志》此时唯陕西省渭南市一家店铺出售，[①]价格较为低廉。从图片可以看到，这方墓志提及阳台观、升玄先生（刘从政）等目前比较熟悉的唐代道教要素，但墓志本身字形古怪，格式不谐，一些句子确实也无法读通。其中"远比习凿齿，近方吴会筠"的"吴会筠"，看上去应该就是指唐代著名道士吴筠（卒于778年）。吴筠确实长期在会稽、天台地区修道，但他本人实际是陕西华阴人，若以地望系名，似乎不当称之"吴会"，又"吴会筠"这样的称谓此前在其他史料中并未出现，因此似乎也不好作为普罗大众都知晓的人物代称来用。但有关这些疑问，到底出在墓志作者山人"孙偘"水平有限，但又肆意用笔，还是又有什么其他别的原因，恐怕仍需具体研究后方能解答。此外，尽管这方墓志没有写明徐尊师埋葬地，但文中提及的人物、事件都指向河南洛阳、王屋山一带（如墓志中提及，刘从政东归后活动于此。根据现在的了解，刘从政晚年

---

① 图片引自"孔夫子旧书网"，http://book.kongfz.com/355412/1938687734/。

图 29 《徐尊师墓志》

主要活跃于洛阳一带[①]），由此不难推测徐尊师的活动地也当在此，其"葬地"或许也更应该在洛阳地区。以是而论，则这方墓志本该埋于洛阳附近，不知是何缘故导致陕西渭南率先出售拓片，致使善于发丘卸岭的中州之地错失近水楼台之利。总之，不论如何，对这方新见《徐尊师墓志》的使用都要格外慎重，未经考实辨伪之前，不可贸然接受。如果最终确证这方墓志又是当代伪品，则恐怕便

---

① 有关刘从政的情况，目前有两篇文章可参考，见雷闻：《传法紫宸：敬宗之师升玄先生刘从政考》，《中华文史论丛》2017年第1期，第59—88页；白照杰：《升玄先生刘从政》，《上海道教》2017年第4期，第65—69页。

有可能反映出唐代道教碑志的造假地有逐渐扩散之趋势,新兴地区所作碑志自然不如"老法师"的作品那么精审。或许正是道教碑志辨伪工作的长期缺失,使这个造伪行当的准入门槛非常低,盈利也变得非常容易。于是,不论关中与关东,都试图同分道教学的一杯羹。

从目前的现实来看,近年来道士碑志(尤其以拓片形式)出世越来越频繁,忽视这批材料必然会给学术发展带来负面影响,而贸然使用则又可能落入造伪者罗织的圈套,进而给相关领域研究造成更为负面的伤害。因此,面对来路不明的新材料时,带有质疑性质甚至吹毛求疵的前期研究往往是最必要但又最常被忽略的步骤。更为复杂的是,即使这些来路不明的"宝贝"都是"真货",在使用时也需考虑其背后可能潜藏的学术伦理和负面影响问题,而不能简单认为"经得起辨伪"就等于"洗白"和"合法"。十多年前,罗新在《南方周末》发表一篇名为《新出墓志与现代学术伦理》的文章。文章中,罗新就非考古发现的墓志等材料是否应该被拿来进行学术研究提出了一些疑问,认为学者正面临着一种两难的困境,这种困境表现为:"一方面我们应当拒绝任何来路不正的研究对象,非法新出墓志当然属于这一范畴,对新出墓志的热衷追捧无疑是在鼓励盗掘;另一方面历史学的取材范围本身是绝无禁区的,一切皆可成为史料。更严重的问题是,一旦相关新史料的出现成为事实,研究者若继续相关主题的研究,而不理会新史料(无论这新史料具有什么样的性质),本身便构成了对学术规范的漠视。"处理这一困境的难度,丝毫不亚于正义论中著名的"电车难题"。罗新在文章最后也没能得出某个确定的论点,而是把重重疑问留给我们,"这样的墓志,我该不该纳入自己的研究范围呢?隔着玻璃橱窗所拍的照片,已经足以让我对这方北魏墓志进行基本的录文和研究,但我是否应当这样做呢?我过去研究过个人(非法)收藏的墓志,写过文章,今后我是否应当拒绝任何此类邀请呢?可是,明明见到了那么有趣的资料,又怎么能够背过身去、装作从未见过呢?"①这些问题确实让人很难回答,但却又是当下学者不得不面对的疑难。

  前文有所提及的单颖文《新出墓志知多少》是对当下墓志造伪、墓志盗掘问题做出的最有价值的报道之一。文中单颖文引用《文物保护法》《文物复制拓印管理办法》等官方文件,明确指出盗掘和私自制作元代及元代以前文物拓片,都属违法犯罪行为。②而既然这些材料出身本身不合法,那么不论材料本身真伪,或许都应当给予某种程度的抵制。单颖文报道中采访了王素,"王素的观点则颇为尖锐:'还不是因为现有的考古材料养活不了这么多人?'他感到,这几年史学界出于对'新材料'的追捧,使得不少墓志研究者过度倚赖出土文献。但资源分配有着天然的不公平,为了尽快出成绩,一些学者就只能想方设法地寻找'新材料',甚至与不法分子勾结,最终导致了'引领学术新潮流的全是盗墓'"。③王素的观点着实有些偏激,据笔者所知,一些学者,尤其是可靠史料比较匮乏的道教学领域的学者,苦心搜集新出材料确实怀有一片提升学

---

① 罗新:《新出墓志与现代学术伦理》,《南方周末》2008年3月6日。
② 单颖文:《新出墓志知多少》,《文汇报·文汇学人》2015年7月10日。
③ 单颖文:《新出墓志知多少》,《文汇报·文汇学人》2015年7月10日。

科水准的公心。但学者的一片苦心,确实又会为盗墓者和造伪者提供一个很有前景的地下市场。这不只是说学者会自己出钱买几张拓片,更为重要的是,学者对新见材料的研究和宣传,可以帮助提升拓片及原石的市场价格,盗掘者和造伪者乐见其成,以便未来进一步出售相应材料时获得更大利益。因此,从道理上讲,笔者怀疑盗掘者和造伪者有可能会主动与学界保持某种联系,在将"产品"投向市场前,率先做局将之披露给学者。因此,作为学者,面对此类现象实在不可不慎,尤其要小心落入圈套,惨遭"打眼"。

那么,到底要怎样对待这些"新见"道士碑志呢?仇鹿鸣曾有一段饱含感情的话,称:"如果学者只能通过非考古途径看到新材料的话,从我个人而言,宁可不要有机会看到这些负载着'原罪'的新材料,让它们安静地留在地下就好。"[①]这句话透露出良知学者的真实感受。然而,这些材料毕竟都已不在地下,相应的考古信息也已经被破坏殆尽。历史不能假设,挖出来的碑志也不可能被原样埋回去。如何对待它们依旧是个棘手的难题。作为普通的底层学者,笔者没有办法提供一个完美的解决方案,这里只能给出我个人的一些选择以供大家参考:第一,对于来历不明的新出道教碑志,能不使用尽量不使用。第二,对于被其他学者收入专书和用来撰写论文的新出道教碑志,至少要重新做简单检讨,先辨析真假。如果是赝品或疑伪,自然依旧弃之不顾。仅就道教研究而言,笔者倾向呼吁对2000年(尤其2010年)之后新出现的、非考古发掘的

---

① 单颖文:《新出墓志知多少》,《文汇报·文汇学人》2015年7月10日。

道教碑志材料进行全面辨析。国内道教学研究水平在近二十年大幅度提升,对新出道教材料的重视也随之提高,此时或许才有伪造一般道士碑志的市场需求。因此,对于此背景下新冒出来的来历不明的道士碑志,绝对有必要抱有警惕。至于已经被其他学者使用的新见碑志,经检验确定比较可靠,那么或许也只能被迫参与讨论——否则便要面临"不入流"的嘲讽。第三,即使使用这些新见材料,也尽量不购买拓片和原石。不论是盗掘者还是伪造者,为出售拓片和石刻都需将相关信息尤其照片刊布出来。对笔者个人而言,得到照片就已经获得碑志的大半信息,[①]剩下的考古信息和出土背景等,即使购买了拓片和原石也不太可能搞清楚,因此笔者对来路不明的拓片和原石不抱有任何收藏的愿望。这一做法,多少算是"反坑"了盗掘者和伪造者一把——既获得他们搞出来的资料,但又拒绝付费。但这一看似聪明的行为,实际还是有可能以"宣传"的方式增加这些材料的市场价值,最终又不自觉地为盗掘者和造伪者所利用。说到底,"买的(还有如笔者这样只看不买的)没有卖的精"!毕竟,即使笔者绝不购买来路不明的史料及其复制品,但总会有收藏家和机构不断购入。至此,一个有些悲观的结论摆在我们面前,在对待来路不明的新见材料时,如何成功解决不违反学术伦理但又要"入流"的两难,对学者而言几乎是个死局。事实或许就是这样,但这样的现状实际也揭示出另一个问题,那就是这样的两难选择不应该都留给学者来面对。笔者认为,这些问题

---

① 当然,获得信息和使用这些信息,依旧是两码事。

的解决实际需要警方和文管部门的大力参与方可取得进展。既然出售"新见材料"者招摇过市(如各种网络店铺和实体店铺公然陈列的那些墓志及拓片),那么顺藤摸瓜总能找到一个个源头,而不论这些源头是盗墓者还是造伪者,终究都是违法者和中国学术及文化遗产的破坏者,理应受到法律制裁。执法和管理不严,是导致盗挖、伪造碑志猖狂的重要原因。因此,对此类问题的解决,要从根本上期待国家对文物市场的管理和纠察工作进一步改善。最终,还是让我们把期待留给伟大的祖国吧。

附　录

华阳有道，勒铭丰碑：
《王洪范碑》与茅山道士王轨详考

　　王远知是隋唐之际最著名的道士，王轨作为王远知的高足，对熟悉中古道教史的人而言并不算太陌生。但总体而言，王轨在道教史上的地位或许遭到后起"茅山/上清宗师"谱系的掩盖与排斥，以至于当下道、学两界谈及王远知门下时常以潘师正、司马承祯一脉为"正宗"，低估了王轨在当时道教界的地位和影响力。① 尽管《中国道教史》等著作依据碑铭和《道藏》材料早已给出简明的王轨生平记述，②

---

① 有关唐代茅山道教及茅山/上清道士的研究数以十计，但在对"代表人物"的描述中，不少论著在王远知之后就衔接潘师正和司马承祯，王轨的作用往往遭到忽视。这一问题与王轨没有进入《茅山志》等材料给出的"茅山宗师"谱系存在一定关联，但唐代的"上清道"教团身份和传承谱系，实际是司马承祯、李含光时代才开始出现的社会认识。有关唐代茅山道教的大致情况，除一般道教史著作外，可参考 Edward H. Schafer, *Mao Shan in T'ang Times*, Second Edition; Boulder, Colorado: Society for the Study of Chinese Religions, 1989；汤其领：《唐代茅山道论略》，《河南科技大学学报（社会科学版）》2008 年第 6 期，第 31—34 页；等等。有关唐代上清道及谱系认识的兴起和影响，参见白照杰：《我心归处是故乡——唐代"上清道"的身份觉醒与法脉建构》（待刊）；白照杰：《中晚唐天台上清正统的重建与赓续——"洞玄灵宝三师"考》（待刊）；等等。

② 卿希泰主编：《中国道教史》第 2 册，成都：四川人民出版社，1996 年，第 125—126 页。

吉川忠夫也曾对王轨相关史料有所讨论,①但这些成果既未获得全面继承,更罕见有意义的推进。鉴于目前道教史著作中有关王轨的描述依旧过于简略,不少问题尚存挖掘空间,故此重新对王轨相关史料及其生平进行考察,以期对中古道教和茅山道教研究贡献绵薄之力。

一、《王洪范碑》基本信息解析

有关王轨的记载,虽有《历世真仙体道通鉴》《茅山志》等道内传记传世,②但最值得信赖者其实还是他的墓碑。围绕这方墓碑,可对王轨道迹进行相对可靠的考察。这里首先来分析这方碑刻的基本信息,其将为我们揭示不少有关王轨的额外认识。

王轨碑全称《桐柏真人茅山华阳观王先生碑文并序》(王轨字洪范,后简称《王洪范碑》),诸如《宝刻丛编》卷15、《宝刻类编》卷2等宋以降金石著作屡屡著录,现有陈垣整理之录文可资参考。③ 陈垣引《重修玉晨观记》之记载,接受此碑毁于嘉靖三年(1524年)的说法。虽碑石无存,但幸运的是,《王洪范碑》因书法卓越而有宋拓本传世。④

---

① 吉川忠夫:《王远知传》,《东方学报》1990年第62号,第84—86页。
② 刘大彬编,江永年增补,王岗点校:《茅山志》卷9,上海:上海古籍出版社,2016年,第155页;赵道一:《历世真仙体道通鉴》卷25,见《道藏》册5,第245a—b页。
③ 陈垣编纂,陈智超、曾庆瑛校补:《道家金石略》,北京:文物出版社,1988年,第58—60页。本文所引《王洪范碑》文字均出《道家金石略》,唯标点、句读时有修订,后不烦出注。
④ 《王洪范碑》书法精湛,被作为唐代小楷经典,为历代书家所重,方得以碑帖形式保存至今。碑帖例见《唐王洪范碑》,上海:上海书画出版社,2000年。

据陈垣测量,此碑"拓本高五尺二寸,广二尺八寸,三十八行,行六十九字,正书"。① 碑文开头给出撰文、书丹者姓名:

散朝大夫行江宁县令于敬之撰
琅耶王玄宗书

此二人均为彼时重要人物,值得稍作考察。

撰文者江宁县令于敬之,相关情况见诸现存史料者甚微。结合《旧唐书·地理志》和《元和郡县图志》的记载,可知江宁县屡次改名,但在太宗贞观九年(635 年)至肃宗至德二年(757 年)间则长期保持江宁之名。② 郁贤皓依《元和姓纂》及《新唐书宰相世系表》考于敬之出身河南洛阳于氏家族,"乃隋右翊卫大将军仲文侄孙。相州刺史敏直从兄弟",可能于唐高宗时期担任复州刺史一职。③ 撰写《王洪范碑》时,于敬之所任官职为江宁县令。沈文凡、孟祥娟在对唐代河南于氏文人的考察中称"又据其所撰王轨碑,应生活在玄宗、肃宗朝",进而否定郁贤皓的观点。④ 然从《王洪范碑》中无论如何看不出于敬之为玄宗、肃宗时人的蛛丝马迹,沈、孟二人亦未给出任何解释,恐系误读碑石的结果。事实上,尽管《王洪范碑》并未直接写明撰碑时间,但从碑文内容可知此碑必然写于王轨逝

---

① 陈垣编纂,陈智超、曾庆瑛校补:《道家金石略》,北京:文物出版社,1988 年,第 58 页。
② 李吉甫撰,贺次君点校:《元和郡县图志》卷 25,北京:中华书局,1983 年,第 594 页。
③ 郁贤皓:《唐刺史考全编》卷 194,合肥:安徽大学出版社,2000 年,第 2650 页。
④ 沈文凡、孟祥娟:《唐代河南于氏家族文学缉考》,《古籍整理研究学刊》2010 年第 2 期,第 79—80 页。

世后不久，《王洪范碑》开头即指出：

> 谨命终南山万福观道士鞠元敬祗召先生□□□□辰，先生霞装奄俶。鞠法师痛征音之永隔，收蕤松涧；弟子祁行则、丁玄亮等，悲陟岵之长往，采绚芝岩，共勒丰碑，同甄盛烈。

这段文字向来没有引起注意，但其中既言明了立碑缘起，又给出了王轨晚年的一些信息，因此不论对于确定此碑撰成时间，还是对于王轨生平记述而言，实际都非常重要！历代帝王常常征召宗教领袖、有道高人入宫讲学，宗奉老君为圣祖的唐代皇帝更不例外。根据这则记载，终南山万福观道士鞠元敬奉命赴茅山征召王轨，但当他抵达茅山时王轨已经辞世。于是与王轨弟子祁行则、丁玄亮等人为之制作墓碑以为纪念。根据碑刻后文所述，王轨卒于乾封二年（667年）十一月八日，至当月十七日下葬。鞠元敬奉命征召当在此前不久，获悉噩耗和为之立碑也当在同一背景之下。因此，当可确定此碑之撰写和建造均在乾封二三年间。如是，则担任江宁县令的撰碑人于敬之也只能活跃于唐高宗在位前后，而不太可能在五十年后的玄宗时期依旧担任地方官职，更不可能是近百年后肃宗朝（757—761年在位）的人物。郁贤皓的观点显然更符合事实，后人的纠错反而有误。有关于敬之，目前所知还有一方碑刻与之相关。《金石录》等材料著录《唐襄州孔子庙堂碑》，题为垂拱元年（685年），亦为"于敬之撰"。①

---

① 赵明诚：《宋本金石录》卷4，北京：中华书局，1991年，第93页。又见《宝刻丛编》卷3、《六艺之一录》卷25等。

图30 《王洪范碑》传世拓片①

二者当为一人,可知于敬之至少在武后在位(685—704年)初年依旧在世,且可能任职襄州。由这两方见于金石学家著录的碑石,可了解于敬之在碑铭文学方面具有一定才能。不难推测,于敬之拥有茅山地方长官和优秀文学家的双重身份,故鞠元敬和王轨弟子们方会请其为王轨创作碑文。

书丹者琅耶王玄宗(632—686年)是初唐时期著名的道家人物。有关王玄宗的情况,各界关注不多,除吉川忠夫外基本仅依靠《新唐书·王绍宗传》对之进行描述。更为充实可信且触手可及的王玄宗资料迟迟不被讨论。首先来看《新唐书》的相关记载。王玄宗是王绍宗(字承烈)的兄长,《新唐书》称他们是"梁左民尚书铨曾孙,系本琅邪,徙江都"。②王绍宗少年家贫,但颇嗜书法,曾在僧坊为人写书维生。后显达,累进秘书少监等职。据信其书法造诣颇高,可与虞世南(558—638年)比肩。兄长王玄宗,"隐嵩山,号太和先生,传黄老术"。③《新

---

① 引自《唐王洪范碑》,上海:上海书画出版社,2000年。
② 欧阳修、宋祁:《新唐书》卷199,北京:中华书局,1975年,第5668页。
③ 欧阳修、宋祁:《新唐书》卷199,北京:中华书局,1975年,第5668页。

《唐书》的这一记载过于简略,幸有《大唐中岳隐居太和先生琅耶王征君临终口授铭并序》(后简称《口授铭》)可补其阙。吉川忠夫在对《王洪范碑》的讨论中,就曾对《口授铭》的基本情况有所介绍。《口授铭》刻石河南登封老君洞南,内容为王玄宗临终口授遗言,由王绍宗手书记录,后者还为之写下长长的《序》,其中亦提供不少信息。正如前引《新唐书》所述,王绍宗书法技艺精湛,故此碑铭作为唐代书法精品早获重视,碑文录入《中州金石记》《金石萃编》等多种金石著作,陈垣等人整理之录文亦可参考。① 王绍宗在《序》中称,垂拱二年(686年)孟夏(四月)四日,六兄王玄宗"见疾太渐","侨居惠和里之官舍"。某日,王玄宗向七弟王绍宗交托自己的丧葬安排,希望遵从自然无为之道,一切从简。此事发生时,"沛国桓先生道彦,亦在吾兄之侧"。桓道彦听闻王玄宗意见后,感慨王玄宗所言是"真率之理,道流所尚",必然遵从。其后,"升真潘先生门徒,同族名大通,越中岳而来,自远问疾"。此处所谓"升真潘先生"当指著名的嵩山道士潘师正(586—684年)。有关潘师正的情况已有数以十计的研究,此无须赘言。有疑问的是,潘师正号"体玄","升真"是其师王远知的谥号。《授堂金石跋》认为"此称升真,蒙其师王远知号也",②暂从其说。所谓"同族",当指大通与王玄宗、绍宗为同族。王大通得知王玄宗命不久矣并自主安排葬事后,请求王玄宗归神嵩山中顶石室。潘师正生前修道嵩山,故王大通

---

① 陈垣编纂,陈智超、曾庆瑛校补:《道家金石略》,北京:文物出版社,1988年,第71—72页。本文所引《口授铭并序》文字均出此书,后不专门出注。
② 见王昶:《金石萃编》卷60,收《石刻史料新编》第1辑,台北:新文丰出版社,1977年,册2,第1027a页。

称"曩者升真临终一令宅彼",如能葬身其中,亦可与两年前(684年)刚刚羽化的潘师正接续友谊。王玄宗允可,并要求随意选以青石,刊刻碑铭。王绍宗接着介绍称,族人亲友根据王玄宗的行为举止,"强号曰'太和先生'"。王玄宗继而开始自述铭文,王绍宗依兄口授恭录之。在所授铭文中,王玄宗自述,其字"承真","本琅耶临沂人,晋丞相文献公十代孙。陈亡过江,先居冯翊,中徙江都"。王玄宗自称年五十五命终,希望后人可将自己葬在嵩山"中顶旧居之石室",认为伊洛之间乃"吾祖上宾之地",得葬于此,"几不忘本也"。最后,王玄宗口述一篇四字铭文。根据《口授铭》可知,《王洪范碑》中所谓的"琅耶王玄宗"其实是王玄宗对自家郡望的追溯,他本人的出生地和早年生活的地方实际是江都(扬州)。《口授铭》中出现的"沛国桓先生道彦"也不是一般人物,根据泰山上保存至今的唐代《岱岳观碑》中的一段记载可知,武周圣历元年(698年)大弘道观观主桓道彦带领弟子人等,①奉敕在东岳设金箓斋河图大醮,"七日行道,两度投龙,遂感庆云三见。用斋醮物,奉为天册金轮圣神皇帝敬造等身老君像一躯并二真人夹侍"。活动期间兖州当地官员一同参与,并刻名碑上。② 不难发现,以王玄宗为中心,

---

① 桓道彦此时应该是刚任弘道观观主不久。根据《宋高僧传》和《佛祖统纪》等材料的记载,炼师杜乂在武周万岁通天元年(696年)之前担任弘道观观主,当年反出道门,皈依佛教。此事发生后,桓道彦方才可能继任观主。有关杜乂事件,见赞宁撰,范祥雍点校:《宋高僧传》卷17,北京:中华书局,1987年,第414页;志磐撰,释道法校注:《佛祖统纪》卷40,上海:上海古籍出版社,2012年,第696页。此外,桓道彦还参与了中宗神龙年间有关是否禁毁《化胡经》的佛道论争,相关记载,见赞宁撰,范祥雍点校:《宋高僧传》卷17,北京:中华书局,1987年,第415—416页。

② 《岱岳观记》录文及部分金石跋文,见王昶:《金石萃编》卷53,收《石刻史料新编》第1辑,台北:新文丰出版社,1977年,册2,第888b—903a页。

串联起了"琅耶王氏"（自称）、嵩山潘师正教团、东都弘道观主桓道彦等多个重要群体，反映出嵩洛道教内部交流的重要面相。然而，这样一位主要活跃于洛阳地区的道家人物，为何会成为《王洪范碑》书者？由于王玄宗相关记载依旧不够充分，《王洪范碑》本身也未给出相关信息，有关这一问题目前不易回答，但当我们回忆起与王玄宗交好的潘师正恰与王轨是同门师兄弟，那么正如吉川忠夫所述，一个可能的推测便是潘师正有可能在书碑一事上发挥了中介作用。①

最后，目前所能见到的《王洪范碑》拓片和录文均为碑阳文字，但碑阴实际续刻有其他内容。据宋陈思《宝刻丛编》记载，《唐华阳观主王轨碑》"后有总章二年，弟子李义廉题名《集古录目》"。②《宝刻类编》给出了类似的记载："李义廉。王轨碑后题名。总章元年六月，升。"③由于碑石已毁，且拓片仅拓碑阳，有关碑阴题刻的原本内容已无从得知。但碑石焚毁前编修的（至大）《金陵新志》给出了一个非常有用的记载，称："《桐柏王法师碑》……李义廉奉敕使还篆六字碑额。"④《金陵新志》过于简短，文字理解存在歧义，但最可能的解释是：李义廉此次是奉高宗敕命，返回茅山，开展对王轨的纪念活动，其间为王轨碑增补了六个字的篆书碑额。换言之，"李义廉奉

---

① 吉川忠夫：《王远知传》，《东方学报》1990 年第 62 号，第 84 页。
② 陈思：《宝刻丛编》卷 15，《石刻史料新编》第 1 辑，台北：新文丰出版社，1977 年，册 24，第 18327a 页。颢名误"轨"为"乾"。
③ 陈思：《宝刻丛编》卷 15，《石刻史料新编》第 1 辑，台北：新义丰出版社，1977 年，册 24，卷 2，第 18421b 页。
④ 张铉：（至大）《金陵新志》卷 12 下，见《景印文渊阁四库全书》，台北：台湾商务印书馆，1986 年，册 492，第 486a 页。

敕使还"的问题,很可能是王轨死后李义廉(随奉命征召师傅的鞠元敬一同?)赴京城向高宗奏报消息,而后高宗令其返茅山致哀。有关六字碑额(或即"桐柏王法师碑")及其撰者,因缺少明确记载,不能确定是否由李义廉所书。但《王洪范碑》文中给出的王轨门下得意弟子(包括祁行则、丁玄亮及包方广等,见后文)并不包括李义廉在内,可推测李义廉在王轨门下地位未必很高,应当不具有篆额的身份。倘如是,则书额者可能另有其人——高宗本人亦非绝无可能。不论如何,至此已可从王轨碑碑阴的点滴信息中了解到,王轨羽化后两年内,唐高宗下敕举哀纪念,于总章元年(668 年)在茅山举行纪念活动,期间为王轨碑增补六字篆额,弟子李义廉等人为纪念此事刻文碑阴。①

从以上对《王洪范碑》基本情况的考察可以发现,王轨的羽化引起了朝廷和道教内部的重视。朝廷方面,不论是江宁地方还是高宗代表的李唐中央都对之表示哀悼;道教内部除王轨门下和奉敕前来的鞠元敬等人积极为之安排葬事,与王轨师出同门的潘师正和嵩洛地区的著名道家人士也参与其间,由此可略窥王轨在当时道教内外的重要影响力。高宗皇帝、使者鞠元敬、撰碑人县令于敬之、书丹者王玄宗、师兄弟潘师正以及门下弟子等参与立碑和纪念活动的各类人士,组成了王轨的部分社会关系网络。在对这些情况有所了解后,以王轨为中心的道教史画卷方能有效地展开。

---

① 事实上,因为碑阴的刻文是成于这一环境,因此文字可能极为简单,不具有"文章"意义,书体也远不如碑阳精美,故不为后人重视,终无拓片传世。

二、《王洪范碑》碑文为中心的王轨生命历程梳理

在对《王洪范碑》本身有较充分认识后,接下来以此碑铭文为中心,展开对王轨生命历程的梳理工作。

《王洪范碑》较为详细地记载了王轨的传奇一生。碑文称王轨,"字洪范,一字道模,琅耶临沂人",卒于乾封二年(667年),春秋八十八岁,可推其约出生于陈宣帝太建十二年(580年)。碑文称王轨自曾祖以降,历朝任官,具体而言:

曾祖	王筠	梁	散骑常侍、太府卿、度支尚书
大父	王钴	梁	简文太子洗马、招远将军
		陈	大中正,光禄大夫
父	王瑜	陈	著作佐郎、鄱阳国常侍

众所周知,琅耶王氏是中古前期著名的贵族世家,妇孺皆知的王导、王羲之等均出自这一家族。倘王轨确实出自这一簪缨家族,则其在初唐时期仍重地望氏族的时代里,自然会获得较高的社会身份。然而,《王洪范碑》的以上记载却并不属实,这一点详纠王筠和王钴的记载便可知晓。王筠在《梁书》中有专门传记,据称其字元利,琅耶临沂人,祖父即著名的王僧虔。根据《梁书》记载,王筠颇有文学才华,曾奉敕为昭明太子撰写哀册文。大同五年(539年)担任太府卿,六年(540年)迁度支尚书——与《王洪范碑》所述相

符。太清三年（549年），有贼夜攻其家，王筠坠井而亡，年六十九。① 王铦，正史无传，但《王洪范碑》中有关他历任官职的叙述却与《陈书》所记载的王冲极其吻合。《陈书》记载，王冲字长深，琅耶临沂人，祖王僧衍。王冲为梁武帝偏爱，年十八即出仕，"累迁太子洗马、中舍人。出为招远将军"。侯景之乱后，梁敬帝绍泰（555—556年）中，"累迁左光禄大夫、上述右仆射……寻复领丹阳尹、南徐州大中正，给扶"。梁陈禅代后，"解尹，以本官领左光禄大夫。未拜，改领太子少傅。文帝嗣位，解少傅，加特进、左光禄大夫。"至光大元年（567年）薨，年七十六岁。② 不见经传的王铦与彪炳史册的王冲在时代和历任官职上的吻合，不能视为无独有偶的"巧合"，更可能的解释是王冲实际就是王铦的"原型"，《王洪范碑》中王铦（如果此人并非莫须有的话）的荣耀经历是有意的"张冠李戴"。由于王铦并无传记传世，其与王筠是否有父子关系很难确定，但王冲显然不是王筠的儿子，这一点在上文所述二人卒年和年寿上就可看出：王筠生于482年，卒于550年；王冲生于492年，卒于567年。中古重门第，攀附名门是常见的社会现象，出现在王轨身上也不算稀奇。《王洪范碑》记载的王轨父亲王瑜，亦不见其他史料，但一者王瑜时代较近，二者碑文所述王瑜官职不高，可信度或许较曾祖、大父要高一些。

《王洪范碑》记载，王轨"年甫八岁，早丧所天"，"属陈运告终，人身靡托"，乱世之下，王轨"萍流不定，蓬转无依"。依王轨生卒年

---

① 姚思廉：《梁书》卷37，北京：中华书局，1973年，第484—487页。
② 姚思廉：《陈书》卷17，北京：中华书局，1972年，第235—236页。

计算，其八岁时正是陈后主祯明元年（587年），陈朝已危若累卵，次年杨广帅隋军来攻，一年后陈朝覆灭。值陈朝没落之际而丧父，幼年王轨陷入窘境。碑文记载，此时幸有故人相帮，王轨被"携养寄诸包氏，一经慭庑，五载方离"。换言之，少年王轨有五年时间，被寄养于某个包姓家庭。有关此包姓家庭目前也缺少直接材料给出介绍，但王轨门下弟子中的一支却格外引人注意。《王洪范碑》后文给出王轨门下几位杰出弟子的名字，其中便有包方广。此人还出现在贞元三年（787年），陆长源为茅山韦景昭所撰的《华阳三洞景昭大法师碑》中。碑文给出了韦景昭的师承，"初法师事大法师包士荣，荣师事崇玄观道士包法整，整师事上士包方广，广师事华阳观道士王轨，轨师事升玄先生王远知，远知师事华阳隐居陶弘景"。① 家族传承的道士群体非常常见，②张氏天师世家自不待言，唐代而言，著名的邓氏、③叶氏等均可为例。④ 因此，王轨门下这个至少三代、传承有序的包氏道士群体很可能也是出自同一家族。尽管目前没有任何材料证明这个包氏道士群体与收养王轨的包氏存在关系，但二者同宗亦不失一种可能。

《王洪范碑》称少年王轨开始萌发对道教的兴趣，继而拜师王

---

① 陈垣编纂，陈智超、曾庆瑛校补：《道家金石略》，北京：文物出版社，1988年，第165—166页。
② 中古前期的奉道家族学界已有一些讨论，见刘屹：《晋宋"奉道世家"研究》，收其《神格与地域：汉唐间道教信仰世界研究》，上海：上海人民出版社，2010年，第190—220页。
③ 有关麻姑邓氏的问题，见雷闻：《碑志所见的麻姑山邓氏——一个唐代道教世家的初步考察》，《唐研究》2011年总第17卷，第39—70页。
④ 叶氏家族人才辈出，研究综述和新见，见吴真：《为神性加注：唐宋叶法善崇拜的造成史》，北京：中国社会科学出版社，2012年。

远知,人生轨迹出现重要转折。正如开篇所述,王远知是隋唐之际社会影响力最大的道教人物。陈国符、宫内淳平、吉川忠夫、常志静(Florian Reiter)、雷闻等学者已分别从不同角度对王远知的情况进行深入探讨,这些研究为我们呈现出王远知个人及其家族情况,以及他对隋唐中央政治和道教组织的深远影响。① 在包家生活五年之后的王轨,终于投入王远知门下修道。《王洪范碑》对王轨投师王远知的记载,由于充斥太多赞誉文字而使时间逻辑有些缠杂。碑文指出,王远知是当时的道门领袖,"一代伟人",王轨于是"卜居茅谷,为香瓶弟子一十六年",长期伴随王远知左右,接受道学熏陶。接着,碑铭记载道:"先生(王轨)爰及冠年,虔受经法。"事实上,所谓充当"香瓶弟子"的十六年,正是从冠年(二十岁)开始计算的。根据《王洪范碑》后文可知,大业十一年(615 年)王轨被炀帝指派任务,从此长期离开王远知。王轨二十岁时正是公元 600 年,至大业十一年恰 16 年时间。再根据前述他寄养包家五年的情况上推,可知他在十五岁时(即 595 年)方获包氏救济。换言之,王轨在八岁丧父之后,曾在自己家庭中困苦生活七年左右的时间。② 贞观十六年(642 年)江旻所撰《唐国师升真先生王真人立观碑》(后简称《王法主碑》)记载了王远知的基本情况,碑文称王远知

---

① 有关陈国符、宫内淳平、吉川忠夫、常志静等人的研究,雷闻在最近的相关文章中做过总结,学术史回顾可参此文,此不繁赘垒,见雷闻:《茅山宗师王远知的家族谱系——以新刊唐代墓志为中心》,《隋唐辽宋金元史论丛》第 4 辑,第 139—152 页。
② 正是由于《王洪范碑》先说"十六年",而后再话及受学经法一事,因此使人怀疑王轨是否一开始是作为道童服侍王远知,二十岁时"转正"为正式道士。但上文的分析已否定这一怀疑。因此,赵道一等人在《历世真仙体道通鉴·王轨》中的理解是对的:"轨年二十岁,事法主王远知,执巾瓶之礼,凡十六年。"

在开皇十二年(592年)时,受到当时还是晋王的杨广的征召,勉强出山,后请还山,杨广"遣使将送",于人迹罕至之山间修行。开皇十三年(593年),据信王远知得天人劝说,不再坚守独修之道,随即大开法席,广度后学,"山人著录三千许人,并立精舍,实为壮丽"。① 王轨拜师王远知正是此后不久的事情,或许他正是获悉王远知大开道门的消息后才奔赴茅山。根据《王法主碑》的记载,王远知为"琅耶临沂人也"。近年发现的王远知后辈的两方墓志中同样自称出自琅耶王氏,雷闻在研究中对之进行考察,认为二者所述与《王法主碑》记载吻合,接受了王远知家族在南朝和隋代历任高官的看法,认为王远知"家族源出琅耶王氏未必是江旻的伪托"。②前文已讨论过王轨的"琅耶王氏"出身问题。事实上,《王洪范碑》中王轨三代祖先的记述或许不全是撰碑者或王轨弟子辈的凭空创造,而有可能源自王轨本人生前自述。倘若如此,则不论王轨家族是否真的出自琅耶王氏家族,他本人都自持琅耶王氏的身份认同。陈隋递代造成的社会混乱,或许为伪托氏族源流提供了某种方便。同属"琅耶王氏"的身份,或许又对王轨成为王远知亲密弟子起到一些帮助。③《王洪范碑》记载称,王轨"初在法主座下听《老子》《西升》《灵宝》《南华真人论》,退席之迹,即为人讲说,五行俱览,一

---

① 江旻:《唐国师升真先生王法主真人立观碑》,收陈垣编纂、陈智超、曾庆瑛校补:《道家金石略》,北京:文物出版社,1988年,第51—54页。本文所引《王法主碑》均出此书,后不再出注。
② 有关两方墓志信息及讨论,见雷闻:《茅山宗师王远知的家族谱系——以新刊唐代墓志为中心》,《隋唐辽宋金元史论丛》第4辑,第139—152页;引文,见第150页。
③ 根据《王法主碑》的记载,在王远知门下弟子中最杰出的"入室弟子"是陈羽,第二位就是王轨。不幸的是,目前有关陈羽的情况并不清晰。

字无遗"。以至王远知感慨:"吾道东矣,何独康成!"王远知此语使用了郑玄(字康成)的典故。《后汉书·郑玄传》记载郑玄求学于马融门下,当郑玄学成后准备返回山东时,马融评价说:"郑生今去,吾道东矣!"①

《王洪范碑》记载,在茅山跟从王远知学习一段时间后,王远知受隋朝皇帝征召,王轨"从游京洛"。根据《王法主碑》的记述可知,王远知曾至少两次受杨广征召,②第一次就是上文提及的开皇十二年征赴扬州。此次征召应该是指大业七年(611年)的事件。《王法主碑》和《王洪范碑》分别记载了相关情况,二者可以互相参考补充:

> 《王法主碑》:大业七年,炀帝遣散骑员外郎崔凤赍敕书迎请,鉴于涿郡之临朔宫。……六军返幡,扈驾洛阳,奉敕于中岳修斋仪。
> 《王洪范碑》:王法主……追赴东都。先生此辰,从游京洛。……当时奉敕玉清玄坛行道……随后主簿伐玄兔,先生扈从黄龙,车驾凯旋,陪还洛邑。大业十一年,有诏特委先生于河南廿四郡博访缁素、有道术异能、杂技德行、讲说灼然、堪供养者,及精通兵法之徒,并具状追送驾所。

大业七年至十年间,正值炀帝三次亲征高句丽,王轨与师傅一同参

---

① 范晔撰,李贤等注:《后汉书》卷35,北京:中华书局,1965年,第1207页。
② 有关王远知与隋炀帝交往的概要介绍,见王光照:《隋炀帝与茅山宗》,《学术月刊》2000年第4期,第74—79、97页。

与了这一历史事件。《王洪范碑》的记载在时间线索上似乎依旧有些混乱,这一点集中表现在有关玉清玄坛的问题上。玉清玄坛(或者玉清观)是王远知长期居住的一所道观,雷闻指出,著名的茅山太平观虽是为王远知所建,但王远知去世时太平观其实刚刚动工。事实上,在更早的朝廷诏令中王远知一直被冠以"玉清观道士"的名号。① 然而,有关玉清玄坛建于何时、何地,分别有两种说法,略举几例,如下:

时 间	
1. 炀帝继位,崔凤为使,双方临朔宫相会后	《真系》(见《云笈七签》卷5) 《旧唐书》卷192 《太平御览》卷726 《历世真仙体道通鉴》卷64
2. 晋王镇扬州时	《谭宾录》(见《太平广记》卷22)

地 点	
1. 东都	《旧唐书》192 《太平御览》卷726
2. 江都	《谭宾录》(见《太平广记》卷22) 《历世真仙体道通鉴》卷64

事实上,相对严谨的史料均将玉清玄坛的地址放在东都洛阳,且将建造时间放在隋炀帝大业七年征召王远知之后。换言之,玉清玄

---

① 雷闻:《茅山宗师王远知的家族谱系——以新刊唐代墓志为中心》,《隋唐辽宋金元史论丛》第4辑,第143页注5。

坛是为安置王远知一行而建,只有当王远知等人开始定居洛阳后才有建造必要。如此,则王轨不可能先"奉敕在玉清玄坛行道",再"扈从黄龙",征伐北地。而只能是如《王法主碑》的记载那样,先赴涿郡临朔宫与炀帝相会,[①]而后返回洛阳并入住玉清观。鉴于《王洪范碑》前文也存在文字处理不当而导致时间线索混淆的情况,而《王法主碑》撰刻时当事人之一的王轨亲身参与其事,故此处似仍应当以《王法主碑》的记载为依据来清理时间顺序。"返还洛阳"和"玉清行道"的先后顺序目前已可确定,但王远知和王轨到底是何时返回洛阳呢?尽管隋炀帝在大业十年(614年)方才最终"胜利结束"与高句丽的三次战争,但吉川忠夫和雷闻的研究认为第一次征辽失败后,隋炀帝于大业八年(612年)七月班师,九月抵达洛阳,并且认为此时王远知一同归来,从此流寓东都二十余年。[②] 然而,似乎《王法主碑》等材料在这一时间上并未给出直接记载,因此有关王远知和王轨开始旅居洛阳的时间并不那么好确定。但不论如何,最晚至大业十年,二人也已可"奉敕在玉清玄坛行道"了。

根据上引《王洪范碑》文字可知,高句丽战争结束后不久,王轨就被委任外出河南二十四郡,寻访异人奇才。碑记接着记载,王轨"以兹衔名,言归旧庐",期间隋末混战爆发,以致"关河路绝,因即避乱名山,遂历天台、赤城、四明、桐柏、金庭、蔡嶼、缙云、若邪",

---

[①] 有关临朔宫,吉川忠夫有过简要考述,见《王远知传》,《东方学报》1990年第62号,第82页。
[②] 吉川忠夫:《王远知传》,《东方学报》1990年第62号,第82页;雷闻:《茅山宗师王远知的家族谱系——以新刊唐代墓志为中心》,《隋唐辽宋金元史论丛》第4辑,第144页。

"日月居诸,复淹十载,而黔黎涂炭,县命有归"。在避难天台山地区的十年里,王轨与师傅王远知失去联系。正如众所周知的那样,彼时王远知脱离杨隋集团,投身李唐政权,在李唐的创业战争中辅佐李世民等人,为后者树立起道教信仰上的统治合法性,赢得舆论支持,从而又在道教与李氏统治家族之间建立起桥梁。根据《王洪范碑》记载,在天台山附近避难十年后,随着李唐政权取得决定性胜利和江南社会的逐渐稳定,王轨"背天台,还地肺,入轩辕而法驾,游郏鄏而谒真人"。地肺自然就是指又名地肺山的茅山,"轩辕"黄帝据信活跃于河南一带,"郏鄏"则是洛阳的古地名之一。这段文字显示,王轨离开天台山后首先回到茅山,继而又转赴洛阳拜见王远知,师徒二人终于团聚。根据目前所知的情况来看,王远知自大业七年之后似乎长期以洛阳玉清观为中心开展活动,《王法主碑》记载他在贞观九年(635年)前请求还山获准,太宗即"诏洛州资给人船"。而事实上,王远知返回茅山数月之后便仙逝了(贞观九年八月十六日)。在洛阳与师傅相会后,王轨被委以重建许陶旧观的任务,率先返回茅山。《王洪范碑》对此事记载较为详细:

> 于时法主上承恩梓泽,未果言之柳汧,①故遣法师先还,修葺许陶遗址。此观梁武皇帝于许真人旧宅为陶隐居建立,号曰朱阳。皇明启运,更以华阳为目。……而旧基夷漫,余迹沦芜,先生更剪棘开场,肇兹崇构。敬造正殿三间,两庑并及讲

---

① 雷平山又柳汧水,见吉川忠夫:《王远知传》,《东方学报》1990年第62号,第98页注2。

堂、坛靖、房宇、门廊……又于殿内奉造元始天尊像一躯,光跃丈八。左右真人夹侍,神仪肃穆,法相希微。

《王洪范碑》全称即以华阳观加诸王轨名上。根据引文所述,这所道观具有极其重要的象征意义,其本身与江南道教尤其上清传统的著名人物相联系,对此道观的继承在一定程度上象征着对传统的自觉归附。尽管作为道教团体和组织的唐代"上清派"在此时尚未获得稳定的社会身份和团体认同,但王远知和王轨的这一举动却能够成为后来正式打起"上清"旗帜的司马承祯和李含光等人的历史资源。吉川忠夫曾对王轨华阳观的问题有所涉及,认为《王洪范碑》中记载的奉造元始天尊和左右真人,就是江旻所撰《王法主碑》里的"又于内殿奉为文德皇后造元始天尊像一躯,二真夹侍"。[①] 但这里可能存在误会,《王法主碑》所记载的三尊神像建于太平观中,王轨所建神像则是在华阳观里,二者并不相同。王轨所造之像仅称"奉为",造像原因不详。但有可能的是,文德皇后(601—636年)卒后,朝廷令茅山的太平和华阳等观均造天尊、真人像,此为皇后追福。换言之,尽管是两处分别的造像,但二者可能拥有同样的造立背景。

与前半生犹如转蓬、颠沛流离相比,王轨中年便开始过上了稳定安宁的生活。《王洪范碑》记载,重回茅山的王轨除良好地完成了重建华阳观的任务,晚年还有其他一些活动:

---

① 吉川忠夫:《王远知传》,《东方学报》1990年第62号,第86页。

法师住于名山福地，感遇真经，晚居华阳，又摸写上清尊法、洞玄洞神符图秘宝，并竭钟卫之楷模，尽斑倕之剞劂，缄封静室，永镇山门。先生自幼及长，恒味松术。平生斋讲传授，所有信施，并入功德，赒救贫无。

碑文盛赞王轨的书法造诣，其手书大量道经"永镇山门"，使华阳观拥有了一批固定的经宝，获得经法优势。个人修炼方面，碑铭称王轨善于服食，其中有关服术的问题，王家葵有简要讨论，认为这是王轨师门传统中一向坚持的修道方式。[①] 以斋讲所得法信施舍来救度贫困，显示出王轨慈善济人的一面。接着，时间来到乾封二年（667年）。十一月一日朝礼之后，王轨向门人讲述前夜五更的奇梦，称梦见三位仙人来召，"告云华阳天宫，素已品藻，用师为神仙万人主者，兼知领校省官"。王轨称，此前避难桐柏山期间就曾有此梦，今次势在必行。于是以诸事嘱咐门下弟子，交托各类事务。十一月八日香汤沐浴，九日从容而化，春秋八十八岁。当月十七日，葬于"华阳观南、雷坪山西、陶贞白墓右"。或许正是因为在桐柏山潜修十年，且最早于此山梦到仙官召请，王轨才会被冠以"桐柏真人"的名号。大约就在此时，开篇提及的终南山万福观道士鞠元敬奉诏至茅山征召王轨入京，但终于缘悭一面，只得与祁行则、丁玄亮等人一同主持为王轨立碑事宜。《王洪范碑》序文最后，又给出了此次立碑事件的一些信息，称王轨弟子千余人，其中戴慧

[①] 王家葵：《王洪范碑所见茅山道教饵术传统》，收其《石头的心事》，北京：新星出版社，2011年，第47—49页。

恭、包方广、吴德伟、王元晔最为杰出,他们也参与了王轨碑的撰立活动。正如前文所述,为王轨撰碑一事牵连了江宁地方官和多位嵩洛著名道家人物,从中可以窥见王轨在道教内外的影响力。两年之后,李义廉等人奉高宗敕令展开对王轨的又一轮纪念活动,为《王洪范碑》补撰六字碑额,并刻名碑阴。

三、小　　结

以上考察了《王洪范碑》和王轨的生命历程,通过对碑石情况和碑文记述的双重考索,有关隋至初唐时期茅山道士王轨的大致情况目前已较为清晰。从有关唐代茅山道教的研究情况来看,有关王远知的问题已获得很多重视。就影响层面而言,王远知与李唐朝廷之间的密切互动当然是其教团及相应道教场所能够走向兴盛的重要原因。但王远知本人直到去世当年方返回茅山,茅山道观的重建工作实际是由包括王轨在内的门人弟子来操刀,这些人的经历和作为同样值得关注。

在对王轨的考察中,笔者试图将之放入恰当的历史和社会环境中进行理解。如此不但可以增进对王轨本人经历的认识,更能透过王轨个人收获彼时道教界的更多信息——一沙一世界,个体往往蕴藏着时代的普遍基因。因此,对王轨生平考索的价值并不止步于"考证史实"本身,而是希望能够从他身上发现朝代更迭的大变迁时代里不同地位道士的现实人生。王轨青少年时恰逢乱世且父亲早亡,生活不幸,投师王远知使王轨自然而然地步入社会上层圈子,但当混战爆发时王轨却选择避难天台一隅十年之久。唯李唐鼎革后,方回归茅山,重获安宁,在道教圈子里继续发挥自我价值,在临终前获得皇帝征召的殊荣。与师傅王远知一向高调的人生轨迹不同,王轨的经历充满起伏和不确定,而他本人似乎也更倾向以自然无为、内向隐忍来面对特殊的政治和社会环境。在家国巨变的特殊时代里,像王远知这样积极地与不同政权建立联系的道士毕竟不可能是多数,诸如王轨"有道则显,无道则隐"的道士恐怕要更为普遍。

参考文献

主要原始文献

白居易:《唐故武昌军节度处置等使、正议大夫、检校户部尚书、鄂州刺史兼御史大夫、赐紫金鱼袋、赠尚书右仆射、河南元公墓志铭并序》,收顾学颉校点:《白居易集》卷 70。

白居易著,顾学颉校点:《白居易集》,北京:中华书局,1979 年。

白居易:《送萧炼师步虚词十首卷后以二绝继之》,收彭定求等编:《全唐诗》卷 440。

班固:《汉书》,北京:中华书局,1962 年。

《宝刻类编》,收《石刻史料新编》第 1 辑,册 24。

北京图书馆金石组编:《北京图书馆藏中国历代石刻拓本汇编》,郑州:中州古籍出版社,1989 年。

北京大学图书馆金石组胡海帆、汤燕、陶诚编:《北京大学图书馆藏历代墓志拓片目录》,上海:上海古籍出版社,2013 年。

陈尚君辑校:《全唐文补编》,北京:中华书局,2005 年。

陈思:《宝刻丛编》,收《石刻史料新编》第 1 辑,册 24。

陈舜俞:《庐山记》,民国殷礼在斯丛书影元禄本。

陈垣编,陈智超、曾庆瑛校补:《道家金石略》,北京:文物出版社,1988年。

陈振孙:《直斋书录解题》,上海:上海古籍出版社,1987年。

崔格:《唐故东都安国观大洞王炼师(虚明)墓铭》,收吴钢主编:《全唐文补遗·千唐志斋新藏专辑》。

《大唐故韦君夫人胡氏墓志铭并序》,收周绍良主编:《唐代墓志汇编续集》。

道宣撰,郭绍林点校:《续高僧传》,北京:中华书局,2014年。

《道藏》。北京、上海、天津:文物出版社、上海书店、天津古籍出版社,1988年。

董诰等编:《全唐文》,北京:中华书局,1983年。

冯颙:《唐故河南府颍阳县尉裴君(鼎)墓方石文》,收陈尚君编:《全唐文补编》。

杜甫:《李潮八分小篆歌》,见中华书局编辑部点校:《全唐诗》(增订本)卷222。

杜光庭:《洞玄灵宝三师记》,收《道藏》册6。

杜光庭:《道教灵验记》,收《道藏》册10。

杜光庭:《历代崇道记》,收《道藏》册11。

杜光庭:《墉城集仙录》,收罗争鸣:《杜光庭记传十种辑校》。

杜佑撰,王文锦等点校:《通典》,北京:中华书局,2016年。

《洞玄灵宝三洞奉道科戒营始》,收《道藏》册24。

《三洞奉道科戒仪范》,收张继禹主编:《中华道藏》册42。

范晔撰,李贤等注:《后汉书》,北京:中华书局,1965年。

国家图书馆善本金石组编:《隋唐五代石刻文献全编》,北京:北京图书馆出版社,2003年。

郭象注,成玄英疏,曹础基、黄兰发整理:《庄子注疏》,北京:中华书局,2011年。

《汉武帝内传》,收《道藏》册5。

韩愈:《谢自然诗》,见彭定求编:《全唐诗》卷336。

韩愈:《海水》,见彭定求等编:《全唐诗》卷345。

何宁:《淮南子集释》,北京:中华书局,1998年。

黄庭坚:《黄庭坚全集》,成都:四川大学出版社,2001年。

黄庭坚:《以右军书数种赠邱十四》,收任渊等注,刘尚荣点校:《黄庭坚诗集注》。

胡戟、荣新江主编:《大唐西市博物馆藏墓志》,北京:北京大学出版社,2012年。

胡应麟著,顾颉刚校点:《四部正讹》,北京:朴社,1929年。

江旻:《升真先生王法主真人立观碑》,收《道家金石略》。

贾嵩:《华阳陶隐居内传》,收《道藏》册5。

贾善翔:《犹龙传》,收《道藏》册18。

《景印文渊阁四库全书》,台北:商务印书馆,1988年。

李渤:《真系》,收张君房编,李永晟点校:《云笈七签》卷5。

李德裕:《唐茅山燕洞宫大洞炼师彭城刘氏墓志铭并序》,拓片见《北京图书馆藏中国历代石刻汇编》册32。

李昉等编:《文苑英华》,北京:中华书局,1966年。

李林甫等:《唐六典》,北京:中华书局,1992年。

李吉甫撰，贺次君点校：《元和郡县图志》，北京：中华书局，1983年。

李梦生：《左传译注》，上海：上海古籍出版社，2004年。

李商隐：《为马懿公郡夫人王氏黄箓斋文》，收董诰等编：《全唐文》卷780。

李延寿：《南史》，北京：中华书局，1975年。

李益：《同萧炼师宿太乙庙》，收彭定求等编：《全唐诗》卷283。

李邕：《唐东京福唐观邓天师碣》，收董诰等编：《全唐文》卷265；《道家金石略》。

李颙：《二曲集》，清康熙三十三年刻后印本。

李治：《追尊玄元皇帝制》，见宋敏求等编：《唐大诏令集》卷78。

刘大彬编，江永年增补，王岗点校：《茅山志》，上海：上海古籍出版社，2018年。

刘同升：《玄元灵应颂》，收《道家金石略》。

刘昫等：《旧唐书》，北京：中华书局，1975年

刘言：《唐圣真观故三洞郭尊师（元德）墓志》，收周绍良、赵超主编：《唐代墓志汇编续集》，上海：上海古籍出版社，2001年。

黎志添、李静编：《广州府道教庙宇碑刻集释》，北京：中华书局，2013年。

龙显昭、黄海德编：《巴蜀道教碑文集成》，成都：四川大学出版社，1997年。

陆倕：《志法师墓志铭》，收欧阳询：《宋本艺文类聚》卷77。

陆修静：《太上洞玄灵宝受度仪》，收《道藏》册9。

路植：《唐故颍川韩炼师（孝恭）玄堂铭并序》，收赵立光主编：《西安碑林博物馆新藏墓志汇编》。

罗争鸣：《杜光庭记传十种辑校》，北京：中华书局，2013年。

米芾：《书史》，台北：世界书局，1962年。

梅鼎祚：《梁文纪》，《景印文渊阁四库全书》册1399。

孟郊：《送萧炼师入四明山》，收彭定求等编：《全唐诗》卷378。

倪涛：《六艺之一录》，收《景印文渊阁四库全书》册831。

欧阳修、宋祁：《新唐书》，北京：中华书局，1975年。

欧阳询：《宋本艺文类聚》，上海：上海古籍出版社，2013年。

欧阳詹：《李评事进士文集以诗赠之》，收《欧阳行周文集》卷2，收《景印文渊阁四库全书》册1078。

潘明权、柴志光编：《上海道教碑刻资料集》，上海：复旦大学出版社，2014年。

彭定求编：《全唐诗》，北京：中华书局，1960年。

裴汝诚点校：《王安石年谱三种》，北京：中华书局，1994年。

权德舆：《宗玄先生文集序》，收《道藏》册23。

权德舆：《答左司崔员外书》，收《全唐文》卷489。

屈原：《渔父》，见萧统编：《文选》（影印嘉庆十四年胡克家藏本）卷32下。

任渊等注，刘尚荣点校：《黄庭坚诗集注》，北京：中华书局，2003年。

上海图书馆编：《水前本瘗鹤铭》，上海：上海科学技术文献出版社，2015年。

《上清曲素诀辞箓》,收《道藏》册 34。

《上清众经诸真圣秘》,收《道藏》册 6。

《石刻史料新编》第 1 辑,台北:新文丰出版社,1977 年。

司马光:《资治通鉴》,北京:中华书局,1956 年。

司马迁:《史记》,北京:中华书局,2013 年。

宋敏求撰,毕沅校正:《长安志》,收《中国方志丛书》,台北:成文出版社,1970 年。

宋敏求编:《唐大诏令集》,北京:中华书局,2008 年。

《宋王安石书楞伽经墨迹》,上海:上海社会科学院出版社,2014 年。

陶弘景著,王京州校注:《陶弘景集校注》,上海:上海古籍出版社,2009 年。

《唐王洪范碑》,上海:上海书画出版社,2000 年。

《唐〈三洞观田法炬墓志〉》,http://mini.eastday.com/a/180512002948994.html?qid=02263。

《田元素墓志》,录文收周绍良主编:《唐代墓志汇编续集》;拓片见王仁波主编:《隋唐五代墓志汇编·陕西卷》册 4。

《天宝七载册尊号赦》,见宋敏求编:《唐大诏令集》卷 9。

王寰:《大唐故上谷郡司功参军张府君墓志铭并序》,收周绍良主编:《唐代墓志汇编》。

王溥:《唐会要》,北京:中华书局,1955 年。

王起:《银青光禄大夫检校礼部尚书使持节梓州诸军事兼梓州刺史御史大夫充剑南东川节度副大使知节度事管内观察处置静戎

军等使上柱国长乐县开国公食邑一千五百户赠礼部尚书冯公神道碑并序》，收董诰编：《全唐文》卷643。

王钦若等编纂，周勋初等校订：《册府元龟》，南京：凤凰出版社，2006年。

王仁波：《隋唐五代墓志汇编》，天津：天津古籍出版社，2009年。

王象之：《舆地碑记目》，收《石刻史料新编》第1辑，册24。

王昶：《金石萃编》卷53，收《石刻史料新编》第1辑，册2。

王宗昱编：《金元全真教石刻新编》，北京：北京大学出版社，2005年。

王宗昱：《〈道教义枢〉校勘》，收其《〈道教义枢〉研究》。

武三思：《大周无上孝明皇后碑铭并序》，收董诰等编：《全唐文》卷239。

吴钢主编：《全唐文补遗·千唐志斋新藏专辑》，西安：三秦出版社，2006年。

吴亚魁编：《江南道教碑记资料集》，上海：上海辞书出版社，2008年。

萧纶：《隐居贞白先生陶君碑》，收李昉等编：《文苑英华》卷873。

萧霁虹编：《云南道教碑刻》，北京：中国社会科学出版社，2013年。

萧统编：《文选》（影印嘉庆十四年胡克家藏本），杭州：浙江大学出版社，2017年。

萧子显：《南齐书》，北京：中华书局，1972年。

谢守灏：《混元圣纪》，收《道藏》册17。

西安市长安博物馆编:《长安新出墓志》,北京:文物出版社,
　　2011年。
许浑:《赠萧炼师并序》,收彭定求等编:《全唐诗》卷537。
徐峤之:《金仙公主神道碑》,收《道家金石略》。
徐松撰,张穆校补:《唐两京城坊考》,北京:中华书局,1985年。
严观:《江宁金石记》,收《石刻史料新编》第1辑,册13。
严可均辑:《全上古三代秦汉三国六朝文》,北京:中华书局,
　　1958年。
姚思廉:《梁书》,北京:中华书局,1973年。
姚思廉:《陈书》,北京:中华书局,1972年。
员半千:《尹尊师碑》,收陈垣编纂,陈智超、曾庆瑛校补:《道家金
　　石略》。
于敬之:《桐柏真人茅山华阳观王先生碑文并序》,收《道家金
　　石略》。
庾信:《贺新乐表》,见李昉等编:《文苑英华》卷569。
赞宁撰,范祥雍点校:《宋高僧传》,北京:中华书局,1987年。
詹大和:《王荆公年谱》,收裴汝诚点校:《王安石年谱三种》。
张君房编,李永晟点校:《云笈七签》,北京:中华书局,2003年。
张继禹主编:《中华道藏》,北京:华夏出版社,2004年。
张万福:《传授三洞经戒法箓略说》,收《道藏》册32。
张万福:《洞玄灵宝道士受三洞经戒法箓择日历》,收《道藏》册32。
张铉:(至大)《金陵新志》,收《景印文渊阁四库全书》册492。
张泽珣:《北魏关中道教造像记研究:附造像碑文录》,澳门:澳门

大学,2009 年。

长孙无忌等撰,刘俊文点校:《唐律疏议》,北京:中华书局,1983 年。

赵超:《汉魏南北朝墓志汇编》,天津:天津古籍出版社,1992 年。

赵立光主编:《西安碑林博物馆新藏墓志汇编》,北京:线装书局,2007 年。

赵明诚:《金石录》,北京:中华书局,1991 年。

赵道一:《历世真仙体道通鉴》,收《道藏》册 5。

赵君平:《邙洛碑志三百种》,北京:中华书局,2004 年。

赵明诚:《宋本金石录》,北京:中华书局,1991 年。

赵卫东、庄明君编:《山东道教碑刻集·青州、常乐卷》,济南:齐鲁书社,2010 年。

赵卫东、宫德杰编:《山东道教碑刻集·临朐卷》,济南:齐鲁书社,2011 年。

赵卫东、王予幻、秦国帅编:《山东道教碑刻集·博山卷》,济南:齐鲁书社,2013 年。

郑畋:《唐故上都龙兴观三洞法经箓赐紫法师邓先生墓志铭》,收董诰等编:《全唐文》卷 767。

志磐撰,释道法校注:《佛祖统纪》,上海:上海古籍出版社,2012 年。

中华书局编辑部点校:《全唐诗》(增订本),北京:中华书局,1999 年。

周绍良主编,赵超副主编:《唐代墓志汇编》,上海:上海古籍出版社,1992年。

周绍良主编:《唐代墓志汇编续集》,上海:上海古籍出版社,2001年。

周应合:《景定建康志》,《景印文渊阁四库全书》册489。

朱长文:《墨池编》,收《景印文渊阁四库全书》册812。

左丘明撰,孔颖达疏:《春秋左传正义》,北京:北京大学出版社,2000年。

主要相关研究

白谦慎:《傅山的世界:十七世纪中国书法的嬗变》,北京:生活·读书·新知三联书店,2015年。

白谦慎:《傅山的交往和应酬:艺术社会史的一项个案研究(增订版)》,桂林:广西师范大学出版社,2016年。

白谦慎:《晚清官员收藏活动研究》,桂林:广西师范大学出版社,2019年。

白谦慎:《与古为徒与娟娟发屋:关于书法经典问题的思考》,桂林:广西师范大学出版社,2016年。

Barrett, Timothy. "The Feng-tao k'o and Printing on Paper in Seventh-century China", *Bulletin of the School of Oriental and African Studies* 60.3 (1997): pp. 538–540.

巴雷特(Timothy H. Barrett)撰,曾维加译:《安史之乱到晚唐的道教与政治》,《宗教学研究》2011年第4期。

白照杰:《道法外传与经需师受——兼论中古道教崩溃之原因》,

《道学研究》2015年第1期。

白照杰：《唐前期（618—755年）法位制度厘正》，《宗教学研究》2017年第1期。

白照杰：《升玄先生刘从政》，《上海道教》2017年第4期。

白照杰：《烟花易冷——周唐鼎革中的太清观主史崇玄》，《中国俗文化研究》2018年第2期。

白照杰：《整合及制度化：唐前期道教研究》，上海：格致出版社，2018年。

白照杰：《效信盟天——晋唐道教传法法信研究》，宣读于2018年10月上海财神庙承办、华东师范大学明道道教文化研究所协办的"财神文化与新时代"研讨会。

白照杰：《唐代女仙谢自然史实及传说阐幽》，《史林》2019年第6期。

白照杰：《华阳有道，勒铭丰碑：〈王洪范碑〉与茅山道士王轨详考》，《中国道教》2020年第2期。

白照杰：《我心归处是故乡——唐代"上清道"的身份觉醒与法脉建构》（待刊）。

白照杰：《中晚唐天台上清正统的重建与赓续——"洞玄灵宝三师"考》（待刊）。

白照杰：《道教"回车毕道箓"之初步考察》（待刊）。

毕罗：《尊右军以翼圣教》，成都：四川人民出版社，2020年。

曹道衡：《兰陵萧氏与南朝文学》，北京：中华书局，2004年。

曹锦炎：《浙江大学藏战国楚简》，杭州：浙江大学出版社，

2012年。

曹锦炎：《浙大楚简，毋庸置疑——从文本角度论浙大楚简的真实性》，《光明日报》2012年6月18日。

曹锦炎：《再论浙大简的真伪——答邢文先生》，《南方周末》2012年7月19日。

Chavannes, Edouard. "Le jet des dragons," *Mémoires concernant l'Asie Orientale* 3, Paris, 1919.

陈国灿、刘健明编著：《〈全唐文〉职官丛考》，武汉：武汉大学出版社，1997年。

陈礼：《南兰陵与萧氏籍贯考》，《北方文学》2017年总第33期。

陈尚君：《贞石诠唐》，上海：复旦大学出版社，2016年。

陈世华：《瘗鹤铭、天监井栏与陶弘景书法》，《书法研究》1985年第4期。

陈世华：《陶弘景书墓砖铭文发现及考证》，《东南文化》1987年第3期。

陈爽：《中古墓志研究三题》，《隋唐辽宋金元史论丛》2017年总第7辑。

陈燕：《浙大简与其他楚简字形对照专题研究》，西南大学，硕士论文，2014年。

陈垣：《二十史朔闰表》，合肥：安徽大学出版社，2009年。

陈垣：《史讳举例》，北京：中华书局，2016年。

陈寅恪：《天师道与滨海地域之关系》，原刊于《中央研究院历史语言研究所集刊》1933年总第3本第4分册；复收《金明馆丛稿初编》。

陈寅恪:《金明馆丛稿初编》,北京:生活·读书·新知三联书店, 2001年。

陈朝云:《河南散存散见及新获汉唐碑志整理研究》,北京:科学出版社,2019年。

陈志远:《地方史志与净土教——谢灵运撰〈庐山法师碑〉的杜撰与浮现》,《魏晋南北朝隋唐史资料》2016年总第34辑。

陈志远:《六朝佛教史研究论集》,新北市:博扬文化事业有限公司,2020年。

陈忠凯:《西安碑林博物馆藏碑刻总目提要》,北京:线装书局, 2006年。

程章灿:《石刻刻工研究》,上海:上海古籍出版社,2008年。

大渊忍尔:《三洞奉道科戒仪范の成立》,收其《道教とその经典》。

大渊忍尔:《道教とその经典》。东京:创文社,1997年。

丁煌:《叶法善在道教史上地位之探讨》,原刊《成功大学历史学报》1988年第14期,又收其《汉唐道教论集》。

丁煌:《太清宫制度考》,原文分上下,分别刊《成功大学历史学报》1979年第6期、1980年第7期;复收其《汉唐道教论集》。

丁煌:《汉唐道教论集》,北京:中华书局,2009年。

杜勇:《清华简〈尹诰〉与晚书〈咸有一德〉辨伪》,《天津师范大学学报(社会科学版)》2012年第3期。

杜志强:《兰陵萧氏家族思想信仰分析》,《宁夏师范学院学报》2009年第4期。

房德邻：《决不能把伪简当做"中华文明的根脉"》，《湖南大学学报（社会科学版）》2014年第3期。

方若著，王壮弘增补：《增补校碑随笔》，上海：上海书店出版社，2008年。

高亨纂著，董治安整理：《古字通假会典》，济南：齐鲁书社，1989年。

高嵩：《对〈"坎曼尔诗签"辨伪〉的疑问》，《塞上文坛》1991年第4期。

盖建民、王昊：《上清派"法物"之道教义涵研究》，《湖南大学学报（社会科学版）》2019年第6期。

宫万松：《北魏墓志"变脸"案例——北魏比丘尼统青莲墓志识伪》，《中原文物》2016年第1期。

孤岛、梁越：《"坎曼尔诗签"真乎，伪乎？》，《丝绸之路》2000年S1期。

管俊伟：《从兴唐观到玄真观：中晚唐长安一个道教师门的沉浮》，《中国社会历史评论》2017年第19卷。

桂斌：《兰陵萧氏萧峃一门在隋唐兴盛之原因试析》，《山东青年》2014年第11期。

郭沫若：《〈坎曼尔诗笺〉试探》，《文物》1972年第2期。

郭沫若：《出土文物二三事》，北京：人民出版社，1972年。

郭沫若：《十批判书》，北京：东方出版社，1996年。

郭平梁：《有关〈坎曼尔诗笺〉的若干史事》，先后在《西域研究》1992年第2期和《新疆日报》1992年8月10日发表。

郭武主编：《道教教义与现代社会国际学术研讨会论文集》，上海：上海古籍出版社，2003年。

海丽：《北魏门阀婚姻制之代表家族——冀州长乐信都冯氏与北魏皇宗室及显族联姻关系探论》，《理论学刊》2011年第6期。

韩理洲：《全唐文诏敕考辨》，西安：三秦出版社，2017年。

韩松涛：《浙江大学图书馆新藏墓志拓片内容与专题概述》，《浙江大学图书馆古籍碑帖研究与保护中心简讯》，2016年10月试刊号总第9期。

黄海德：《道教碑文之史料价值初探——以明〈道藏〉为例》，《西华师范大学学报（哲学社会科学版）》2016年第2期。

胡鸿：《从马援铜柱到溪州铜柱——文本与物质的交错互动》，收《唐研究》2017年总第23卷。

胡可先：《新出石刻与唐代文学家族研究》，北京：北京大学出版社，2017年。

胡戟、荣新江主编：《大唐西市博物馆藏墓志》，北京：北京大学出版社，2012年。

江岚：《历代碑刻辨伪研究综述》，西南大学，硕士论文，2007年。

Jia Jinhua, "Destiny and Power of the Ordained Royal Women," in her *Gender, Power, and Talent*, 18-49.

Jia Jinhua, *Gender, Power, and Talent: The Journey of Daoist Priestesses in Tang China*. New York: Columbia University Press, 2018.

贾梅：《唐〈东明观孙思墓志〉考释》，《碑林集刊》2004年总第

10期。

姜广辉:《〈保训〉十疑》,《光明日报》2009年5月4日。

姜广辉:《"清华简"的鉴定可能要经历一个长期过程——再谈对〈保训〉篇的疑问》,《光明日报》2009年6月8日。

姜广辉:《〈保训〉疑伪新证五则》,《中国哲学史》2010年第3期。

姜同绚:《唐代墓志文化词语专题研究》,北京:人民出版社:2019年。

吉冈义丰:《三洞奉道科戒仪范の成立について》,收其主编:《道教と佛教》第三册。

吉冈义丰主编:《道教と佛教》第三册,东京:国书刊行会,1976年。

吉川忠夫:《王远知传》,《东方学报》1990年第62号。

金滢坤:《论中晚唐五代科举考试的复核、复试及监察制度》,《首都师范大学学报(社会科学版)》2008年第5期。

江胜信:《惊世"清华简"》,《文汇报》2016年10月9日。

景遐东:《新出阎仲连、萧守规墓志与唐代萧氏及其他文化世家姻亲研究》,《苏州大学学报(哲学社会科学版)》2015年第1期。

《"近年出土材料中,清华简最重要"》,《文汇报》2018年11月23日。

Kohn, Livia. "The Date and Compilation of *Fengdao keyi*, the First Handbook of Monistic Taoism", *East Asian History* 13/14 (1997), pp. 91-118.

Kohn, Livia ed. *The Daoist Monastic Manual: a Translation of*

the Fengdao kejie. New York: Oxford University Press, 2004.
柯马丁(Martin Kern)著,刘倩译,杨治宜、梅丽校:《秦始皇石刻:早期中国的文本与仪式》,上海:上海古籍出版社,2018年。
雷闻:《五岳真君祠与唐代国家祭祀》,收荣新江主编:《唐代宗教信仰与社会》。
雷闻:《郊庙之外——隋唐国家祭祀与宗教》,北京:生活·读书·新知三联书店,2009年。
雷闻:《长安太清观与〈一切道经音义〉的编纂》,《唐研究》2009年总第15卷。
雷闻:《碑志所见的麻姑山邓氏——一个唐代道教世家的初步考察》,《唐研究》2011年总第17卷。
雷闻:《山林与宫廷之间:中晚唐道教史上的刘玄靖》,《历史研究》2013年第6期。
雷闻:《茅山宗师王远知的家族谱系——以新刊唐代墓志为中心》,《隋唐辽宋金元史论丛》2014年第4辑。
雷闻:《太清宫道士吴善经与中唐长安道教》,《世界宗教研究》2015年第1期。
雷闻:《石刻史料与唐代道教史研究漫谈》,《隋唐辽宋金元史论丛》2017年第7辑。
雷闻:《传法紫宸:敬宗之师升玄先生刘从政考》,《中华文史论丛》2017年第1期。
雷闻:《唐洛阳大圣真观考》,《隋唐辽宋金元史论丛》2018年总第8辑。

雷闻：《从"妖人"到仙翁——正史与地方史志中的盛唐道士申泰芝》，《中国史研究》2018年第2期。

雷闻：《新见〈李洞真墓志〉与中晚唐长安的咸宜观》，《隋唐辽宋金元史论丛》2019年总第9辑。

雷闻：《贵妃之师：新出〈景龙观威仪田僙墓志〉所见盛唐道教》，《中华文史论丛》2019年第1期。

李路平：《〈鲁潜墓志〉河南伪造》，《书法世界》2010年9月总第141期。

李洁：《从碑志看唐代河东裴氏的迁徙流动》，《文献》2003年第4期。

李举纲、张婷：《新见唐〈肃明观主范元墓志〉考疏》，《华夏考古》2011年第1期。

李凭：《北魏明元帝两皇后之死于保太后得势》，《史学月刊》2007年第5期。

李凭：《北魏宣武帝朝三后之争》，《学习与探索》2013年第10期。

李勤合：《谢灵运撰〈庐山法师碑〉献疑》，《图书馆杂志》2011年第6期。

李文初：《王羲之生卒年诸说考评》，《暨南学报（哲学社会科学版）》1992年第3期。

李希泌、毛华轩：《关于李德裕晚年史料的一点考订——〈刘致柔墓志〉及其他》，《文献》1993年第4期。

李永康、张彩琴：《河东士族归入"关中郡姓"考释——以河东裴氏为个案》，《运城学院学报》2005年第1期。

梁静：《中古河东裴氏家族文化述略》，《社会科学家》2006年第5期。

梁静：《中古"河东三姓"文学研究》，陕西师范大学，硕士论文，2006年。

梁静：《试论中古河东裴氏与文学》，《山西大学学报（哲学社会科学版）》2014年第6期。

梁启超讲演，吴其昌、周传儒、姚名达笔录：《古书真伪及其年代》，上海：中华书局，民国二十五年（1936年）。

刘国忠：《走近清华简》，北京：高等教育出版社，2011年。

刘康乐：《东明观与唐代长安道教》，《中国本土宗教研究》2019年总第2辑。

刘建会：《唐代兰陵萧氏与文学》，宁波大学，硕士论文，2014年。

刘林魁：《唐五代皇帝诞节三教讲论道士考》，《宗教学研究》2019年第2期。

刘琴丽：《三方北朝墓志辨伪——再论北朝墓志著录中的伪刻问题》，《文献》2019年第2期。

刘巍：《中国学术之近代命运》，北京：北京师范大学出版社，2013年。

刘屹：《近年来道教研究对中古史研究的贡献》，《中国史研究动态》2004年第8期。

刘屹：《晋宋"奉道世家"研究》，收其《神格与地域：汉唐间道教信仰世界研究》。

刘屹：《神格与地域：汉唐间道教信仰世界研究》，上海：上海人民出版社,2010年。

刘屹:《唐代的灵宝五方镇墓石研究——以大唐西市博物馆藏"唐李义珪五方镇墓石"为线索》,收其《汉唐道教的历史与文献研究(刘屹自选集)》。

刘屹:《汉唐道教的历史与文献研究(刘屹自选集)》,台北:博扬文化事业有限公司,2015年。

刘绍刚:《从文字形体和书法看"浙大简"》,《光明日报》2012年7月2日。

刘昭瑞:《秦祷病玉简、望祭与道教投龙仪》,《四川文物》2005年第2期。

刘仲宇:《道教授箓制度研究》,北京:中国社会科学出版社,2014年。

刘仲宇:《唐玉真公主入道受箓研究》,《宗教学研究》2015年第2期。

柳存仁:《三洞奉道科戒仪范卷第五——P二三三七中金明七真一词之推测》,《汉学研究》1986年第4卷第2期。

罗新:《北大馆藏拓本〈给事君夫人韩氏墓志〉辨伪》,《文献》1996年第1期

罗新:《新出墓志与现代学术伦理》,《南方周末》2008年3月6日。

罗小红:《唐长安西明寺考》,《考古与文物》2006年第2期。

罗宗真:《道教学者陶弘景有关遗物、遗迹的考证》,《东南文化》1998年增刊2。

罗争鸣:《〈洞玄灵宝三师记并序〉作者归属及相关的会昌灭佛问

题考论》,《宗教学研究》2013年第1期。

鲁才全:《北魏〈元伯阳墓志〉辨伪》,《魏晋南北朝隋唐史资料》1997年总第15辑。

陆扬、叶炜编:《唐研究》第23卷《文本性与物质性交错的中古中国专号》,北京:北京大学出版社,2017年。

吕博:《本命与降诞:唐代道教"投龙简"再读》,《世界宗教研究》2019年第2期。

吕鹏志:《天师道授箓科仪——敦煌写本S.203考论》,《历史语言研究所集刊》2006年总第77本第1分册。

吕鹏志:《早期灵宝经的天书观》,收郭武主编:《道教教义与现代社会国际学术研讨会论文集》。

马宝山:《跋北魏张猛龙墓志铭》,《收藏家》2002年第5期。

马立军:《北魏〈给事君夫人韩氏墓志〉与〈元理墓志〉辨伪——兼谈北朝墓志着录中的伪刻问题》,《江汉考古》2010年第2期。

麦笛:《为什么说清华简安大简绝非伪简——浅谈简牍的辨伪》,《中华读书报》2019年12月4日。

麦谷邦夫,《梁天监十八年纪年有铭墓砖和天监年间的陶弘景》,收日本京都大学人文科学研究所主编:《日本东方学》第1辑,北京:中华书局,2007年。

毛汉光:《隋唐政权中的兰陵萧氏》,收其《中国中古社会史论》。

毛汉光:《中国中古社会史论》,上海:上海书店出版社,2002年。

毛远明:《碑刻文献学通论》,北京:中华书局,2009年。

孟国栋:《写本·刻本·拓本——唐代墓志的发生、篆刻与流传》,

《中国文学研究》2019年总第32辑。

米运昌:《泰山唐代双束碑与武则天》,《故宫博物馆馆刊》1986年第3期。

苗霖霖、杨昕沫:《北魏孝文帝朝内庭斗争与政局变迁考略》,《学术交流》2017年第5期。

Naundorf, Gert ed., *Religion und Philosoplie in Ostasien: Festschrift für Hans Steininger zum65, Geburstag.* Königshausen: Neumann, 1985.

倪亚梅(Amy McNair)著,祝帅译:《中正之笔:颜真卿书法与宋代文人政治》,南京:江苏人民出版社,2018年。

牛红广:《隋唐墓志伪刻辨析》,《文物鉴定与欣赏》2014年第4期。

牛敬飞:《五岳祭祀演变考论》,清华大学,博士论文,2012年。

牛敬飞:《从新出高道田儥墓志看唐玄宗的崇道活动》,《文献》2019年第2期。

牛敬飞:《古代五岳祭祀演变考论》,北京:中华书局,2020年。

潘深亮:《张大千书画辨伪面面观》,《收藏家》1995年第4期。

潘祖炎:《王羲之生卒年辩证》,《绍兴师专学报(哲学社会科学版)》1989年第4期

片儿白:《打眼:古玩收藏的实话实说》,哈尔滨:哈尔滨出版社,2015年。

片儿白:《打眼2:古玩做局的那些事儿》,哈尔滨:哈尔滨出版社,2015年。

钱冠宇:《杨镰:新疆探路人》,《澎湃新闻》2016年8月8日。

钱汝平:《梁武帝的天师道信仰及其家族背景》,《绍兴文理学院学报(哲学社会科学版)》2010年第4期。

氣賀澤保規編:《新版唐代墓誌所在総合目録》,東京:汲古書院,2004年;第四版,2017年。

卿希泰主编:《中国道教史》,成都:四川人民出版社,1996年。

卿希泰、詹石窗主编:《中国道教通史》,北京:人民出版社,2020年。

仇鹿鸣:《中古石刻研究如何超越传统金石学》,《澎湃新闻》2015年4月17日。

仇鹿鸣:《墓志书写与葬事安排——安史乱中的政治与社会一瞥》,收《唐研究》2017年总第23卷。

仇鹿鸣:《气贺泽保规编〈新版唐代墓志所在综合目录(增订版)〉》,《唐研究》2011年总第17卷。

仇鹿鸣:《十余年来中古墓志整理与刊布情况述评》,《唐宋历史评论》2018年总第4辑。

冉万里:《佛教僧侣葬仪的世俗化问题略论——以唐代僧人葬仪世俗化的若干因素为中心》,《西部考古》2011年总第5辑。

Reiter, Florian C.. *The Aspirations and Standards of Taoist Priests in the Early T'ang Period*. Wiesbaden: Otto Harrassowitz, 1998.

荣新江主编:《唐代宗教信仰与社会》,上海:上海辞书出版社,2003年。

荣新江:《石碑的力量——从敦煌写本看碑志的抄写与流传》,收

《唐研究》2017年总第23卷。

Schafer, Edward H.. *Mao Shan in T'ang Times*. Second Edition; Boulder, Colorado. Society for the Study of Chinese Religions, 1989.

Schipper, Kristofer and Franciscus Verellen. *The Taoist Canon: a History Companion to the Daozang*. Chicago and London: The University of Chicago Press, 2004.

Schipper, Kristofer. "Taoist Ordination Ranks in the Tun-huang Manuscripts", in Gert Naundorf ed., *Religion und Philosoplie in Ostasien: Festschrift für Hans Steininger zum* 65, *Geburstag*, pp. 127–143.

沈文凡、孟祥娟:《唐代河南于氏家族文学缉考》,《古籍整理研究学刊》2010年第2期。

单颖文:《新出墓志知多少》,《文汇报·文汇学人》2015年7月10日。

神塚淑子:《唐代道教関係石刻史料の研究》,平成15年度—平成17年度科学研究费补助金研究成果报告书。

史睿:《数字人文研究的发展趋势》,《文汇报·文汇学人》2017年8月25日。

史睿:《唐代石刻研究杂谈》,《唐宋历史评论》2018年总第4辑。

史睿:《从传统文献研究到现代文献学的转型》,《文献》2019年第3期。

石晓辉:《也说〈李训墓志〉中的朝臣》,《澎湃新闻》2020年1月

8日。

尚梦佳：《唐代河东裴氏婚宦问题研究》，西北大学，硕士论文，2018年。

三浦秀一、佐藤信弥、斋藤智宽、南部英彦、高野淳一、尾崎顺一郎撰，龚颖译：《学界展望（哲学）》，《古代文学前沿与评论》2020年总第4辑。

宋艳梅：《两晋之际河东裴氏播迁考论》，《河南科技大学学报（社会科学版）》2007年第1期。

孙昌武：《道教与唐代文学》，北京：人民文学出版社，2001年。

孙钦善：《古代辨伪学概述》（上），《文献》1982年第4期。

孙钦善：《古代辨伪学概述》（中），《文献》1983年第1期。

孙钦善：《古代辨伪学概述》（下），《文献》1983年第2期。

孙丽芬：《唐代政治与河东裴氏家族》，兰州大学，硕士论文，2011年。

索蓉蓉：《20世纪90年代以来整理出版唐代石刻文献综述》，《丝绸之路》2016年第8期。

太史政（胡耀飞）：《己亥腊月〈李训墓志〉讨论汇编》，未刊稿。

汤其领：《唐代茅山道论略》，《河南科技大学学报（社会科学版）》2008年第6期。

唐雯：《女皇的纠结——〈升仙太子碑〉的生成史及其政治内涵重探》，收《唐研究》2017年总第23卷。

土屋昌明：《长安の太清観の道士とその道教：史崇玄と张万福を中心に》，《人文科学年报》2013年第43号。

参考文献

万德敬:《柳宗元与河东裴氏交游考论(一)——柳宗元与裴墐》,《太原师范学院学报(社会科学版)》2008年第4期。

万德敬、王鹏飞:《柳宗元与河东裴氏交游考论(二)——柳宗元与裴行立》,《太原师范学院学报(社会科学版)》2009年第3期。

万德敬、万德松:《李白集中的河东裴氏人物》,《乐山师范学院学报》2010年第6期。

万德敬:《柳宗元与裴度交游考论》,《中州学刊》2011年第5期。

王承文:《灵宝"天文"的宗教神学渊源及其在中古道教经教体系中的重大意义》,收其《敦煌古灵宝经与晋唐道教》。

王承文:《敦煌古灵宝经与晋唐道教》,北京:中华书局,2002年。

王翠:《南北朝丧葬礼典考》,浙江大学,硕士论文,2009年。

王光照:《隋炀帝与茅山宗》,《学术月刊》2000年第4期。

王国维:《王国维遗书》,上海:上海古籍出版社,1983年。

王连龙:《对〈《保训》"十疑"〉一文的几点释疑》,《光明日报》2009年5月25日。

王连龙:《清华简〈保训〉篇真伪讨论中的文献辨伪方法论问题——以姜广辉先生〈《保训》疑伪新证五则〉为例》,《古代文明》2011年第2期。

王连龙:《石刻辨伪通例》,《书法研究》2016年第3期。

王宏理:《中国金石学史》,上海:华东师范大学出版社,2016年。

王卡:《敦煌残抄本陶公传授仪校读记》,《敦煌学辑刊》2002年第1期。

王继如:《敦煌遗书斯0446号唐玄宗〈加应道尊号大赦文〉校读

记》,《文教资料》1997 年第 1 期。

王家葵:《陶弘景丛考》,济南:齐鲁书社,2003 年。

王家葵:《王洪范碑所见茅山道教饵术传统》,收其《石头的心事》。

王家葵:《汉肥致碑考疑》,《宗教学研究》2001 年第 2 期。

王家葵:《石头的心事》,北京:新星出版社,2011 年。

王家葵:《玉叩读碑:碑帖故事与考证》,成都:四川文艺出版社,2016 年。

王家葵:《自疑前世陶贞白》,《书法》2019 年第 2 期。

王家葵:《〈瘗鹤铭〉三题》,收其《一卷田歌是道书》。

王家葵:《陈巨来的"玄龙门阵"》,收其《一卷田书是道歌》。

王家葵:《一卷田书是道歌:玉叩随笔》,杭州:浙江人民美术出版社,2019 年。

王家葵:《〈周氏冥通记〉析疑》,《文史》2019 年第 1 辑。

王静芬著,毛秋瑾译:《中国石碑——一种象征形式在佛教传入之前与之后的运用》,北京:商务印书馆,2011 年。

王培峰、李继高:《北魏延昌二年〈韩氏墓志〉伪作说补证》,《西北农林科技大学学报(社会科学版)》2011 年第 2 期。

王其祎、周晓薇:《隋代墓志铭袪伪三例》,《唐史论丛》2008 年总第 10 辑。

Wang, Xiang. *Ximing Monastery: History and Imagination in Medieval Chinese Buddhism*. Saarbrücken Germany: Lambert Academic Publishing, 2015.

王小燕:《中日关系史添新史料:遣唐使吉备真备真迹及其研究成

果公布》,《澎湃新闻》2019年12月29日。

王昕:《河南新见陶潜墓志辨伪》,《中国历史文物》2003年第6期。

王育成:《考古所见道教简牍考述》,《考古学报》2003年第4期。

王宗昱:《〈道教义枢〉研究》,上海:上海文化出版社,2001年。

卫文革:《唐以前河东裴氏墓志丛札》,《山西师范大学学报》2009年第2期。

吴树:《中国文物黑皮书:谁在收藏中国》,太原:山西人民出版社,2008年。

吴树:《中国文物黑皮书2:谁在忽悠中国》,太原:山西人民出版社,2010年。

吴树:《中国文物黑皮书3:谁在拍卖中国》,太原:山西人民出版社,2011年。

吴真:《为神性加注:唐宋叶法善崇拜的造成史》,北京:中国社会科学出版社,2012年。

肖燕翼:《张大千伪作石涛绘画两例的辨识》,《美术观察》1996年第9期。

谢聪辉:《南宋中期以前传统道经出世的典型与特质》,收其《新天帝之命:玉皇、梓潼与飞鸾》。

谢聪辉:《新天帝之命:玉皇、梓潼与飞鸾》,台北:台湾商务印书馆,2013年。

谢世维:《天界之文:魏晋南北朝灵宝经典研究》,台北:台湾商务印书馆,2010年。

谢一峰:《唐宋间国家投龙仪之变迁》,《宋史研究论丛》2015年总第 16 辑。

辛德勇：《发现燕然山铭》，北京：中华书局，2018 年。

辛德勇：《由"打虎武松"看"日本国朝臣备"的真假》2020 年 1 月 11 日于三联韬奋书店举办之讲座，https：//www.sohu.com/a/366644413_807827。

邢文：《浙大藏简辨伪（上）——楚简〈左传〉》，《光明日报》2012 年 5 月 28 日。

邢文：《浙大藏简辨伪（下）——战国书法》，《光明日报》2012 年 6 月 4 日。

邢文：《浙大藏简再辨伪——文本复原的关联性与浙大伪简再批判》，《光明日报》2012 年 6 月 25 日。

薛龙春：《古欢：黄易于乾嘉金石学时尚》，北京：生活·读书·新知三联书店，2019 年。

徐冲：《冯熙墓志与北魏后期墓志文化的创生》，收《唐研究》2017 年总第 23 卷。

徐海容：《唐代碑志文研究》，北京：中华书局，2018 年。

徐海容：《碑志通论》，北京：北京联合出版社，2019 年。

徐国喜：《张大千"伪古画"之管窥》，《中国文艺家》2018 年第 7 期。

徐自强等：《古代石刻通论》，北京：紫禁城出版社，2003 年。

阎焰：《日本国朝臣备书丹褚思光撰文鸿胪寺承李训墓志考》，北京：文物出版社，2019 年。

杨斌：《"坎曼尔诗签"之争述评——兼论知识分子的精神品格》，《濮阳职业技术学院学报》2014 年第 4 期。

杨殿珣：《石刻题跋索引》，北京：商务印书馆，1957年。

杨飞主编：《中国书法全集》，北京：中国华侨出版社，2016年。

杨镰：《〈坎曼尔诗笺〉辨伪》，《文学评论》1991年第3期。

杨镰：《西域史地研究与〈坎曼尔诗笺〉的真伪》，《中国边疆史地研究》1994年第2期。

杨洁：《新出土唐令狐楚家族两方墓志探赜》，《文博》2011年第5期。

杨娟：《出自洛阳的一方北朝墓志伪品的辨析》，《文博》2011年第6期。

杨向奎：《唐代墓志义例研究》，长沙：岳麓书院，2013年。

杨向奎：《中国古代墓志义理研究》，北京：中国社会科学出版社，2018年。

杨遗旗：《欧阳詹文友"李评事"考》，《湖南科技学院学报》2009年第6期。

姚亚丽：《〈惠源比丘尼志铭〉所反映的唐代萧氏家族崇佛问题》，《成都大学学报（社会科学版）》2016年第2期。

姚美玲：《会昌三年〈唐故禅大德演公塔铭〉系伪作》，《甘肃高师学报》2005年第1期。

叶昌炽：《语石》，杭州：浙江大学出版社，2018年。

易宏：《金龙驿传，上达九天——道教投龙简仪源流略考》，《本土宗教研究》2018年总第1辑刊。

游自勇：《墓志所见唐代的茔域及其意义》，收《唐研究》2017年总第23卷。

郁贤皓：《唐刺史考全编》，合肥：安徽大学出版社，2000年。

张军：《王肃作伪和郭沫若受骗背后的现实逻辑》，《法人文化》2014年第4期。

张举纲、张婷：《新见唐〈肃明观主范元墓志〉考疏》，《华夏考古》2011年第1期。

张鹏：《中古道教"三师"考》，《中国本土宗教研究》2019年总第2辑。

赵超：《中国古代石刻概论（增订本）》，北京：中华书局，2019年。

赵晨昕：《兰陵萧氏宗教信仰转变与时代变迁互动关系初探》，《北京理工大学学报（社会科学版）》2007年第3期。

周奇：《道门威仪考》，《史林》2008年第6期。

周玉茹：《北魏比丘尼统慈庆墓志考释》，《北方文物》2016年第2期。

周铮：《张猛龙墓志辨伪》，《收藏家》2002年第5期。

周征松：《魏晋隋唐间的河东裴氏》，太原：山西教育出版社，2000年。

仲威：《中国碑拓鉴别图典》，北京：文物出版社，2010年。

仲威：《碑帖鉴定概论》，上海：上海古籍出版社，2014年。

朱剑心：《金石学》，杭州：浙江人民美术出版社，2015年。

朱剑心：《金石学研究法》，杭州：浙江人民美术出版社，2015年。

禚效锋：《中国碑刻字典》，长春：吉林文史出版社，2014年。

后　记

书至此处,告一段落。

正如序所述,这本小书的真实写作周期并不算长,因此绝不是长期思考自然成熟的产物。之所以临时从其他几个延续数年的研究主题中抽身,写这样一本难以拿捏、下笔犹豫,还容易露拙犯错、开罪于人的小书,完全出于对现状的担忧。截至21世纪20年代,国内外道教研究已有百余年历史,优秀成果越来越多,经验积累逐渐丰富,但这并不足以掩盖当下道教研究还可能存在的缺陷。道教研究的对象是道教,研究方法则是从既有的各个学科中借鉴而来。以道教史为例,虽然此领域不少学者出身历史学专业,但学科整体对历史学理论方法的借鉴和使用,仍存在一些问题。具体来说,道教史时常借鉴历史学的描述方式,而对作为历史学基础方法的考据学、文献学、史料学以及所谓语文学等则常常欠缺必要的学习和研讨。"知其然而不知其所以然"的方法借鉴的结果之一,是导致对眼前材料缺少辨析地一概接受,继而以之勾勒道教历史面貌,最终可能陷入为材料所误导的境地。说到底,其实是对史料的认识和敏感度有所欠缺所产生的问题。① 如果误导是由历史文献所引发,那么"罪过"看上去似乎还轻一点;但如果误导是源于接受了今人制造的赝伪材料,并意外地参与到证伪成真的工作中,那么所引发的负面影响或许就要更大一些。回归本书的主题"新见道士碑志",便可发现历史学、文献学界对新见材料多有一辨析过程,引子中给出的几个案例甚至引起颇为广泛的讨论。然而,在道教研究领域,对新材料的质疑声音却始终非常罕见,与坊间新材料出世速度完全不成正比。是这些材料本身毫无可疑吗?还是道教学圈子对待新材料的方式不够成熟?据传季羡林先生曾留下一句名言,"真话不全说,假话全不说"。此语堪当在世为人之座右铭。但世道清明时,除菩萨低眉外,有时似也不妨金刚怒目。

正如上文所言,这部小书写得比较仓促,笔者也完全不是金石学专家,无法肯定书中各个章节所得出的结论一定正确。这本书更主要的价值,在于在道教研究圈子里提出问题,拉响警报。至于是非正误,尤其是书中提到的各种新见材料是否真的一定"赝伪",则有必要请各位读者朋友一同参详。陈爽在一篇论文中提到辨伪可能制造冤案的问题,指出"石刻辨伪,如法官断案,有一定的主观性,存在误判的可能","中古墓志形态多样,必须充分认识其复杂性和多样性,在证据不够充分的情况下,仅凭墓志文本内容的一些

---

① 方法论之外,目前道教研究对兄弟学科理论借鉴上的问题,其实也比较严重。不少道教研究打着新理论的旗号,但实际所引借的也只是"旗号",没有对相应理论进行全面了解和深入反思。于是,"道教XX观/论""从XX看道教"等题目泛滥,但多数缺少创见。最终,只是赶了一场时髦,既未解决具体问题,又于道教学理论发展毫无裨益。

错误与矛盾,不宜轻易做结论"。① 史睿的一个相关观点也很值得注意,其指出"目前,这些新出形态文献的研究被当作文献研究的一个小分支——出土文献研究;而一般文献研究者在使用它们时,仍以传世的刻本文献视角为主,认为出土文献仅仅在补充或校正传世刻本文献时才有意义。可是最近二十年的最新研究成果表明,这种认识是存在重大疑问的。前沿研究认为,凡是简帛时代产生的文献必然带有简帛时代文献的特征,凡是写本时代产生的文献必然带有写本文献的特征,它们的特征可能在转化为刻本之后大量损失。对于雕版印刷技术普遍使用之前的文献,如仍然使用刻本文献的方法来研究,必然会出现重大失误"。② 非常不幸的是,本书中的"辨伪"工作,笔者只能见到"拓片",无法得见原石(如果存在的话),更无法追踪"考古学信息",因此更多倚重的恰恰就是碑志的内容,这使得材料辨析工作常常显得有些冒进。书中提出的道士碑志中的"不正确"之处,也多是立足于传世文献和现有观点立场上的判断,因此在方法上必然存在先入为主的偏见。鉴于自知本书有效性的边界和可能存在的问题,为避免被"误杀",笔者对书中具体观点并不抱持固执坚守的态度。事实上,如果接下来有证据证明本书中所举新见材料确实为真,所给出的辨伪证据其实并不确凿,那么笔者自会欣然接受并在未来研究中使用这些

---

① 陈爽:《中古墓志研究三题》,《隋唐辽宋金元史论丛》2017年总第7辑,第20—21页。
③ 史睿:《从传统文献研究到现代文献学的转型》,《文献》2019年第3期,第187页。

碑志——这其实是笔者最希望看到的现象,即在辨析的基础上,使道教史料得到进一步扩充,使道教学研究走上更高的台阶!

最后,相信本书出版后将会出现一些讨论,但笔者不打算做出任何回应。问题已抛出,警醒目的已达到,剩下的曲直是非当交给公论。

或许,知我罪我,皆惟此书。只是,知我者谓我心忧,不知我者谓我何求。

2020 年 7 月 29 日

因龙井中修订

图书在版编目(CIP)数据

泡影集：新见唐代道士碑志疑义举例 / 白照杰著.—上海：上海社会科学院出版社，2020
 ISBN 978-7-5520-3378-6

Ⅰ.①泡… Ⅱ.①白… Ⅲ.①道教—碑文—研究—中国—唐代 Ⅳ.①K877.44

中国版本图书馆 CIP 数据核字(2020)第 223604 号

泡影集——新见唐代道士碑志疑义举例

著　　者：白照杰
出 品 人：佘　凌
责任编辑：熊　艳
封面设计：夏艺堂艺术设计
出版发行：上海社会科学院出版社
　　　　　上海顺昌路 622 号　邮编 200025
　　　　　电话总机 021 - 63315947　销售热线 021 - 53063735
　　　　　http://www.sassp.cn　E-mail:sassp@sassp.cn
排　　版：南京展望文化发展有限公司
印　　刷：上海景条印刷有限公司
开　　本：890 毫米×1240 毫米　1/32
印　　张：8.25
字　　数：180 千字
版　　次：2021 年 1 月第 1 版　2021 年 1 月第 1 次印刷

ISBN 978-7-5520-3378-6/K・584　　　定价：68.00 元

版权所有　翻印必究